De Naakte Chirurg

Auteur
Guy M.C. Declerck

Illustrator
Steven Van Hasten

novum pro

Dit boek is ook als
e-book
verkrijgbaar.

w w w . n o v u m p u b l i s h i n g . n l

© 2023 novum publishing

ISBN 978-3-99131-742-5
Geredigeerd door: Ine van Gerwe
Omslagfoto: Steven Van Hasten
Ontwerp omslag, lay-out & typografie:
novum publishing
Foto's binnendeel: Steven Van Hasten

www.novumpublishing.nl

Climate neutral
Print product
ClimatePartner.com/16547-2201-1002

VOORWOORD

Het was te midden van de 'sixties', en of dit nu gouden of bronzen jaren waren, het doet er niet toe. Een mysterieuze kracht stuwde me voort en bepaalde wie, wat, hoe, waarom en waar ik zou worden wat ik uiteindelijk geworden ben. Maar ik had me nooit gerealiseerd dat het gevaarlijk was om te slagen in mijn ambities.

Sinds mijn 16de hield ik een dagboek bij. Ik hoefde slechts te bladeren in mijn aantekeningen en mijn geheugen. De herinneringen kwamen zo terug. Ik hoefde me bijzonder weinig te verbeelden en weerhield me ervan te wissen wat de ouderdom in de vergetelheid had geduwd. Over veel privacyzaken wilde ik niet meer spreken en ik voelde me vrijer door er slechts over te schrijven. Maar schrijven over je persoonlijk leven houdt inherente risico's in. Het is de ultieme oefening in introspectie. Ik heb geprobeerd te begrijpen wat ik gedaan en niet gedaan heb, en wat men met mij gedaan heeft. Het schrijven van dit boek was alsof ik voor de zoveelste maal kankeruitzaaiingen uit een wervelkolom verwijderde en het geheel reconstrueerde.

Het leven dat ik leidde is niet wat me is overkomen. Steeds probeerde ik het te sturen. Het verlangen om te bereiken waartoe ik me geroepen voelde, was intens. Ik had mijn sportschoenen en mijn boeken om mijn ambities te verwezenlijken. Mijn ratio werd mijn geluk.

Mijn levensverhaal kende een uniek verloop. Het was niet rechtlijnig, wel uitdagend, ongelofelijk rijk en boeiend, maar het is niet moeiteloos verlopen. Ik heb mijn leven niet gebaseerd op vooroordelen en raadgevingen uit mijn omgeving. Ik had gelijk want het bleken slechts luchtbellen. Te allen tijde wilde ik autonoom blijven om 'iets' te realiseren zoals ik het wilde, maar dat toentertijd compleet ondenkbaar en onhaalbaar leek. Ik dacht, leefde en handelde anders dan de anderen, en ik heb willen illustreren waarin precies ik van hen verschilde.

Dit boek borrelt van tomeloze ambitie, egocentrisme, koppigheid, doorzettingsvermogen, een soort zelfbedrog te wijten aan ultiem geloof en vertrouwen in eigen kunnen, vrijheid liever dan broederlijkheid; veel minder liefde en erotiek dan genot en extase; dwaas idealisme, verraad, het *beest in de mens*, foltering en verwondingen; tegenslagen op familiaal vlak en slechts enkele hechte vriendschappen; domheid, kennis en intelligentie, onderzoek, analyse, ontwikkeling en uitvinding, erkenning en miskenning; geen materiële ambitie; en deregulering van mijn lichaam dat niet zal gedwongen worden nutteloos langer te functioneren wanneer de normaal te verwachten fysische of psychische gebruiksdatum overschreden wordt.

Met enige humor worden enkele situaties als fantastische fictie uitvergroot om de tragiek ervan bloot te leggen. Velen zullen de binnenpretjes niet kunnen onderdrukken en af en toe in bulderlach uitbarsten. Had ik al mijn ervaringen kunnen verkopen voor wat ze me gekost hebben, dan was ik nu miljonair.

Ik dank de vele – inmiddels vergeten bekenden – die me aanspoorden het verloop van mijn eigenaardig en ingrijpend leven te boek te stellen. Enkele enigmatische Hippocratische en Galenische behandelingsexperimenten, up-to-date heelkundige ingrepen en zogenaamde interessante ontmoetingen-maar-met-bijbedoelingen zorgden voor tijdelijk oponthoud.

Ik wist niet dat het mogelijk was iemand levenslang dankbaar te zijn. Ik kon gebruik maken van het talent van goede kameraden om mijn levensverhaal taalkundig grondig bij te schaven en deskundig te illustreren. Ik dank de geapprecieerde medewerking van de heer Filip Vanhaecke PhD en illustrator Steven Van Hasten.

Guy Declerck (2022)

SAMENVATTING

In het leven hangt veel af van waar iemands wieg stond. Ik geloofde rotsvast in mijn geërfde talenten, maar mijn vader heb ik nooit willen kennen. Mijn mama maakte me vroeg duidelijk dat hard werken en excelleren belangrijker zijn dan overdreven zelfvertrouwen. Mijn grootvader was mijn levensfilosoof en leermeester. Continu wees hij me op mijn ontluikende talenten. Zijn doel was mij tot een evenwichtige persoon op te leiden die zichzelf niet overschatte, maar zeker niet *onderschatte*. Ik herinner me nog ons afscheidsgesprek toen ik kort voor zijn overlijden als jonge orthopedische chirurg naar Australië vertrok om me te verdiepen in alle facetten van de vele wervelkolomaandoeningen om *het mysterie van lagerugpijn* te doorgronden:

> *"De kunst van het leven bestaat erin het kaf van het koren te scheiden. Maar inmiddels heb je reeds geleerd je te verzetten tegen onterechte beslissingen. Je persoonlijkheid was te sterk om mee te gaan in de simpliciteit van anderen. Nu moet je verder datgene waarvan je altijd overtuigd was realiseren. Weet echter dat, mocht je een lang leven beschoren zijn, je pas op oudere leeftijd een kans zal gegund worden die professionele bijdrage te leveren. Niemand zal het je in dank afnemen. Je bent teveel einzelgänger. Maar ook omdat in jouw medische wereld veinzen en dreigen omwille van het voordeel schering en inslag is."*

De deuren heb ik zelf geopend, niet steeds voorzichtig, en dus faalde ik af en toe, maar mijn vertrouwen in mijn ambities is nooit gecrasht. De studie van de antieke Latijnse en Griekse filosofen leerde me kritisch nadenken, complexe problemen analyseren, synthetiseren, communiceren, en schrijven. Ik had geen masker nodig om mijn persoonlijkheid en moeilijk te aanvaarden karakter te verhullen. Levenslang volgde ik mijn passie, bleef trouw aan mezelf, volhardde waar het kon en liet al de rest los. Mijn karakter moet mijn lot geweest zijn. Vrij snel besefte ik dat het wellicht niet helemaal zou goedkomen en dat ik kon afgerekend worden op mijn jeugdige naïviteit of onwetendheid. Maar als adolescent had ik reeds ingezien dat *de ark gebouwd was door een amateur en de Titanic door experten*. Het maakt niet uit hoeveel maal ik gevallen ben, maar het was éénmaal minder dan het aantal keren dat ik opgestaan ben.

Ik probeerde te leven zonder familiale en sociale heroïek en werd nooit verslaafd aan kameraden. Nooit kwam het in me op om via mijn job of functie een liederlijk of mondain leven te leiden. Vastroesten in een vooraf min of meer bekend en veilig patroon was nooit een finale optie. De huisje-vrouwtje-kindje-tuintje-beestje-centjes-mentaliteit zit niet in mijn genen. Ik verkoos mijn intellectuele hartstocht boven verliefdheden. Nog steeds denk ik na *wat liefde met wie dan ook heeft betekend*. Steeds spiegelde ik me aan de levensregels die Gilgamesj bijna vijfduizend jaar geleden als volgt verwoordde:

> *"Ik at wanneer ik honger had, stimuleerde mezelf tot het uiterste, zorgde dat ik voornaam gekleed was, en onderhield altijd een perfecte hygiëne. Ik was zacht voor de kinderen die mijn hand vasthielden en probeerde de vrouwen gelukkig te maken die met mij wilden slapen."*

Maar ik maakte een grote fout met mijn exotisch avontuur. Gedurende een drietal jaren volgde ik mijn naïef idealisme en dacht ik een stukje van de wereld te kunnen veranderen. Toewijding aan medische noden van anderen is veel te lang mijn enig criterium geweest. Ik zette me in voor zware zieken en gewonden, en ving slachtoffers op van extreem geweld. Ik gaf echter snel op te geloven dat goeddoen rendeert en werd onverschillig voor *het beest in de mens*. Sluwheid was nodig om te overleven in de gruwelijkste omstandigheden, om te kunnen *kiezen tussen ik of hen*. Ik weet niet meer wie volgend citaat schreef, maar:

"Glamoureuze liefdadigheid in verre landen moet door de lokale overheden beoefend worden, zo niet lopen deze overheden weg met de liefdadigheid van genereuze mensen."

Fundamentele research via autoptische analyse van menselijke wervelkolommen liet me toe de tip van de sluier te lichten over het *Mysterie Lage Rugpijn*. Dit onderzoek nam het grootste deel in van mijn leven. Ik ben ervan overtuigd dat de nu nog experimentele, innovatieve biologische behandelingsprocedure kan slagen.

Gedurende vele jaren mocht ik getuige zijn van de emoties van sportlui met Europese, Wereld- en Olympische medailles in het fenomenale Belgische judoteam.

Op mijn hoge leeftijd van 70 jaar kijk ik tevreden terug en vind ik me volledig terug in de lyrics van de *Logical Song* door *Roger Hodgson*. Ik parafraseer:

"… at school they teached me how to be sensible, logical, responsible, practical. Since years, they have been calling me a radical, a liberal, oh fanatical, and criminal."

Nu is mijn leven voltooid. Ik heb me professioneel niet bedrogen en vond vreugde en genot in de realisatie van al mijn adolescente dromen. Ik heb geen openstaande herinneringen aan onvervulde wensen.

Guy Declerck (2022)

Papa!

DE CONTINUE VERSCHILLENDE UITDAGINGEN IN UW LEVEN,
ZOWEL DE POSITIEVE ALS NEGATIEVE,
BLEVEN UW LEVENSGEEST IN ALLE OPZICHTEN VOORTSTUWEN.

U ONTWIKKELDE, O ZO VERSCHILLEND VAN ANDEREN,
EEN ORIGINELE INTELLIGENTIE,
EEN OPMERKELIJK, MAAR ZEER SELECTIEF OBSERVATIEVERMOGEN,
EEN FANTASTISCHE ANALYTISCHE GEEST
EN BUITENGEWONE ZIN VOOR SYNTHESE,
EEN IJZERSTERK RATIONEEL GEHEUGEN,
UITZONDERLIJKE WETENSCHAPPELIJKE SPINALE KENNIS
EN GOUDEN VINGERS.

U BLEEF AL HET STUPIDE, ARTIFICIËLE
EN PSEUDO-INTELLECTUELE MINACHTEN.
U GRUWELDE VAN DE GEMAKZUCHTIGE SMS- EN E-MAILCULTUREN.
U GRUWELDE VAN IEDEREEN DIE VOOR U GEEN
GEMEENDE INTERESSE UITSTRAALDE.

HET KUDDEDENKEN WAS NIET AAN U BESTEED.
NOOIT KONDEN VREEMDE SCHAREN UW BEHOEFTEN
EN VOORKEUREN KORTWIEKEN.
U ONTWIKKELDE EEN NIETSONTZIENDE ONVERSCHILLIGHEID
TEGEN DIEGENEN DIE ERVAN GENOTEN
U TE BELEDIGEN EN U TE VERNEDEREN. HUN GRATUITE
OPMERKINGEN BEHOEFDEN ZELFS GEEN REACTIE.
U HAD HUN BEKENDHEID NIET NODIG. SCOREN OP HUN SOCIALE
LADDER KON U WORST WEZEN.

INITIEEL DACHT U UW LEVENSVERVULLING
TE VINDEN IN DE LIEFDE.
NOCHTANS WAS U THUIS UITGELEGD HOE HET KON EINDIGEN
IN EEN VROEGTIJDIGE GEVANGENSCHAP.
MAAR UW INTELLECTUELE PASSIE ONDERMIJNDE NOOIT
UW SEKSUELE LUSTEN.

VEEL TIJDELIJK GEÏNTERESSEERDE DAMES BODEN
U EEN INTENS LIBERTIJNS GENOT.
JULLIE BEDREVEN HOOFDZONDEN, MAAR HET HEEFT GEEN ENKEL
BELANG DAT U HUN NAAM VERGETEN BENT.
STILZWIJGEND ONTDEKTE U HUN ONNODIG SÉRIEUX,
LEUGENS, EN HYPOCRISIE.
GELUKKIG VOND IEDEREEN ZICHZELF VEEL BELANGRIJKER.

VAN JONGS AF AAN WERDEN AL UW VERZUCHTINGEN
MET ARGUSOGEN GADEGESLAGEN.
NOOIT GAF U UW KOPPIGHEID OP EN NIEMAND
KON UW LEVENSAMBITIES KELDEREN.
MET TELKENS DAT KLEIN BEETJE MEER INSPANNING,
MAAKTE U HET VERSCHIL TUSSEN GOED EN UITSTEKEND.
U VOND UW EVENWICHT IN UW ONDERZOEK NAAR FEITEN,
UW HEELKUNDIGE INGREPEN EN UW DADEN.
U WILDE EXCELLEREN. VOOR UZELF HAD U WEINIG TIJD.
U HAD DUS SUCCES!

AL UW ERVARINGEN BLEVEN UW LEVEN CONTINU HERFORMULEREN.
MAAR TE VEEL KENNIS BLEEK GEVAARLIJK.
EN UW WERELD DRAAIDE NIET OM MATERIEEL BEZIT.
U STOND VOORAL STIL BIJ HET VERLIES VAN DINGEN DIE
U NIET MET GELD KON VERDIENEN.
DAAROM HEEFT MEN U ZELDEN BEGREPEN. DAAROM KON MEN
U ZELDEN BEGRIJPEN.
OF BETER, DAAROM WILDE NIEMAND U BEGRIJPEN.

TOCH WERD IN U DE INTELLECTUELE REVOLUTIONAIR HERKEND.
U HIELD VAN REBELLEREN MAAR MET PASSIE.
OMWILLE VAN UW KRITISCHE OPVATTINGEN,
HIELD MEN ER OOK VAN U TE BEKRITISEREN.
EN TOCH BLEEF MEN U ONTBIEDEN OMWILLE VAN UW UNIEKE
OPGESTAPELDE KENNIS.

TOCH SCHONK UW LEVEN U TE VEEL PIJN, TE VEEL
ONTGOOCHELINGEN EN TE VEEL WANTROUWEN.
IN DEN VREEMDE WORDEN UW REALISATIES REEDS GELEZEN.
IN EIGEN LAND BLIJFT IEDEREEN ALTIJD SANT.
IN HYPNOTISCHE TRANCE LIET U DESTIJDSE,
INTENSE MOMENTEN UIT UW GEHEUGEN WISSEN.
NIEUWE, KORTE BELEVENISSEN ZONDER TOEKOMSTPERSPECTIEF
HADDEN EVENMIN NOG VAT OP U.

AF EN TOE ONTDEKTE IEMAND UW DIEP VERSCHOLEN,
WARME HART.
DE GEBORGENHEID IN EEN WARM THUIS,
ZOALS BIJ UW MAMA, WERD U AANGEBODEN.
MAAR U VERDIENDE ZOVEEL MEER,
WAS U OOK VEEL MILDER GEWEEST VOOR UZELF.

{1952}

LEVENSLESSEN DOORDAT IK MIJN VADER NIET GEKEND HEB

Mijn vader was de laatste in een rij van negen en had zes zussen. Zeven loeders als moeders en dus bedorven als een stront. Hij kon noch lezen noch schrijven, maar hoopte op een leidinggevende functie om snel veel geld te verdienen. Zijn handtekening bestond uit een simpele x. Zijn grootheidswaanzin en mannelijke fierheid-in-de-broek waren voor veel vrouwen veelbelovende eigenschappen. Als vliegen naar een stront waren ze begerig naar zijn gespierde lichaam. Eén voor één waren ze van oordeel dat de atletische Dionysus hén toebehoorde. Met volle teugen genoten de muzen van zijn satermanieren tot ze doorhadden dat zijn hersenen minder gespierd waren. Toen ik tijdens mijn rebelse adolescentiejaren iets vroeg over dat ventje-dat-mijn-vader-was, verklapte mijn mama: *"Je vader had een prachtig glanzend lichaam, maar zijn kop zat vol zand en cement."*

> *"Vergelijk me nooit met die klootzak!"* barstte ik telkens in woede uit.
> *"Kalmeer, jongen,"* stelde ze me steeds gerust. *"Jouw meisjes zullen eerst je brein moeten veroveren vooraleer ze bij jou een kans zullen maken."*

Hoe mijn mama dit kon voorspellen wist ik niet. Nooit was ze naar Griekenland gereisd om bij de orakelende hoofdpriesteres Pythia in Delphi advies te vragen over de toekomstige levensloop van haar zoon. Haar moederinstinct fluisterde haar echter in dat haar Dionysus-junior zelden compatibele heldinnen zou ontmoeten. Ze was er zelfs van overtuigd dat ik me ooit in één of ander religieus instituut zou afzonderen. Maar ze vervolgde:

"Je vader had ook capaciteiten. Hij kon lopen, fietsen, boksen, voetballen en zwemmen. In een café was hij niet te kloppen in het zuipen en verkondigen van zijn waarheden! Had hij met dezelfde intensiteit een intieme vriendschap met mij opgebouwd, dan hadden we voor jou ook iets moois kunnen opbouwen. Zijn handen waren groot en sterk genoeg. Maar in 't leven is nu eenmaal veel meer nodig dan sensationele spierkracht en drankzucht!"

Het duurde vele jaren vooraleer ik de ware betekenis van mama's wijsheid aan den lijve kon ervaren. Met veel vrouwen voelde ik hooguit een vorm van camaraderie. Ze poogden krampachtig als een diamant uit te blinken, maar waren in een bedwelmende alcoholroes slechts in staat tijdelijk als liefdesparel te schitteren. De camaraderie was doorgaans zeer broos en uit hun aangeboden liefde kon ik slechts halen wat ze toelieten er zelf in te investeren. Het bleef gevaarlijk hen persoonlijke geheimen toe te vertrouwen. Om toch na te gaan of ik hen iets zeer persoonlijks kon vertellen, verkocht ik eerst een leugen. Slechts na verloop van tijd, toen bleek dat ze dat geheim konden bewaren, begon ik hen te vertrouwen. Het bleef dus levensnoodzakelijk de kunst aan te leren slechts die liefdesladders te beklimmen die meer treden aan de achter- dan aan de voorzijde bevatten. Het behoedde me er meestal voor om zonder kleerscheuren de trappen af te dalen. Ik leerde ook vrij snel inzien wat de Russische schrijver en arts *Anton Tsjechov* (1860-1904) aan mannen duidelijk had willen maken:

"Het geluk een vrouw als hechte vriendin te mogen kennen en haar langere tijd als oprechte geliefde te behouden, blijft voor iedere man een van zijn grootste levensuitdagingen."

Mama moet met stomheid zijn geslagen toen ze als 27-jarige moeder-met-Dionysus-junior definitief door mijn vader werd verlaten. Mijn marraine, een brouwersvrouw met een nuchtere kijk op de wereld, had haar nochtans gewaarschuwd. Toch had de lichamelijke uitstraling van Adonis het hoofd van de eigengereide en zeer vrouwelijke rijkemansdochter op hol doen slaan.

"Meisje, meisje toch! Zie je zijn gebreken niet? Dommer kan niet! Hoe kan je nu als begaafde pianiste in godsnaam een leven beginnen met een ongeletterde? En denk je nu echt dat hij zijn vroegere vriendin voor jou zal verlaten? Wees toch alert, want de duivel slaapt nooit."

Stiekem bleef mijn vader een hechte relatie onderhouden met zijn jeugdvriendin. Zijn ouders weerhielden hem ervan haar te huwen wegens haar lage sociale status, maar lieten ook niet na zijn professionele illusie aan te wakkeren. Zoals het zichzelf overschattende families eigen is, bleef zijn moeder aandringen op een huwelijk met de brouwersdochter. Zo hoopte ze op een makkelijke manier de pronkzuchtige toekomst van haar ongeletterde zoon te kunnen regelen. Maar marraine was gewiekster en sluwer. Ze doorzag de financiële machinaties. De pogingen om ook de brouwerij contractueel op beide namen van het toekomstige huwelijkspaar te registreren, mislukten. Jammer genoeg bleek haar hogere intelligentie niet in staat de machinatie van de Natuur te verijdelen.

Mijn grootouders hadden de Eerste Wereldoorlog overleefd en waren erin geslaagd een bloeiende brouwerszaak uit de grond te stampen. Door hard werken en vroeg opstaan, maar veel meer nog door het geslepen optreden van marraine, konden ze gedurende de Tweede Wereldoorlog aan *den Duits* duizenden liters bier verkopen, weliswaar onder de verplichting van de bajonet. De Duitse bankbiljetten werden verborgen in biertonnen met dubbele bodem en naar Engeland verscheept. Na de oorlog werden ze welgesteld. Menig Duitse soldaat kwam nog eens terug om in een melancholische bui de *alcoholische pis-van-die-tijd* te degusteren.

Met toch wat financiële middelen van hun ouders, werden de jonggehuwden uiteindelijk gelanceerd in een soort shopping-center avant-la-lettre. Op een plezierreisje naar de USA hadden ze gemerkt dat behoeften en koopgedrag konden gestimuleerd worden door mensen doorheen een galerij van gangen te jagen waar een verscheidenheid aan koopwaren ten toon werd gespreid. Het onmiddellijke succes smaakte zoet. Te zoet! Mijn mama en een inderhaast aangenomen kantoorbediende werden overrompeld door een toenemende papierberg. Mama werkte dag en nacht en vond geen tijd meer om zich verder te vervolmaken in het pianospel. Mijn vader had geen kaas gegeten van discipline en administratie, en uit zijn schoolresultaten bleek dat hij vooral had uitgemunt in onlogisch denken. In het begin schepte hij vooral plezier in het aanwenden van zijn zwierige spierkracht tijdens het laden en lossen van vrachtwagens. Maar al snel vond hij dit werk te min en werd hovaardig. Door de snel toenemende rijkdom begonnen zijn hersencellen tureluurs te draaien en kreeg hij snobistische allures. Maar op zijn komaf kon hij geen beroep doen om tot elitekringen door te dringen. Hoe dan ook, ondanks zijn beperkte intellectuele vermogens schopte hij het toch tot voorzitter van een lokaal voetbalploegje. De nieuwe 'God-in-Frankrijk' liet zich aldaar omringen door lokale deernen die niet aarzelden zijn geld erdoor te jagen. Alleen een dwaas volhardt in zijn stommiteiten. De afgrond was niet veraf.

Mijn mama besloot haar toekomstige deugniet alleen op te voeden, te kneden en er een gerespecteerd man van te maken. Soms springen me de tranen in de ogen wanneer ik terugdenk aan die jeugdjaren. Maar ze hebben me gehard! Ik leerde bijzonder weinig tijd, geld en energie te spenderen aan hen met wie ik niet op dezelfde golven kon deinen. Hun gedrag was me geen mentale marteling waard en nooit is iemand erin geslaagd mij tegen mezelf in het harnas te jagen. Ik ervaarde zelfs geen plezier door hen definitief mijn rug toe te draaien. Maar wie dacht me toch nog te moeten krenken, botste op weerwraak en de daaropvolgende muur van onverschilligheid.

*

BESTE,

IK BEN SLECHTS JE BIOLOGISCHE ZOON GEWEEST,
VERMOEDELIJK VERWEKT IN EEN ZATTE BUI,
LIEFDELOOS EN ZONDER RESPECT VOOR MIJN MAMA.

IK HEB JE NOOIT WILLEN KENNEN EN NIETS HEB IK AAN JE TE DANKEN.
INZET VOOR JE ZOON KON NIET EN ZEKER NIET INTELLECTUEEL.
MET JOUW GEBREK AAN INTELLIGENTIE WAS HET JE
ONMOGELIJK MIJN DRIJFVEREN TE BEGRIJPEN.

MIJN ONVERSCHILLIGHEID TEGENOVER JE NAM MET DE JAREN ALLEEN MAAR TOE.
HET BOOD ME GEWELDIGE OPPORTUNITEITEN.
JE NIET TE KENNEN IS MIJN GELUK GEWEEST. EEN ONGELOOFLIJKE STIMULANS.

NIEMAND HEEFT ME KUNNEN TEGENHOUDEN. NIEMAND HOUDT ME TEGEN.
NIEMAND ZAL ME OOIT TEGENHOUDEN BEHALVE PIETJE DE DOOD.
WEET DAT JE EEN UITZONDERLIJKE ZOON CREËERDE,
ARTS EN AMBITIEUZE ORTHOPEDISCHE RUGCHIRURG,
WERELDREIZIGER MET EEN BELANGELOZE INZET VOOR ZWAKKEN,
DENKER, ONDERZOEKER, LESGEVER EN ONTWIKKELAAR.

MAAR WEES GERUST.
IK ERFDE OOK VEEL VAN JE TEKORTKOMINGEN.
OOK IK MAAKTE ONHERSTELBARE FOUTEN.
ALS ECHTGENOOT EN VADER BEN IK EVENMIN PERFECT GEWEEST.

IK BEN DUS NIET DE MINSTE DANK AAN JOU VERSCHULDIGD
EN KAN JE DAN OOK NIETS VERGEVEN.
IK HEB JE NIET GEKEND EN KAN JE DAN OOK GEEN VAARWEL ZEGGEN.
VOOR MIJ BEN JE NIET GEWEEST!

———

1952

OORSPRONG VAN MIJN GENEN

De bouwblokken van het genetisch materiaal ontstonden ongeveer vier miljard jaar geleden. Onder extreme hoge druk, temperaturen tot 4200 °C en een cascade van UV- en XR-golven, bombardeerden meteorieten gedurende 150 miljoen jaar de atomen koolstof, waterstof, stikstof en zuurstof in de meest eenvoudige molecule (carbonzuuramide of CH_3NO). Hierdoor ontstonden de essentiële bouwstenen die ook mijn DNA codeerden. Toch is er iets verkeerd gegaan. Mijn brein kan zich niet aanpassen aan de 'modus vivendi' van de meeste aardbewoners rondom mij. Mijn geluk zoek ik veeleer in de hoge concentratie connecties tussen mijn triljard (10^{18}) hersencellen dan in brood en spelen. Toch was ik nieuwsgierig van wie ik afstamde. Ik wilde weten wie van de zeven dochters van betovergroottante Eva of Lilith uiteindelijk verantwoordelijk was voor mijn dierbaarste kundigheden. Analyse van mijn DNA in de energieproducerende organellen (mitochondriën) uit cellen van mijn neussnot verduidelijkte dat ik mijn genetisch oermateriaal geërfd had van een homo sapiens die men *harde tante Ursula* noemde. Naar 't schijnt was Ursula een fantastisch aantrekkelijke vrouw, mentaal sterk en onvermurwbaar, maar ze bezat ook sterke armen en benen. Ze onderscheidde zich van haar zussen Helena, Jasmin, Katrien, Tara, Velda en Xenia door vriendschap hoger te schatten dan liefde.

Ursula kon lange tijd overleven omdat ze zich geen enkele partner wilde herinneren. Nochtans was haar onderbuik gulzig en werd ze razend als hij niet werd gevoed. Ursula wist dus dat ze in open veld zowel een verkoudheid als verliefdheid kon oplopen, maar kon niet verdragen dat een Neanderthaler-met-de-pet haar onder haar rieten rokje wilde grijpen. Veel verstokte aanbidders wilden niet haar hart maar slechts haar lichaam bezitten. Maar wie haar, in zijn verlangen naar zalige consumptie van haar gespierd gestel slechts banale liefkozingen kon aanbieden, werd zonder veel omhaal een kopje kleiner gemaakt. Zelfs een slang werd met een knuppel de schedel ingeslagen. Toch slaagde ze erin haar erotische driften te bevredigen toen ze onder een betoverende olijfboom eindelijk een hartverwarmende Adam met een appel wist te strikken. Hij mocht voor altijd zijn pijlen op haar roos blijven richten om zo het sleutelgat tot haar liefdesparadijs te ontsluiten. Het Ursuliaans karaktertje kon intens genieten en liet haar Adam toe ongestoord van haar aanlokkelijke vruchten te proeven. De zonden van haar genen werden via haar welriekend pruimensap doorgegeven. Had ze *Diane Dufresne* (1944-) kunnen ontmoeten, dan neuriede ze:

"Aujourd'hui, j'ai rencontré l'homme de ma vie."

Ursula was een stilzwijgende leidster. Eéntje met ballen en niet alleen vanboven! Bijna al haar afstammelingen beschikten over een geniaal overlevingsmechanisme. Velen werden uiteindelijk in hun ambities beloond, maar hebben daarvoor een grote prijs betaald. Tot haar nakomelingen behoorden wereldveroveraars zoals Alexander de Grote en Genghis Khan. Recent vond men bij de nazaten van de Hertog van Alva eveneens sporen van Ursula's mitochondriaal DNA.

Men kan het standbeeld van mijn betovergrootvader Alexander de Grote (356-323 v.Chr.) bewonderen in Skopje in Macedonië. Hij was een intelligent man, filosoof, fysiek sterk maar vooral sluw. Toch heeft men zich in Alexander vergist toen men na de dood van zijn vader dacht van hem een slaaf te moeten maken. Als *fascinerende maar bloeddorstige wereldheerser* vermoordde hij zonder enig medelijden al zijn erfgenamen en tegenstanders. In mijn bloed circuleert ook nog steeds een drang om korte metten te maken met pretendenten die menen mij te moeten ridiculiseren. Regelmatig overmand door wijn liet Alexander graag van zijn lichaam genieten tijdens extatische, gemengde orgie-en ter ere van de Griekse God Dionysos. Maar hij viel eerder op mannen en had daardoor minder kopzorgen. Diegenen die er niet in slaagden hem de nodige erecties te bezorgen, werden simpelweg onthoofd. Men wist toen reeds dat een mond niet alleen dient om te eten en te spreken. Toch liet Alexander zich ringeloren door enkele opdringerige aanbidsters. Deze keiharde man heeft weinig geleden toen pijlen zijn linker long en hart doorboorden. Hij nam zijn gehele erfenis mee in zijn graf. Zijn nakomelingen konden de pot op. Eentje kon vluchten en bleef hangen in het Spaanse León.

Niet ver van Ulan Bator in Mongolië staat het standbeeld van een andere betovergrootvader. Genghis Khan (ca. 1158-1227) werd verbannen nadat zijn vader vermoord werd. Na een moeilijke jeugd revancheerde *de Geng* zich als *meedogenloze wereldleider*. De gouverneurs die hem hadden verbannen, vermoordde hij op een weinig verhullende manier. Hij goot hoogstpersoonlijk heet gesmolten zilver in hun ogen en oren. Hun verzilverde schedels werden teruggevonden. Eentje blinkt nog steeds in mijn bibliotheekkast. Genghis bouwde een groot Oosters rijk uit. Hij vrijde met honderden vrouwen en zijn bijdrage aan de geschiedenis beperkt zich dus niet tot een paar druppels zaad. Maar ook hij werd geringeloord. Hij bloedde dood nadat één van zijn vele jaloerse prinsessen hem castreerde. Ik heb het niet zien gebeuren, maar naar 't schijnt was het een soort guillotinewonde. De scherpte van de gevonden gouden dolk diende als voorbeeld voor mijn vele chirurgische en andere snijmaterialen. In mijn kast-vol-memories staat zo'n dolk naast de foto van betovergroottante Ursula. Ook voor Gengs vele kleinzonen bleef er na de verdeling van zijn rijk niets meer over. Eentje kon nog vluchten naar Castilië in Spanje.

Op koopvaardijschepen trokken nakomelingen van Alexander en Genghis op avontuur naar Léon en Castilië. Zo ontstond in Spanje één van de oudste adellijke koopmansfamilies. Fernando van Alva (1507-1582) werd door zijn grootvader opgevoed. Ook voor die betovergrootvader richtte men een standbeeld op. Men kan het in Antwerpen bewonderen. Op het einde van de middeleeuwen behoorde Fernando tot de zichzelf respecterende adel, vocht graag, werd militair en later generaal. Hij was eveneens genadeloos wreed. Fernando deed een paus zwijgen en hield grote kuis in de Nederlanden. Omdat het allemaal ietwat te gortig verliep, had de *ijzeren hertog* geen andere keuze dan zijn ontslag aan te bieden bij zijn koning, Filips II. Op de terugweg naar Spanje hield hij nog wel even halt in Veurne. In 't Spaans Paviljoen op de hoek van de markt genoot hij van een paar liefdesvluggertjes met lekkere Vlaamse deernen. Mijn marraine heeft steeds beweerd dat zij een deel van Fernando's genen aan mij heeft doorgegeven. Analyse van mijn kern-DNA uit mijn neussnot heeft dit bevestigd.

De oeroude genen van Ursula bleven me leiden. Via de evolutionaire erfenis stuurden haar oude drijfveren ook mijn gedrag. Ik ben fier dat al mijn kundigheden *vrij zijn gebleven van elk gevoel van minderwaardigheid*. Zoals mijn betovergrootouders bezat ik evenmin veel lovenswaardige sociale vaardigheden. Maar dit gebrek werd ruimschoots gecompenseerd door andere aangename overgeërfde competenties. Ze lieten me toe mijn voorop-gestelde doelen op mijn eigen persoonlijke wijze te bereiken: sportief, cultureel, intellectueel, privé, maar vooral professioneel.

1956

IN DE KLEUTERKLAS MET ZUSTERS STANISLAS EN MARINÉE

Het moet 1956 geweest zijn. Mijn moeder vertelde me dat ik me aanvankelijk voorbeeldig gedroeg toen ze mij na een tocht doorheen een lange donkere gang vol kruisen, metershoge Jezus- en andere heiligenbeelden afleverde aan twee oude, zwartgeklede nonnen met de verontrustende namen Stanislas en Marinée. Voordien, ter gelegenheid van een bezoek aan zijn eveneens in 't zwart geklede zus Marinée in Nancy, had mijn grootvader ooit uitgelegd dat er lang geleden uit het verre Polen een koning naar die stad was gekomen om er een marktplein aan te leggen. Van diens standbeeld herinner ik me nog steeds het schrikaanjagend aangezicht. Die koning heette ook Stanislaus. De lange, donkere schoolgang deed me denken aan het verhaal van de arme Hans uit de sprookjes van Grimm. Zou mij hetzelfde overkomen? Zouden ze me ook opsluiten? Hoe sympathiek ze ook leken, Stanislas en Marinée boezemden me weinig vertrouwen in.

Mijn fiere moeder had haar vierjarige kleuter uitgedost in een kort blauw broekje met groen jasje, een geruit rood hemdje en een geel petje. Het wandelende kleurrijke pakje contrasteerde sterk met de inhoud van de kille, donkere gang. Ik vermoed dat dit een van de vele moederlijke trucs was om ervoor te zorgen dat haar roezemoezig zoontje niet uit het oog verloren zou worden.

Het schooltje bevond zich naast de markt. Men had destijds blijkbaar lang moeten zoeken naar een naam. Na woelige politieke discussies op en rond 't gemeentehuis slaagde mijn grootvader, die politiek actief was, erin de naam 'Marktschooltje' ingang te laten vinden. Alhoewel het hem veel moeite had gekost, kreeg hij het uiteindelijk ook geregeld dat de zandbak voorzien werd van voldoende zand en dat de drie bomen op de speelplaats jaarlijks gesnoeid werden. Hij wilde voorkomen dat kinderen pogingen ondernamen erin te klimmen. Mij is het nooit gelukt. Maar de boom waar ik ondanks alle verbod toch af en toe tegen plaste, staat er nog. Misschien onder invloed van het gezigzag van mijn plasbeurten is het een stevige boom geworden die in zijn ontwikkeling een eigenaardige S-vorm heeft aangenomen.

Mijn grootvader vertelde me ooit dat het hem water, zweet en bloed had gekost het 'Marktschooltje' na de Tweede Wereld-oorlog voor iedereen toegankelijk te maken. Hij had een gru-welijke afkeer van politiek gekonkel dat slechts tot doel had uit futiliteiten munt te slaan. Hij was de mening toegedaan dat een school neutraal diende te zijn, maar het 'Marktschooltje' bleef uitsluitend toegankelijk voor kinderen van christelijke afkomst. Zijn politieke tegenstanders hebben hem zijn mening nooit ver-geven en gunden hem de burgemeestersjerp niet. Men liet hem het ambt van eerste schepen, maar hij koos voor grotere macht in hoedanigheid van OCMW-voorzitter. Als welstellende brou-wer kon hij iedereen helpen die bij hem kwam aankloppen. Uren heeft hij met mij gefilosofeerd over de ambigue houding van de doorsneemens. Voortdurend begon hij zijn monologen met:

"De wereld is een schouwtoneel waar de machtsrollen meest-al slecht vertolkt worden. Mensen die op het eerste gezicht vriendelijk lijken, kunnen in een wip boosaardig worden. Velen zijn bezeten door de eigenaardige drang andermans dromen in de grond te boren. Zelf bezitten ze echter geen greintje intelligentie om ook maar iets te verwezenlijken. Daarom blijft het in de maatschappij zo moeilijk om voor iedereen goed te doen. Urenlang zit men rond de tafel te palaveren en het enige doel van zo'n praatbarak is elkaars capaciteiten te doorgronden. Het uitgangspunt is doodsim-pel. Niemand mag beter scoren en niemand mag gezichts-verlies lijden. Blijven stilstaan en niet willen vooruitgaan is

*meestal het meest nagestreefde motief. Is er toch iemand
die een uitzonderlijke prestatie leverde, dan wordt dit aanvankelijk op minachting of hoongelach onthaald."*

Als kind werd ik vrij vroeg geconfronteerd met meningsverschillen
onder volwassenen. Met diepchristelijke overtuiging zei marraine
dat het 'Marktschooltje' hoog aangeschreven stond.

"Niet overdrijven, hé," repliceerde mijn grootvader met de zelfverzekerdheid van een niet-gelovige. Om een voor mij ondui-
delijke reden werd ik nooit weggestuurd wanneer het er tijdens
discussies luidruchtig en theatraal aan toeging. Met opengesper-
de flaporen en heen en weer spiedende ogen luisterde ik mee
naar de meest uiteenlopende en zelfs compleet tegenovergestelde opinies over alles en nog wat. Hoe groter het aantal aanwezige volwassenen, hoe luidruchtiger er geargumenteerd en
gegesticuleerd werd om het eigen standpunt kracht bij te zetten. Al snel leerde ik dat je om op te vallen op een terrein waar
je totaal onkundig bent, je vooral een grote mond moet opzet-
ten en stroomopwaarts roeien. Toehoorders die even weinig of
niks afweten van het besproken onderwerp zijn sowieso niet in
staat afwijkende foutieve meningen te onderscheiden van de
waarheid. En wie zijn stem verheft, valt nu eenmaal meer in de
smaak dan diegene die de waarheid verkondigt. Of zoals *Cicero*,
de briljantste advocaat uit de geschiedenis (106-43 v.Chr.), het
zich in een ludiek ogenblik liet ontvallen:

> *"Je moet als advocaat alleen maar hard kunnen roepen en
> steeds maar hetzelfde herhalen. Luidroepers worden blin-
> delings vertrouwd door diegenen die van een gebeuren
> niets afweten."*

In de kleuterklas vatte ik dus mijn langdurig studieleven aan. Ik
had in de familie veel oude tantes die me graag over mijn bol
aaiden. Hierin vond ik welbehagen, maar pogingen hiertoe vanwege Stanislas en Marinée probeerde ik terstond in de kiem te

smoren. Wat mij bij die twee oude nonnen vooral intrigeerde, waren de uitgesproken bochels in hun sterk naar voren gekromde wervelkolommen. Mijn grootouders, groottantes en grootooms waren ook op leeftijd, maar liepen nog min of meer rechtop. Alleen in sprookjes hadden heksen kromme ruggen. Ik bleef dus twijfelen aan hun christelijke bedoelingen. Maar wat was de reden waarom ze niet in staat waren rechtop te zitten of te lopen? Hoe zag datgene op hun rug wat ze voortdurend met een zwart nonnenkleed bedekten, er eigenlijk uit? Stiekem hoopten mijn handjes die bochels ooit even te kunnen aanraken. Was het ook daarom dat hun witte kap nooit sierlijk en recht op hun hoofd stond? Tijdens hun activiteiten stonden die kappen inderdaad schots en scheef, waardoor hun voorhoofden onzichtbaar bleven. Maar religieuzen mogen hun voorhoofd niet laten zien. Eenmaal lid van een kloosterorde, moeten ze hun voorhoofd (net als tal van andere zones) voor eeuwig bedekt houden. Wilde ik daarover ooit meer te weten komen, dan moest ik eerst arts worden. Maar psychologen in de humaniora oordeelden dat dit voor mij te hoog gegrepen was.

Maandenlang deed ik bij iedereen navraag naar de reden van zo'n rugbochel onder die zwarte tenues. Het fascineerde mij, maar mijn nieuwsgierigheid was ongepast en werd meestal beloond met een *patat* rond mijn oren. Grote mensen kunnen het nu eenmaal niet hebben dat kinderen hen de oren van hun kop zagen om hun zin te krijgen. Toch hield ik vol, maar vanop een steeds grotere afstand. Het duurde dan ook nog een tijdje vooraleer me uiteindelijk werd uitgelegd dat een wervelkolom veel kalk kan verliezen. Ik vond dat eigenaardig. Kalk, wat was dat? Waar zat dat ergens in de wervelkolom? En hadden sommigen dan zoveel meer kalk? Later werd me in de biologielessen uitgelegd waarom je er goed aan doet veel melk te drinken, kaas te eten en dagelijks te bewegen. Maar hoe zo'n rugbochel zich uiteindelijk ontwikkelde, daarvan kreeg ik slechts dertig jaar later een afdoende verklaring. Autopsiestudies maakten me duidelijk dat die osteoporotische bochel te wijten is aan het inzakken van enkele wervellichamen. Nog later werd dit 'inzakken' verklaard door het afbrokkelen van de (collagene) eiwitten in het beenweefsel waardoor het kalk niet langer opgestapeld of vastgehouden kon worden. De wervel valt in duigen.

Toch liet ik mij af en toe door de oude Stanislas overdonderen. De kleuterklas was het kader waar ik, weliswaar ongevraagd, mijn eerste ervaringen opdeed met een subliem soort damesgedrag. Als kleuter was ik vaak verplicht een aantal doodsimpele, maar voor mij nog onmogelijke taken uit te voeren, zodat ik noodgedwongen de assistentie van een volwassene moest inroepen. Ondanks het groeiende respect voor mijn eigen zaken, duurde het steeds een poosje vooraleer ik in staat was mijn blauwe jasje op het juiste nummer aan de kapstok op te hangen. Ik was te klein en de haak hing te hoog. Zuster Marinée kon me niet helpen, want haar rug was te krom en te stijf. De wervelkolom van zuster Stanislas die mijn hoofd ook intenser aaide, was iets flexibeler. Tijdens het ophangen van het jasje aan de juiste haak duwde ze regelmatig mijn neus tussen de voorzijde van haar linker bil en een middenzone waarvan ik de betekenis nog niet kende. De warme zijden stof van haar zwarte schort gaf me een zalig gevoel in de oren. Maar haar muffige geuren moeten mijn aversie aangewakkerd hebben voor vrouwen die zich verpakken tot zonderlinge mummies.

Toch ben ik ooit kortstondig verliefd geweest op twee jongere nonnen en op een hemelsmooie kleuterleidster. Ook zij deed rare dingen voor haar uiterlijk, maar droeg steeds bijzonder opwindende, welriekende en uitdagende lingerie. Haar sublieme pogingen mij tijdelijk te veroveren, kon ik niet weerstaan. Keer op keer moest ik ervaren hoe het routinespel van de Natuur mijn ratio kon vermurwen. Ik mocht een tijdje haar speelkameraadje blijven.

Ave Maria, gratia plena, Dominus tecum. Benedicta tu in mulieribus, et benedictus fructus ventris tui, Iesus. Sancta Maria, Mater Dei, ora pro nobis peccatoribus, nunc et in hora mortis nostrae. Amen.

1957

MIJN GROOTVADER HAD EEN UNIEKE PERSOONLIJKHEID

Mijn grootvader-brouwer Marcel bekommerde zich altijd om mij. Hij was enorm belezen en had een veelzijdige kennis. Ik waardeerde en respecteerde hem enorm. Zijn wijze doordenkertjes bevorderden de volle bloei van mijn latente genen. Toen ik de leeftijd bereikt had waarop een jongmens begint te revolteren, slaagde hij erin me zover te krijgen dat ik mijn energie niet louter concentreerde op banaal amusement, maar veeleer op de voorbereiding van mijn toekomst:

> *"Wees Aristoteles (380-322 v.Chr.) indachtig wanneer je in je leven iets hoogstaands wil bereiken. Probeer dan zo veel mogelijk te plannen en je aan die planning vast te houden, liever dan je tijd te verbeuzelen met goedkoop vertier en plezier in bijzijn van opdringerige kameraadjes. Als ze je toch meer dan normale aandacht willen schenken, is de kans groot dat ze je slechts zoeken om je te dwarsbomen."*

Lange tijd bleef ik een betweter en volgde ik zijn raadgevingen niet altijd op. Ik wilde te veel en tot eigen scha en schande heb ik veel tijd verloren. Te laat las ik dat *Voltaire* (1694-1778) ooit aanhaalde dat voor velen:

> *"het overbodige uiterst noodzakelijk blijkt."*

Maar ik heb wel veel miserie vermeden door oppervlakkigheden en herseloos plezier naast me neer te leggen. Ik had trouwens ooit maar een paar hechte vrienden. Anderen mochten hun armen in de lucht blijven steken om daar een andere vogel te pakken. Toch verveelde ik me zelden, maar het klopt dat naarmate de jaren vorderden, de dagen dat iemand me wilde liefhebben steeds schaarser werden.

Mijn grootvader genoot ervan sprookjes te vertellen. Urenlang kon ik aandachtig naar hem luisteren. Sprookjes, leerde hij, verbergen slechts de zinnelijke genotsfantasieën van grote mensen. Ik vermoed dat hij me wilde hoeden voor zowel toekomstige prinsesjes als boze heksen en absoluut wilde vermijden dat ik een mislukte kloon van Casanova zou worden.

> *"Niet zoals je vader hé, vriend!"* waarschuwde hij me honderden malen.

Hij kreeg binnenpretjes toen hij tijdens het vertellen op mijn gelaat een verwonderde en onderzoekende uitdrukking bemerkte. Ik kreeg kop noch staart aan die vreemde gebeurtenissen met wonderbare afloop. Wellicht concludeerde hij hieruit dat ik niet al te veel geloof hechtte aan die brave verzinsels:

> *"Vergeet het maar dat alles perfect verloopt in het leven! De veiligste attitude is de schijn hoog te houden dat je een prins op het witte paard bent. Verkoop dus nooit zomaar je ziel wanneer je je uitleeft!"*

Dat sprookje waar zeven kleine knapen zich ontfermen over een zogezegd weggelopen, mooi lief meisje vond ik maar niets. Met zeven tegelijk in hetzelfde bed duiken, lijkt mij iets te veel van het goede. Indien dat sneeuwwitte meisje zo'n aantrekkelijk ding was, dan had ik zeker de andere kabouters de loef afgestoken. Maar iedere man laat zich wel eens verleiden door allumeuses. Gelukkig vormen ze niet het minste gevaar want ze zijn helemaal niet geïnteresseerd in echte liefde.

En dan dat sprookje van een opgedirkte prins-op-het-paard-met-vleugels die een poetsmeisje-met-slechts-één-schoen rond zijn vinger kon draaien. Flauwerik! Ik heb veel verwende mannetjes-op-jacht gekend die slechts met de macht van hun geld een meisje konden veroveren. Als ik meisje was, zou geen cel onder mijn hersenpan eraan denken me door zo iemand te laten verleiden. Maar velen koesteren de illusie dat materiële welstand hen het ultieme geluk zal brengen. Anderen zijn ervan overtuigd dat het gezinsleven louter een kwestie is van wiskunde en financies. Voor die vakken toonde ik weinig interesse en dus ben ik nooit geslaagd in mijn familiale examens.

Tijdens zijn humaniora had mijn grootvader Latijn, Grieks, Frans, Engels en Duits geleerd. In zijn laatste schooljaar – hij was toen zeventien – werd hij verplicht zich tijdens de Eerste Wereldoorlog (1914-18) *voor vorst en vaderland in de vuurlijn te laten slachtofferen*. Hij vertelde me dat hij vier jaar lang alle notie van tijd verloren had:

> *"Emoties en gevoelens waren niet in staat mijn hersenen aan te tasten, zelfs niet tijdelijk. Mijn ratio bleef steeds intact en zo heb ik het gehaald. Mijn vriend Louis was te nieuwsgierig, stak in de trancheeën onnodig eens zijn hoofd uit en kreeg een kogel door de schedel. Hij had ook een veel te hoog EQ!"*

Ook zijn uitgebreide talenkennis en culturele achtergrond hebben hem geholpen. Door bemiddeling van zijn vader-burgemeester in Sint-Rijkers bij Veurne werd hij uitverkoren om in het Franse Honfleur af en toe als foerier te fungeren voor het Belgisch koninklijke hof. Als beloning werd hij na de Eerste Wereldoorlog benoemd tot lokale voorzitter van de Nationale Strijdersbond en gedecoreerd met alle soorten eretekens. Ondanks het gewicht van al die onderscheidingen in goud, zilver en brons bleef hij pal rechtop staan in zijn speciaal daartoe ontworpen zwarte regenjas. Als eerbetoon voor zijn overleden kompanen trotseerde hij ieder jaar – en tot zijn negenstigste – op 11 november één uur lang regen, wind en koude. Hij ontwikkelde nooit een voorovergebogen houding.

"In de loopgraven kregen we schijterij en zongen we 'est-ce que cela est de la ratatouille? De la tatfricouille? Non, c'est du pain caca, du pain caca'. Wat een verschil met wat de koning voorgeschoteld kreeg! We were only shit!"

Nog regelmatig denk ik na over zijn rationele verklaring *waarom oorlogen nodig zijn en mensenlevens moeten kosten*:

"Een oorlog is een bewust opgevoerd misdaadspelletje om de politieke of religieuze overtuigingen van machthebbers te handhaven en zo de wanorde in de wereld te behouden. Het is een akelig spel om grond, geld, en ijdelheid. Ik heb twee wereldoorlogen meegemaakt. Telkens werd op onze emoties ingespeeld om een stuk land te verdedigen dat sowieso slechts een ongelukje was in de geschiedenis. De historie van de mens wordt aangestuurd door boosaardige driften die in machthebbers verborgen zitten. We waren slaven in een onverschillige sfeer van leugen en valsheid. De geschiedenisboeken staan er bol van. Het lijkt me niet onwaarschijnlijk dat je ooit veel wreedheden onder ogen zult moeten zien!"

Hij noch ik konden toen vermoeden dat ik wél rechtstreeks tal van wreedheden zou zien en er zelfs voor een deel slachtoffer van zou worden.

Na de oorlog behaalde mijn grootvader het diploma van brouwer mede omdat hij over de talenten beschikte om vragen diplomatisch te beantwoorden met korte, krachtige en deskundige opmerkingen. Dankzij die welbespraaktheid werd hij politiek actief, maar was veel te braaf en te eerlijk om het tot burgemeester te schoppen. Hij had het moeilijk om de waarheid te verdoezelen. Hij vertegenwoordigde daarenboven alle kleuren van de regenboog. Nooit heb ik begrepen wat zijn diepste filosofische levensovertuiging was, voor zover hij die überhaupt bezat. Hij was zeker geen katholiek of socialist, maar mogelijk wel liberaal:

"Ik vergelijk politiekers met hoe de Oud-Griekse filosoof Plato (427-347 v.Chr.) het reeds 2000 jaar geleden in zijn allegorie omschreef," zei hij. "De meeste onder hen leven doorgaans in een grot waar ze ver van de realiteit hun fantasieën kunnen idealiseren. Anderen gaan verder, en zoals Thomas More (1478-1535) het in zijn Utopia portretteerde, hopen ze mensen een verschrikkelijk deugdzaam leven te laten leiden in een soort ideale samenleving."

Toen ik later steeds meer de wereld rondreisde, werd het duidelijk dat dit alleen kon nagestreefd worden in Noord-Korea, Cuba en Rusland. Maar mijn grootvader was de mening toegedaan dat iedereen mocht bereiken wat hij wilde zolang hij er maar een inspanning voor leverde. Hij aanvaardde niet dat de maatschappij tot plicht had continu materieel in te staan voor hen die weigeren de nodige kennis en kunde op te doen om zo in eigen onderhoud te voorzien.

Omdat mijn grootvader in staat was de gedachten van tegenstanders als het ware te lezen en zelf opnieuw te verwoorden, was hij niet te kloppen in de discussie. Zijn oordelingsvermogen was scherp en adequaat. Zelden slaagde iemand erin iets in te brengen tegen zijn spijkerharde argumenten. Wie het toch probeerde, verzoop in zijn eigen redeneringen en maakte zichzelf onsterfelijk belachelijk. Het verheugt me dat ik ook deze genen erfde. Zijn overtuigingskracht en gevatte opmerkingen waren nochtans afhankelijk van de windrichting. Kwam de wind uit het westen, dan waren het vooral warme ludieke kanttekeningen die iedereen deden bulderen van het lachen. Was er uitsluitend zuidwestenwind, dan hield iedereen zich gedeisd bij zijn kritische commentaren. Waaide er een noorden- of noordoostenwind, dan had hij het over *vadertje Stalin*. Op zo'n momenten was hij niet te vertrouwen en wou hij iedereen aanpakken. Een zeldzame keer woei er een zuidoostenwind, en dan begon hij in Oud-Griekse trant te filosoferen, waarbij niemand hem nog kon volgen. Was het windstil, dan kon je een speld horen vallen en was iedereen een en al aandacht. Ik bewonderde zijn bravoure en zijn vaak te ingewikkelde argumentaties. Zijn charisma en vooral zijn uitdagende houding waren aanstekelijk. Ik bemerkte dikwijls hoe toehoorders, die niets van zijn orakels begrepen, geen andere keuze hadden dan ja te knikken. Hij creëerde een sfeer die tegelijk gezelligheid en verontwaardiging uitlokte. Van hem leerde ik de kunst slechts te spreken wanneer ik voldoende kennis bezat en zo te wachten om betweters monddood maken.

Tussen mijn grootouders werden oeverloze woordenwisselingen gevoerd over Kerk en alles wat daarmee te maken had. Nooit hoorde ik hierover een gelijklopende opinie.

"Altijd goed luisteren maar niet alles geloven wat ze je in de godsdienstlessen vertellen. Je zal gaandeweg ervaren dat ze ons veel blaasjes wijsmaken", zei hij met geheven vinger. "Godsdiensten zijn goedgeoliede machines. Sinds mensenheugenis weet men maar al te goed dat mensen in hun leven een houvast zoeken en geleid willen worden. De meesten zijn immers gewoontedieren. Mocht iedereen zomaar zijn eigen weg gaan, dan zou het leven niet leefbaar zijn. Zoals de meeste dieren, moet bijna iedere persoon in gemeenschap leven en zich aan de kuddementaliteit aanpassen. Wie er niet wil toe behoren, is, zoals een leeuw, een einzelgänger of gaat zich te buiten aan ongeregeld gedrag. Ik denk dat jij een einzelgänger wordt maar dan één van de intelligente soort."

Ook hier kreeg hij gelijk. Nooit werd ik vrijwillig lid van een of andere organisatie. Werd ik er toch toe verplicht, dan maakte ik handig gebruik van hun eigen argumenten om mij van hen te ontdoen.

"Niet waar, Marcel!" repliceerde mijn grootmoeder streng. "Je moet altijd doen wat de Kerk zegt en niet luisteren naar het tegenovergestelde. Slechts dan zullen de poorten van de Hemel zich voor je openen."

Toen vergrootten mijn pupillen en staarden haar aan. Twijfel maakte zich van me meester omdat ik nog geen inzicht had in dit belangrijk maar ambivalent probleem. Inmiddels heb *ik het moeilijk met vanzelfsprekende, verklarende ideeën* en leerde ik feiten te beschouwen zoals ze in werkelijkheid zijn en niet zoals men ze zich inbeeldt.

> "Marraintje," counterde mijn grootvader, "*jij zou beter wat vaker lezen en je oefenen in filosofisch denken. Wat staat ook weer geschreven in het oudste boek ter wereld? 't Is bijna veertig eeuwen oud!*" Hij citeerde enkele verzen: "*O Gilgamesj, het eeuwige leven dat je zoekt, zal je nooit vinden! Toen de Goden de mensen schiepen, hebben ze hen slechts de dood toebedeeld. De onsterfelijkheid hielden ze voor zichzelf.*"

Het duurde wel even vooraleer hun uiteenlopende bedenkingen over de Hemel echt tot me doordrongen. Maar misschien heeft *Peter Frampton* gelijk wanneer hij in zijn '*Show me the way*' (1975) orakelt dat toch iemand de weg dient te tonen:

> "*Who can I believe in? There has to be a force. Who do I phone? The stars are out and shining. There has to be a fool to play this part. And all I really want to know. Oh, won't you show me the way. I want you to show me the way.*"

Ik was de enige die tot zijn sobere privékamer toegang kreeg. Hij zonderde er zich zeer regelmatig af om er rustig te kunnen lezen, nadenken, analyseren, concluderen en schrijven. De nieuwe uitvinding stond er ook, maar hij waakte er angstvallig over dat ik niet geïndoctrineerd raakte door de bewegende TV-beeldjes:

> "*Je bent nog te jong om te leren dat er in ieder mens ook een duivel verscholen zit!*"

Maar als reactie op die stroom van negatieve beelden groeide in mij toch het naïef idealistisch verlangen me ooit professioneel in te zetten voor een harmonieuze, liefdevolle wereld waar iedereen zich zou thuisvoelen. Als jonge knaap droomde ik zelfs luidop van een wereld met een menselijk gelaat.

> *"Hier!"*, daagde hij me uit, *"teken op een blad papier datgene waarvan je droomt! Niet denken, maar tekenen! Laat je maar gaan. Krabbel maar iets. Je zal zien dat je brein niet méér aankan dan datgene waarover je nadenkt. Snel ga je ondervinden dat je veel dingen niet aankunt! Hopelijk blijf je niet verder dromen!"*

Slechts veel later heb ik begrepen welke intellectuele inspanningen mijn grootvader zich getrooste om mijn jonge ontluikende talenten, ambities en passies niet als ongeleide projectielen te pletter te laten storten in de tijdsgeest van de jaren 1960-1970. Hij leek te weten hoe hij mijn energie en kracht in bedwang kon houden om zo te vermijden dat ik 's morgens de deur zou uitgaan om me telkens onder te dompelen in een wereld van vertier en plezier. Hij confronteerde me met mijn sterke punten maar nog veel meer met mijn zwakheden. Magistraal hoe hij ze kon bijstellen! Hij was er ook rotsvast van overtuigd dat om te slagen in het leven meer nodig is dan intelligentie, persoonlijkheid, vlijtig studeren en werken.

> *"Wat is er dan meer nodig?"* vroeg ik.
> *"Karakter, manneke! Karakter! Altijd maar willen en er vooral voor zorgen dat je niet teveel kameraden hebt, wel een paar hechte vrienden. Beter eerst een kop vol kennis dan een volle zak en veel geld. Weet dat meisjes graag veel aandacht krijgen. Maar wees gerust. Wanhoop nooit om die ene die je zal verliezen. De visvijver is ongelooflijk uitgestrekt! Macht en respect krijg je niet door het aantal meisjes dat je zal veroveren! Macht krijg je door je verzamelde kennis. Maar van kennis heeft men schrik en kennis*

kweekt vijanden. Je veroverde kennis zal je helpen bij het maken van keuzes!"

"En als ik er niet in slaag?" bleef ik aandringen na deze onthutsende woordenvloed.

"Dan word je maar filosoof zoals Socrates (469-399 v.Chr.)!"

"Wie is dat nu weer?"

"De Griekse filosoof vereerde de 'Goden' en werd gedwongen de gifbeker te drinken."

"Toch niet omwille van 'Godinnetjes'?"

"Let maar op dat ook jij geen langzame dood moet sterven", glimlachten zijn doordringende ogen.

1957

MIJN MARRAINE

Op de marmeren schouw boven de open haard stond een fotootje van haar broertje Gilbert. Hij stierf in 1909 op 11-jarige leeftijd. Uren heb ik dat fotootje bestudeerd. Het straalde eenvoud uit. Gilbert droeg een opgesjorde broek en een zwart vestje. Zijn hoofd werd bedekt met een scheefstaand petje. Ook zijn rug stond krom. Hij stierf aan tuberculose. Om verlost te worden van mijn niet-aflatend gezaag verklaarde men dat Gilberts longen en rug aangetast waren door een beestje, bacterie genaamd. Een geleerde meneer had dat beestje ontdekt onder zijn microscoop.

"Men wist in 't begin van de 20ste eeuw nog niet wat aan te vangen met de Koch-ziekte behalve het advies veel verse lucht naar binnen te happen," lichtte marraine mij toe.
"Hoe kan een kromme rug nu rechtkomen door lucht te happen?" vroeg ik verwonderd.
"Ze wisten toen nog niets," weende ze *"maar ik heb vernomen dat men nu in Hongkong een kromme rug kan rechtkappen."*
"Ben je daar zeker van, marraine?", vroeg ik vol verwonderd enthousiasme.
"Waarom? Wil je dat ook kunnen misschien?" vroeg ze me onderzoekend.
"En waarom niet? Als ik dat zou kunnen, zou niemand nog naar Hongkong moeten en moet niemand nog al die zeelucht happen!"

Tot mijn grote verwondering lag Hongkong nogal ver van waar ik woonde. Terwijl marraine verbaasd mijn vastberaden gelaatsuitdrukking bestudeerde, vond ze toch dat bidden voor haar overleden broertje de enige manier was om zijn zielenzaligheid te garanderen. Daarenboven vond ze de illusie van haar kleinzoon maar niets! In haar analyses vergiste ze zich zelden, maar nu sloeg ze de bal toch mis. Vertrouwen geven aan opkomend talent, is bij volwassenen een zeldzame eigenschap. Niemand kon op dat moment bevroeden dat ik mijn jeugdige ambities effectief zou realiseren al zou het ten koste zijn van uiterst zware en pijnlijke inspanningen. Marraine besefte toen nog niet dat *het werkwoord opgeven niet in mijn woordenboek stond.*

Marraine hield van heiligen. Op bijna elke vensterbank stond een gipsafdruk van één of andere bekende gecanoniseerde. Ze sloeg vaak kruistekens en prevelde om de haverklap een gebed. Terwijl ze dagelijks de paternosterbolletjes tussen haar vingers liet glijden, kon ze haar hoofd in zo'n pose kronkelen dat ze warempel als twee druppels water leek op het grootste beeld in haar bezit, de Heilige Maagd Maria. Ondanks haar voornaam Mariette, die ze regelmatig en wellicht met opzet in Maria veranderde, was marraine allesbehalve een heilige, maar wel een nietsontziende en staalharde businessvrouw. Ze was te gierig om in de Kerk vóór de hoogmis ook maar één kaarsje aan te steken. Nochtans was ze een devote kerkgangster. Ze vertoonde trekken van Moeder Theresa van Calcutta, die ook bekroond werd met een heiligentitel ondanks haar status van miljardair die ze via duistere mysterieuze wegen verworven had. Inmiddels besef ik reeds lang dat devotie en business hand in hand kunnen gaan. Nooit is marraine erin geslaagd mij met haar mirakelverhalen te overtuigen. Net zoals de vele sprookjes van mijn grootvader waren ze te mooi om waar te zijn. Ze boezemden me gewoon geen vertrouwen in.

"Ze gaan het wel uitleggen op school! En zie maar dat je goed oplet, anders geen feest voor je Plechtige Communie!"

Niet dat dit zo erg was geweest. Ik heb nooit echt van feestjes gehouden. Mij lijken het theaterstukjes waar niets is wat het lijkt. In zo'n sfeer van verplichte ontspanning slaagde ik er zelden in tot een deftige conversatie te komen. Het is nu eenmaal weinigen gegeven eerst bewust na te denken vooraleer te spreken. Probeerde ik het toch weleens, dan kreeg ik meestal een gemene opmerking naar mijn hoofd geslingerd. Daarom had ik al vroeg besloten geen tijd meer te verspillen aan hen die niet tot mijn soort behoorden. Ik heb trouwens liever dat men mij toelacht dan uitlacht. En wie me niet kan aanzien, moet maar een andere richting uitkijken.

Mijn marraine was fan van wijwater. Ze bezat enkele kristallen bollen speciaal gevuld met Heilig Vocht uit Lourdes, het Las Vegas der christelijke gelovigen. Inmiddels bezocht ik wereldwijd tal van Las Vegassen, heilige plaatsen waar aanhangers van verschillende levensopvattingen graag een vrijwillige duit in het zakje doen ter meerdere eer en glorie van een bovenaardse God. In hun Oldsmobile, gekocht met het geld dat ze verdiend hadden via de verkoop van *bier-pis aan den Duits*, ondernam marraine samen met mijn grootvader regelmatig een boetetocht naar 't zuiden van Frankrijk. Althans, dit was telkens háár bedoeling! Op de lange toegangsweg naar de Heilige Grot verkoos mijn grootvader halt te houden in de vele bistrootjes om er met andere niet-gelovigen picon-vin-blancs te nuttigen en over de vele mirakels te discussiëren. Ik twijfel er sterk aan of de brave man vervolgens nog in de juiste stemming was om het gipsbeeld van de Heilige Maagd Maria te aanbidden. Wie weet, zag hij tijdens zijn zigzaggende wandeling wel twee blauwe beelden of begon hij luidkeels en in een helse toonladder het Ave Maria te zingen. Ooit legde hij mij uit dat hij niet de minste reden had om boete te doen en zich daarom helemaal niet verplicht voelde in een onmenselijke hitte al biddend op zijn knieën voort te bewegen. Daarenboven had hij ook al herhaaldelijk vastgesteld dat een liter duur betaald Heilig Water, dat via de stedelijke waterleiding naar de grot gevoerd werd, niets veranderde aan de kniewonden die zijn echtgenote opliep tijdens haar bewust gekozen zelfpijniging. Haar knie-artrose verergerde alleen maar.

In haar mystieke ijver staakte marraine nooit haar pogingen mij ervan te overtuigen dat het Heilige Water haar wel degelijk van enkele gezondheidsproblemen had verlost. Als niet-gelovige rugchirurg heb ik nooit kunnen achterhalen over welke kwalen het precies ging. En die artrose in haar knieën was daarenboven veroorzaakt door een val van de trap toen ze over een van haar bollen Heilig Water was gestruikeld. Ik ben steeds wantrouwig gebleven ten overstaan van speciale watertherapieën. En zo heilig was het Water in dat bolletje nu ook weer niet. Het werd al maar troebeler naarmate de tijd vorderde. Door het koepelvormige grotminiatuurtje harder en harder te schudden kon je in de Grot, waar eveneens een kopie van de Heilig Maagd prijkte, geleidelijk aan de kunstmatige sneeuwval doen afnemen. De meeste sneeuw bleef immers overal aan de glazen binnenwand plakken. Ik kreeg argwaan van dat Water. Daar ik wilde onderzoeken waar alle sneeuw naartoe was, wrikte ik de bodem los van het glazen omhulsel. Het Heilig Water vloeide over de tafel in de living. Enkele dagen hield ik de opgedroogde vlek in de gaten. Er gebeurde niets. Toen ik er in geslaagd was het bollig geheel opnieuw in elkaar te prutsen en te vullen met gewoon kraantjeswater, sneeuwde het bij schudden nooit meer. Het water werd ook nooit meer troebel.

Een ander geliefkoosd gebruik van Heilig Water was toen mijn marraine een kerk binnentrad en naar goede katholieke gewoonte een kruis sloeg. Uiteraard werd ik moreel verplicht dezelfde nattigheid op mijn voorhoofd te sprenkelen. Gefascineerd door dit mysterie klom ik ooit op een stoel om te zien wat er zoal in die marmeren waterbak rondzwom. Behalve Water vond ik niets. Ik kwam uiteindelijk tot de conclusie dat dat Heilig Water de reden was van mijn regelmatige snotneus. Als arts overtuigde ik daarom tal van patiënten ervan deze voorhoofdbevochtiging op grond van hygiënische redenen te vermijden.

Alles wat in haar macht lag, heeft mijn marraine aangewend om mij de begrippen van 'hoop, geloof en liefde' in mensentaal uit te leggen. Blijkbaar was ze de overtuiging toegedaan dat deze essentiële deugden nodig waren om later als brave, voorbeeldige burger aan het maatschappelijke leven te kunnen deelnemen. Maar geleidelijk aan ontwikkelde ik wel een andere visie op *hopen op iets*, *geloven in iets*, en vooral *liefde voor iets of iemand*. Al werd ik steeds meer geboeid door de biologische mysteries van het leven, toch moest ik vaststellen dat de uitingen van mijn marraine geenszins strookten met wat ik zelf hoorde, las, vaststelde en ervaarde.

"*Hoop,*" schreef Aristoteles (384-322 v.Chr.), "*is de droom van een ontgoochelde persoon.*"

Blindelings in iets of iemand *geloven* heb ik door mijn vele levenservaringen afgeleerd, en *liefde* is inmiddels synoniem geworden van een tweerichtingsbusinessmodel zonder garantie op succes.

1957

OPVOEDING EN LEVENSWIJSHEID
VAN MIJN MAMA

De gebeurtenissen vóór en na de Tweede Wereldoorlog hebben het leven van mijn mama diepgaand en voor immer getekend. Ze stond doodsangsten uit toen ze vernam dat haar vader, samen met twee andere invloedrijke burgers, als gijzelaar vastgehouden werd op de benedenverdieping van de Victoriabunker die ik later ooit in brand zou steken. Kort na haar huwelijk moest ze alleen verder. En in die naoorlogse jaren ging men ook nog gebukt onder de eeuwenoude tirannie van de christelijke moraal, zodat haar geluk een verre droom bleef.

Haar talrijke frustraties reageerde ze af door dagelijks urenlang op de piano te tokkelen. Mama was een begenadigde pianiste, maar kreeg na de oorlog nooit nog een kans haar talent verder te ontwikkelen. Mijn interesse voor cultuur heb ik aan haar te danken. Elke dag was ik een trouwe – maar verplichte – toehoorder van haar vertolkingen. Altijd werd mama wat melancholisch bij het spelen van Chopins Nocturne nr. 20. Ik leerde intens genieten van het *3e pianoconcerto van Rachmaninoff*, het *1ste van Tsjaikovski*, en niet in het minst van het *Adagio un poco mosso uit het 5e van Beethoven*. Aan het nageslacht heeft ze twee cd's nagelaten met haar lievelingsstukken. Het bijwonen van opera's en regelmatig museumbezoek behoorden eveneens tot de vaste verplichtingen die mijn verbeeldingskracht mede hebben ontwikkeld.

Mama was de mening toegedaan dat ik totaal verstoken was van muzikaal talent. Haar afwijzende houding is me later duidelijk geworden. Ik mocht niet naar de muziekschool omdat ik dan tram of trein moest nemen. Ik zou meer aandacht geschonken hebben aan de schoonheid van de bakvisjes dan aan die van de muziek.

Misschien had ze wel gelijk. Ze leerde me echter danspassen aan. De moeders van mijn kinderen liepen niet al te hoog op met mijn dansvaardigheid. Maar we genoten ervan! Volgens anderen kon ik er helemaal niks van. Omdat ze me van mijn schamele dansvreugde beroofden, vormen mijn dansschoenen tot op heden een broeinest voor algen en maritieme vegetatie op de zeebodem. Wat mijn andere talenten betrof, zag mama in dat het weinig zin had zich tegen mijn keuzes te verzetten of mij in een bepaalde richting te duwen. Toch bleef ze stiekem hopen dat de Heilige Geest op mijn rechterschouder zou neerdalen en me influisteren dat ik door God geroepen was tot het priesterschap.

Mama kende mij nochtans door en door. Als kind was ik verliefd op haar. Ze was streng, ja zelfs autoritair, maar rechtvaardig. Haar woord was wet, en ik had geen andere keuze dan haar wetten te respecteren. Mama was de enige persoon die volledig vat had op mij. Ik vreesde haar niet, maar respecteerde haar. Mama beschikte over een ultiem wapen waartegen ik me nauwelijks kon verweren. Zonder ook maar een woord te uiten, kon ze me met slechts één strenge blik van haar mooie, mysterieuze, blauwe ogen tot de rede brengen. Ze verstond de kunst haar rebel als een knipmes te doen buigen.

Thuis ervaarde ik altijd liefde, begrip en goedkeuring. Mama zorgde voor een warme, stimulerende sfeer waarin mijn genetische hardware volop kon gedijen. Ik kreeg alle kansen om mijn ontluikende talenten te ontwikkelen, maar tevens met de bedoeling me te laten inzien dat ik ook beperkingen had. Ik mocht lezen, studeren, sporten en werken in de horecazaak zoveel en zolang ik wou. Steeds gaf ze me vertrouwen. Ze gebood me nooit een valse glimlach op te zetten, maar evenmin om in alles een toonbeeld te zijn. Mama probeerde steeds te begrijpen wat er in mijn ambitieus, maniakaal en koppig hoofd omging, maar herhaalde dikwijls dat:

"… door veel te studeren en veel te werken men wel zal winnen. Af en toe even achterom kijken is oké, maar dan alleen om uit je eigen fouten te leren!"

In mama's woonkamer stond een bibliotheek met een paar honderd boeken. Ik was omringd met kennis, maar diende die zelf te ontdekken. Destijds was het nog niet mogelijk om via een druk op de knop gewenste informatie op te roepen. Als ik wilde vinden wat ik weten wou, dan was het ten koste van grote inspanningen. Hierdoor leerde ik mijn geheugen trainen, maar vooral zeer aandachtig lezen, nadenken, analyseren en samenvatten. Mama's uitgangspunt was eenvoudig:

"Wat je ook betracht, het is beter je macht te baseren op kennis dan op geld. Nooit zal men je kennis kunnen afpakken. Toch blijft geld voor velen de enige drijfveer."

Ik had geluk. Mama las veel en had de gewoonte de inhoud van interessante boeken die ze doorgenomen had te schetsen. Steeds vestigde ze mijn aandacht op universele menselijke gevoelens, twijfels en moeilijkheden:

"Door de eeuwen heen zijn mensen nog niet veel veranderd. Een paar duizend jaar geleden dacht men ook reeds na over liefde, wanhoop, macht, leugen, bedrog en onheil. Het is goed om er reeds vroeg over na te denken, want je ganse leven lang zal je ermee geconfronteerd worden. Mocht je slagen, zal je ook snel bemerken dat velen zullen pogen je in hun voordeel te manipuleren."

Tijdens mijn opvoeding was er weinig plaats voor intense emoties die me tijdens mijn adolescentie en ook daarna zouden kunnen schaden:

"Zelfs je sterkste talenten zullen nooit volstaan om je te meten met anderen die intelligenter, machtiger en rijker zijn. Het enige wat je kan doen is datgene te doen waar je goed in bent. Sommigen hebben hun geluk volledig aan hun geboorte te danken. Jouw geluk zal de kennis zijn die je van mij en je grootvader krijgt."

Tot mijn achttiende levensjaar verplichtte mijn mama me afwisselend een week Frans, Engels of beschaafd Nederlands te praten. Jammer genoeg hechtte ze minder belang aan de Duitse taal, wellicht ten gevolge van de oorlogsmiserie. Om het Nederlands onder de knie te krijgen, moesten we van onze onderwijzers dagelijks de uitzending *Hier spreekt men Beschaafd Nederlands* bekijken op wat toen de BRT-TV heette. Daar mijn grootouders bijna uitsluitend naar Franse zenders luisterden, bleven mijn punten voor het vak Nederlands ondermaats.

Doorgaans was mijn wekelijks rapport uitstekend, maar vermeldde regelmatig dat *ik niet koppig mocht zijn en beter diende te luisteren*. Mijn stugge houding leverde me natuurlijk vaak straffen op. Maar mama liet zich nooit in met het reilen en zeilen op school. Ze wist dat ik me veel kon permitteren, want ik was een goede leerling. Ik las en studeerde veel en legde voor de meeste vakken grote interesse aan de dag. Voor vakken waarvan ik het belang niet inzag, had ik minder aandacht en minder punten. Maar ondanks alle deugnieterij behaalde ik meer dan behoorlijke cijfers. Toch heeft ze mij altijd willen hoeden voor toekomstige ontgoochelingen. De degelijkheid van haar advies blijf ik tot op vandaag ervaren:

> "Als je gelukkig wil worden, moet je egoïstisch worden. Want niets wordt je zomaar in de schoot gegooid! Mocht je slagen, zullen weinigen je je succes gunnen. Zoek dan vooral ontspanning in milieus waar je geapprecieerd wordt op grond van wie je bent als persoon."

Mijn mama werkte vele uren. Ze had de tijd niet om me na een lange schooldag naar naschoolse activiteiten te brengen. Thuis moest ik altijd eerst mijn huiswerk maken en voorleggen. Daarna mocht ik me uitleven in vrije en wilde spelletjes, waar ik mijn ziel uit mijn lijf liep. We vingen kikkers, salamanders en spinnen, en bewaarden ze een poos in potjes of dozen. Ik wist toen nog niet dat ik in mijn later beroepsleven ook menselijke lijken zou opensnijden. Ik leerde al heel vroeg de harde wet des levens. Wie mij pestte, kreeg een gratis knie- of elleboogstoot cadeau. Af en toe kwam ik ook thuis met een blauwe plek waarvoor ik geen verklaring wou geven. Maar was mama op de hoogte dat iemand me een hak had gezet, dan kon ze zo voorspellen wat mijn reactie zou zijn. Wanneer haar dan de details ter ore kwamen, had ze wel begrip voor de motieven van mijn heldendaad, maar keurde die daarom niet altijd goed. Overtrad ik de wet, dan stond mama aan de kant van de wet. Toch is mama me steeds onvoorwaardelijk blijven steunen, zelfs toen ik dingen uitgericht had die niet door de beugel konden. Ze leerde me verantwoordelijkheid op te nemen. In principe bemoeide ze zich niet met mijn aangelegenheden, enkel wanneer ik te emotioneel reageerde. Was ik toch eens overstuur door toedoen van anderen, dan was dat een levensles. *Mama was geen watjesmoeder*:

> *"Laat vallen wie verwijten naar je kop slingert. Maar het is goed af en toe eens te ervaren dat je toch je gat kunt verbranden!"*

Van kleins af aan reikte mama me ook de sleutel tot de eenzaamheid aan. Ze leerde me genieten van het alleen-zijn en hoe ik mijn geluk niet van anderen moest laten afhangen:

> *"De duurzaamste relatie die je kunt hebben, is met jezelf."*

Afzondering is steeds mijn geschikte voedingsbodem geweest voor zelfonderzoek en creativiteit. Door zelf baas te blijven over mijn ambities en tijdsinvulling en exact datgene te doen wat ik wilde doen, ontwikkelde ik persoonlijkheid, autonomie, individualisme, vrijheid en durf. Wilde ik iets groots bereiken, dan was ik derhalve verplicht, om het met *Schopenhauers* woorden (1788-1860) uit te drukken *"als een adelaar mijn nest op eenzame hoogte bouwen."*

Thuis werd ik ook nooit opgezadeld met gevoelens van minderwaardigheid. Mijn genen die ik van betovergroottante Ursula erfde, lieten dit gewoon niet toe. Reeds in de lagere school zag ik snel in dat het beter was oplettend en kritisch te zijn, en niet zomaar alles te slikken wat uitgekraamd werd. Als zoon van een gescheiden moeder, moest ik me regelmatig verweren tegen sarcastische opmerkingen van kameraadjes die me probeerden uit te dagen. Maar uitdagers die erop uit waren me het leven zuur te maken, speelden een gevaarlijk spelletje. Meestal hielden ze het niet te lang vol. Niet alleen beschik ik over een goed langetermijngeheugen, maar ik vergeef ook niets. Nam ik niet onmiddellijk weerwraak, dan koos ik later een geschikt moment om listig en zonder enig mededogen mijn slag te slaan. Het kon me geen bal schelen wat de gevolgen waren of zouden zijn van mijn wraakactie, zolang ik de pestkop maar keihard kon confronteren met zijn eigen tekortkomingen, fysieke, mentale of intellectuele, of alle drie tegelijk. Onderwijzers vertelden mijn mama dat ik doorgaans vrij geliefd was in klas, maar nooit vergat wanneer er iets negatiefs over haar of mij werd rondgebazuind:

"Zonder de minste schroom slaat hij altijd terug, mevrouw. En voor straf is hij niet beducht. Hij lijkt er zelfs van te genieten."

Thuis kreeg ik hiervoor nooit verdere opmerkingen. In alle stilte was mama fier dat ik mijn drang naar zelfrespect en eigenwaarde liet gelden. Ze leverde ook nooit kritiek op de middelen die ik hiertoe aanwendde en nooit veroordeelde ze me voor de beslissingen die ik had genomen:

"Met diegenen die je treffen, moet je kordaat afrekenen. Je mag en moet veel lachen, maar laat nooit toe dat ze je uitlachen of vernederen. Je reputatie is heilig, en die moet je te allen tijde intact houden."

Deze leerschool liet me veertig jaar later toe letterlijk hard terug te slaan en zo te vermijden dat ik vermoord werd.

1958

ARMBREUK NA VAL VAN STANDBEELD

In 1958 werd in de duinen van mijn dorp een standbeeld onthuld. Op school had men me wijsgemaakt dat precies op die plaats de eerste Belgische koning aan land was gekomen na een tocht met een bootje uit Engeland. Ik tast nog steeds in het duister of dit een fabel is dan wel een militair heldenverhaal. Mijn grootvader hield vol dat de charmante militair Leopold op 16 juli 1831 naar Calais was geroeid. Met paard en kar zou hij dan zigzag en hotsebotsend over de weidse stranden uiteindelijk aanbeland zijn op exact dezelfde plaats waar een paar eeuwen voordien de Oud-Belgische stam der Morinen zich gevestigd had. Geen enkel Morin werd ooit met een standbeeld bedacht.

Mijn grootvader was voorzitter van de lokale afdeling van de Nationale Oudstrijdersbond. In die hoedanigheid mocht hij, uitgedost in diplomatiek ornaat met slip en chapeau buse, de vijfde vorst der Belgen verwelkomen. Met vereende krachten ontdeden ze de koninklijke betovergrootvader van de vlag waarin hij gewikkeld was. Wie hier de grootste arbeid leverde weet ik niet, maar mijn grootvader zweette het hevigst. Tot zijn dood bewaarde hij de stoffen doek als trofee.

Het was toen het gebruik dat schoolkinderen aanwezig waren bij dit soort ceremoniën. Als zesjarige bengel was ik allerminst opgezet met het feit dat mijn speeltuin in de duinen moest wijken voor een monument, zelfs ter ere van een koning. Wellicht heb ik gedurende de plechtigheid wat groen gelachen. Een poel vol riet, bevolkt door kikkers en salamanders, was weggeveegd door de bulldozers. Mijn ontluikende rebelse natuur kreeg hier een eerste kans. Ik werd niet rood van woede, maar ergerde me blauw aan die vernielzucht. Niet alleen verplichtte mijn groot-vader me respect op te brengen voor het duinenstandbeeld, maar dwong hij ook mijn speelterrein te verleggen naar de Ro-meinse vlakte in de uitgestrekte duinen. Ik kon dit niet zomaar pikken. Zonder veel moeite lukte het me mijn speelkameraden te overtuigen eerst weerwraak te nemen.

Het imposante standbeeld lag op grote afstand van de gebou-wen op de zeedijk. Het gevaar dat we zouden betrapt worden tijdens een hernieuwde wijding van de bronzen sculptuur was dus vrijwel nihil. Met z'n vijven, Luk, Piet, Jan en Sisse sloten we een weddenschap af. Wie als eerste erin slaagde op eigen middelen de bijna vier meter hoge kolos te beklimmen, zou het voorrecht genieten een flesje bier over de koninklijke schedel leeg te gieten. Mij werd opgedragen voor twee flesjes te zor-gen. Ik moest dus noodgedwongen mijn toevlucht zoeken tot diefstal van iets waarop ik, naar mijn gevoel, recht had, maar nooit zou krijgen. Met het tweede flesje zouden we dan onze overwinning vieren.

Het lange zwaard bleek voor elk van ons de onoverkomelijke hinderpaal om het bronzen koninklijke hoofd te bereiken. In de TV-jeugdreeks *Lassie* had ik gezien hoe *John Wayne* (1907-1979) met een lasso een wild paard kon bedwingen. Na ettelijke mis-lukte pogingen lukte het me eindelijk Zijne Majesteit bij de hals te strikken. Met wat trek- en sleurwerk klom ik omhoog en won de weddenschap. Dronken van overmoed en ook uit respect voor een vorst, maakte ik het touw los en gooide het met een victorieus gebaar weg. Op datzelfde moment realiseerde ik me dat ik daar tussen hemel en aarde hing en kreeg plots hoogte-vrees. Paniekerig vroeg ik me af hoe ik terug van de koninklijke hals zou neerdalen want het zand rond de betonnen sokkel was te ver verwijderd. Toen ik bovendien, overmand door angst, in de nek van zijne Hoogheid plaste, lachten mijn kameraadjes zich een breuk.

K

K

Uiteindelijk had ik geen andere keuze dan te springen. Ik landde onzacht op het betonnen onderstel en brak mijn rechter bovenarm. Ik krijste het uit van woede en pijn, en wist dat ik hulp nodig had. Toen ik rechtstond, voelden mijn kameraadjes nattigheid en dropen een voor een af. Niemand bekommerde zich om mij en niemand leek nog geïnteresseerd in het overblijvende flesje bier. Als kind ontbrak het me aan levenservaring om te begrijpen dat de meeste mensen in de eerste plaats aan zichzelf denken en hun soortgenoten in moeilijke omstandigheden aan hun lot kunnen overlaten. Mijn grootvader legde het later zo uit:

"Het menselijke oerinstinct gebiedt in eerste instantie voor jezelf te zorgen. Je moet begiftigd zijn met een nobele natuur om met de miserie van een ander te kunnen omgaan. Eén van de wetten van de macht stelt trouwens dat men steeds het ongeluk van anderen uit de weg moet gaan om er zelf niet ten prooi aan te vallen."

Toch was ik er zeker van dat ik uit deze beproeving als winnaar tevoorschijn zou treden. De vluchters liepen evenveel gevaar omdat ze wisten dat, wanneer de gelegenheid zich zou voordoen, ik niet zou aarzelen hen te belonen voor hun moedige aftocht. Ik slaagde erin mijn arm vrij goed te ondersteunen en kon niet anders dan met een natte broek het voorval aan mijn grootvader op te biechten. Het leek makkelijker dan verwacht. Het feit dat ik niet weende en de pijn verbeet, wist hem te vermurwen. Hij had voldoende geleden tijdens de Wereldoorlogen.

Het verwonderde me ten zeerste dat er naast mijn mama en grootvader ook nog andere grote mensen waren die in staat waren iets aan kinderen uit te leggen. Met een plastieken skelet in de hand, gaf de dokter mij verdere toelichting dat ik geluk had dat er geen zenuw of bloedvat geraakt was en dat de koning niet op mij gevallen was. Hij vroeg me voorover te buigen en mijn bovenarm verticaal naar beneden te laten hangen:

"De zwaartekracht houdt de stukken been in rechte lijn," zei de wijze man terwijl hij mijn arm en schouder in de watten legde en de breuk met gipsspalken immobiliseerde. De aanvankelijk vochtige en koude smurrie droogde langzaam op en gaf me een aangenaam warmtegevoel. Als landbouwerszoon met basiskennis anatomie, probeerde mijn grootvader me thuis uit te leggen waarin de functie van zenuwen en bloedvaten precies bestond. In een mum van tijd herstelde mijn armbreuk en kon ik opnieuw naar hartenlust ravotten. Sindsdien groeide mijn interesse om de menselijke anatomie in detail te kennen.

1959

EERSTE KENNISMAKING MET
DE LIEFDE TUSSEN DE ERWTEN

Op zevenjarige leeftijd had ik niet het minste benul van wat liefde eigenlijk betekende. Door toeval echter kreeg ik een spektakel voorgeschoteld waardoor ik me een idee kon vormen van de ééndagsliefde. Ik herinner het me zeer levendig. In die periode werd ik verplicht, tegen mijn zin, éénmaal per maand mijn vader te bezoeken. Dit was vastgelegd in het kader van het wettelijke bezoekrecht. Waarom hij dit geëist had, is me nooit duidelijk geworden, daar ik hemzelf nooit te zien kreeg. Mogelijks was dit een uiting van zijn gestoorde persoonlijkheid, waardoor hij wou tonen dat hij, weliswaar via omwegen, toch enig gezag kon uitoefenen. Tante Zulma, een zus van hem, die nooit een man had weten te strikken, kwam mij telkens oppikken met haar kevertje. Echt enthousiast was ik niet omdat ik keer op keer gedropt werd bij zijn stokoude ouders, die een koffiebranderij en pakhuis hadden. Na enkele bizarre handtastelijkheden en wat onzinnige praat viel er uiteindelijk toch altijd wel iets te beleven in het grote magazijn. Het werd gebruikt als tijdelijke opslagplaats voor duizenden zakken erwten. Dit was het gedroomde kader om de deugniet in me aan zijn trekken te laten komen: kippen en konijnen loslaten, maïszakken omgooien, zakken erwten beklimmen en erwtjes met een katapult de ruimte insturen.

Tijdens een van die verplichte bezoekdagen hoorde ik plots op de eerste verdieping van de erwtenopslagplaats een diep zuchtend geluid dat ik nergens kon thuiswijzen. Geruisloos klauterde ik op enkele opeengestapelde erwtenzakken en kreeg zicht op een soort dal, omgeven door gelijkaardige zakken. Centraal in die kleine ruimte zat een naakte juffrouw op een man te wippen. Hij hield haar stevig vast ter hoogte van de heupen. Ik had geen benul wat de bedoeling was van het symmetrisch op en neer dansen van haar blote borsten, de ritmische bewegingen van haar onderlichaam, of waarom alles zo precies getimed werd. En hoe die eigenaardige vochtige geluiden tot stand kwamen, daar had ik helemaal het raden naar. Maar de bewegingen van die twee naakte, met zweetdruppels overdekte lichamen fascineerden me uitermate. Muisstil wachtte ik de verdere afloop van het gebeuren af. Ik was met verstomming geslagen door het kronkelende toneel dat enkele meters lager opgevoerd werd. Hun lichamen verstrengelden zich in de wonderlijkste poses. Zoiets had ik nog nooit gezien. Ze leken intens van elkaars lippen en tongen te genieten. Toen we later op school het gedicht van Guido Gezelle over het krinkelende winkelende waterding bespraken, moest ik onwillekeurig denken aan dit vrijende paartje.

Maar in dit geval droeg een cruciaal mannelijk lichaamsdeel géén kabotseken! Met observerende blik zag ik hoe dat lichaamsdeel in en uit een opening gleed, omgeven door een dicht bos haar. Ik wist niet dat een piemel zo lang en breed kon worden. Plots draaide hij de juffrouw op haar knieën, schurkte zich tegen haar aan terwijl zijn piemel in een opening verdween die ik slechts met een anus kon associëren. Nog steeds gefascineerd door het spektakel probeerde ik hogerop te klimmen, toen plots een erwtenzak in de krater naar beneden stortte, openscheurde en het vrijend paartje met groene erwtjes overdekte. Vooraleer beide figuren, die me deden denken aan reïncarnaties van Adam en Eva, wisten wat er eigenlijk aan de hand was, had ik reeds veilig en wel een stek gevonden bij mijn grootouders, die nu wél van enig nut bleken te zijn.

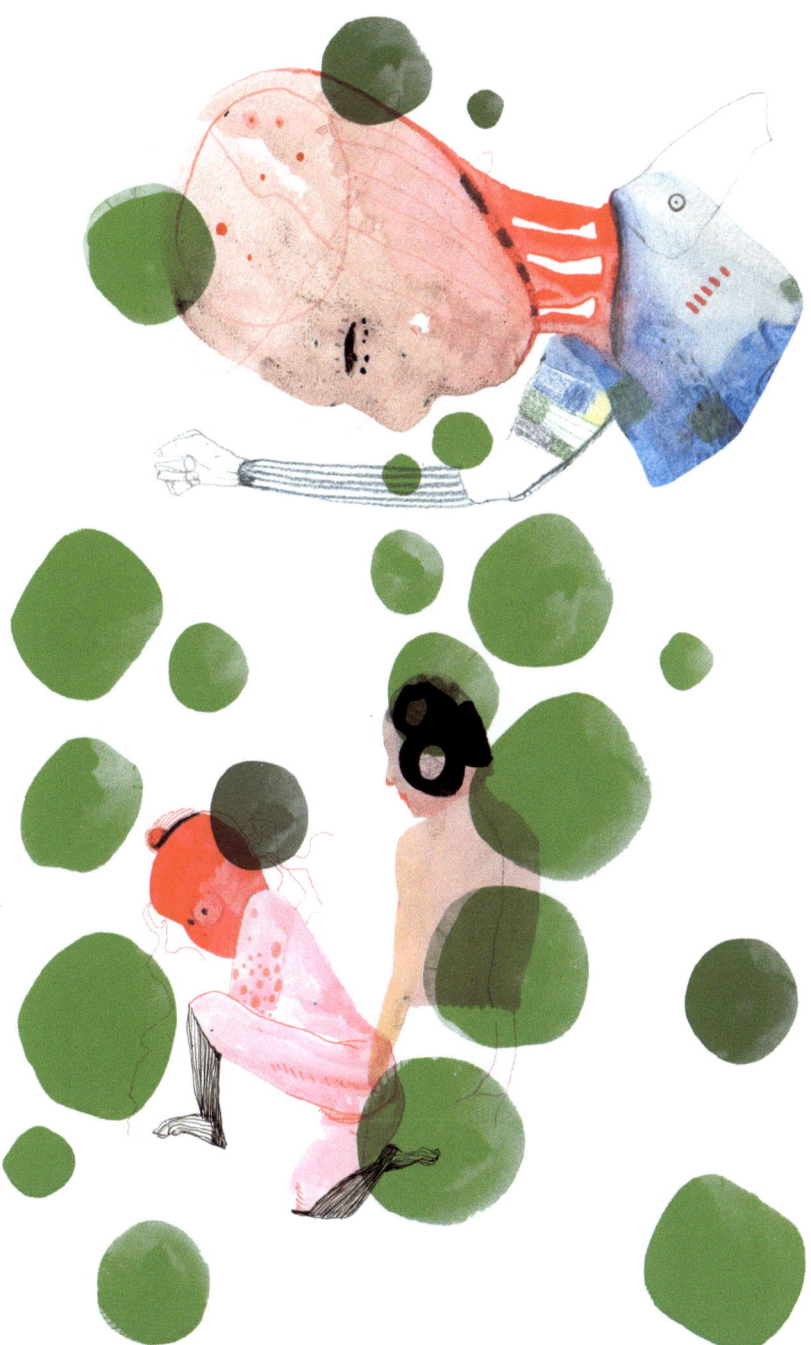

Deze eerste les real-time seksuele opvoeding is later een belangrijke leidraad gebleken om mijn aanvankelijke terughoudendheid te overwinnen bij mijn eerste contacten met bakvissen en meer ervaren oudere dames. Dankzij geïllustreerde boekjes die ik van kameraadjes ontving, kreeg ik een steeds nauwkeuriger beeld van hoe het er in het rijk der volwassenen aan toeging. Ik oefende mijn fotografisch geheugen op de vele afbeeldingen, en in een mum van tijd had ik de diverse atletische liefdesposes tot in de kleinste details in mijn langetermijngeheugen gegrift. Ook later tijdens mijn professionele loopbaan als spinaal chirurg moest ik vaak aan dit voorval terugdenken, temeer daar een van mijn Franse leermeesters verkondigde dat er enige affiniteit bestaat tussen het beroep van spinaal chirurg en het doggy-style liefdesstandje:

> "Als je tot de wereldtop van rugchirurgen wil behoren, moet je in staat zijn de chirurgische technieken zowel aan de voor- als achterzijde van de wervelkolom uit te voeren. Het is, beste vriend, zoals het bedrijven van de liefde. Ook hier moet je een geliefde probleemloos via de voor- en achterzijde kunnen benaderen!"

Jarenlang hing de foto van deze wereldberoemde chirurg in mijn consultatiekamer. Voortgaande op de echo's, mag ik zeggen dat ik een meer dan behoorlijke reputatie als rugchirurg opbouwde.

1959

VAN STRAFFEN EEN DEUGD MAKEN

Uiteraard was het niet leuk om vaak gestraft te worden, maar ik vond de truc om straffen interessant en leerzaam te maken. Ik was trouwens weinig geïnteresseerd om nutteloze dingen uit te voeren. Dat de meesters niet begrepen dat ik er zo nonchalant over nadacht, spreekt voor zich. Mijn grootvader legde me het anders uit:

> *"Als je je schaamt over het feit gestraft te worden, zorg er dan voor dat je in het vervolg geen straf meer krijgt."*

Had de straf iets met cijfers te maken, dan was dat een kwelling. Zo'n opdracht werkte ik in een minimum van tijd af. Diende ik een tekening te maken met Chinese inkt, dan zorgde mijn maniakale zin voor detail en perfectie voor een onberispelijk werkje weliswaar met in de rechterbenedenhoek een vuile inktvlek als handtekening. Gelukkig bestonden de meeste straffen in doodgewoon overschrijven van teksten naar eigen keuze. Doorgaans koos ik voor artikels uit *Het Weten Waard* of uit de *Franse Larousse*. Beide referenties waren thuis trouwe metgezellen. Nooit hebben ze me lastiggevallen.

Mijn moeder was een grote voorstandster van schrijfstraffen die ze enthousiast superviseerde. Vaak verdubbelde ze het rantsoen, en verplichtte me er bovendien nog korte samenvattingen van te maken. Geleidelijk aan wekten de artikels mijn interesse en leerde ik nadenken over de inhoud. De vele strafpagina's werden minutieus en mooi afgelijnd afgewerkt. Ik leerde ook heel snel schrijven, wat later van groot nut was bij het nemen van nota's in de Grieks-Latijnse humaniora en tijdens de luistercolleges aan de universiteit. Nadat de pagina's door mama ondertekend waren, kon ik het niet laten onderaan nog een versiering toe te voegen: een cirkel met twee ogen, één open en één dicht, een dikke neus, een grote mond en ongelijke grote oren. Dit zorgde voor wat irritatie, maar ik ben er zeker van dat meer dan één meester of leraar zo'n aandenken aan mij in hun privékast bewaard heeft.

Omdat de inhoud van veel artikels dikwijls te moeilijk was, kwam ik op het lumineus idee de meesters en leraren vóór het afleveren eerst wat uitleg te vragen over de tekst. Het leek mee te vallen, maar groot was mijn verbazing toen ik vaststelde dat velen heel diep moesten nadenken en soms geen jota begrepen van het overgeschreven Franse artikel.

> *"Al overgeschreven?"* spotten ze.
> *"Zeker, mijnheer, kijk maar,"* antwoordde ik met de bladzijden in de lucht zwaaiend. *"Maar kunt u me eerst even de inhoud van het artikel uitleggen?"* vroeg ik beleefd, maar met aandrang.
> *"Ik zal je dat te gepasten tijd uitleggen,"* klonk het ter afwimpeling van de vraag.

Dat was mijn overwinning! Als wat oudere adolescent aarzelde ik dan niet voor hun neus mijn strafopdracht te scheuren, waardoor ik prompt een nieuwe ontving en met veel plezier afwerkte, maar dan aan mijn tempo.

Ook in mijn thuisomgeving was er veel onbegrip omdat ik onophoudelijk straf kreeg maar vooral veel vragen bleef stellen.

> *"Laat m'n hoofd met rust,"* klaagde moeders kameraad fronsend.
> *"Waarom vraagt je zoon dat nu in het Frans?"* vroeg een andere verontwaardigd.

"Was het mijn zoon," verkondigde een betweter met zwart-gewerkte handen, *"dan zou ik hem met z'n handen leren werken. Dat brengt ten minste iets op."*
"Hij is toch zo anders dan zijn vader," repliceerde mama en bracht zo iedereen tot zwijgen.

Als jonge knaap dacht ik dat grote mensen slim waren en alles wisten. Ik vergiste me evenwel en leerde mijn schouders opha-len. Later werd me duidelijk dat veel volwassenen, die nooit nog een boek openslaan, laat staan iets bijstuderen, liever hun tijd verbeuzelen door zich constant aan anderen te spiegelen, of flauwekul te verkopen. Er zijn inderdaad *niet alleen veel weinig-weters, maar ook veel allesweters die niets weten aan te vangen met het weinige dat ze weten.* In 1962 maakte ik in mijn dagboek volgende opmerking in verband met mijn toekomst: '*ik wil niet worden zoals zij en mij slechts inlaten met onbenulligheden*'.

In mijn maandelijks puntenboekje vermeldden sommige leraars dat de straffen goed, mooi en zorgvuldig werden uitgevoerd, maar dat ik er goed aan deed, op straffe van een nieuwe straf, op het einde geen rode spotversieringen meer toe te voegen. Met mijn luttele spaarcenten kocht ik dus nieuwe kleurpennen! Inmiddels behaalde ik dankzij de talrijke straffen almaar betere resultaten. Ik leerde interessante artikels opzoeken en geconcen-treerd lezen, analyseren, nadenken, samenvatten, en mijn mening formuleren. Langzaam maar zeker geraakte ik in klas hogerop op de ladder der intelligentie. Tegen de allerbesten kon ik niet op, maar ik werd steeds meer gerespecteerd.

1960

DE MEESTER VAN HET VIERDE STUDIEJAAR

Ik herinner het me nog zeer levendig. Op een kille novemberdag van het jaar 1960 stond de meester van het vierde leerjaar vooraan op een bank. Met kleurkrijtjes was hij bezig boven aan het bord de titel van een onderwerp te versieren. Plots viel hij achterover en bleef stokstijf op de grond liggen. Bloed was er nergens te bespeuren. Zijn hoofd kon hij nog draaien, maar hij was niet meer in staat rechtop te zitten of te staan. Iedereen moest de klas te verlaten. Ik deed mijn uiterste best om de laatste te zijn. Misschien was er een mirakel in de maak? Eerder op de dag had de meester ons tijdens het godsdienstuurtje het verhaal van Lazarus toegelicht. Je wist maar nooit dat ik ooggetuige van een wonder zou zijn.

Tijdens mijn twaalfjarige vorming op de lagere school en het college ervaarde ik dikwijls dat men met onbewijsbare gegevens poogde te bewijzen wat niet te bewijzen valt. Vele jaren later werd in het zevende en finale studiejaar geneeskunde aan een katholieke universiteit nogmaals godsdienst gedoceerd. Tot op heden heb ik nooit begrepen wat het nut kon zijn van zo'n uitgebreid theologisch vak voor mijn geneeskundige en chirurgische beroepsactiviteiten. Op het examen vroeg de kanunnik mij de oorsprong van de tien geboden uit te leggen. Ik had hier niet de minste moeite mee. Sinds mijn kinderjaren was mij meermaals verklaard dat die geboden in verband stonden met de aanbidding van het gouden kalf. De professor knikte goedkeurend en was tevreden met de sinds lange tijd geïndoctrineerde details. Ik kon echter niet de verleiding weerstaan hem de vraag voor te leggen hoe het mogelijk was dat Mozes, al dan niet met sandalen, erin geslaagd was de 2000 meter hoge Berg Sinaï af te dalen met in elke hand een marmeren plaat van vijftig kilogram. De eerwaarde man moest me het antwoord schuldig blijven. De vraag werd niet bijster geapprecieerd en ik mocht ophoepelen. Toch hoopte ik met alle overige goede cijfers nog een onderscheiding te behalen, maar mijn hoop ging in rook op. Ik was er nochtans oprecht van overtuigd dat ik na vijfentwintig jaar trouwe naleving van allerlei godsdienstige plichten ook weleens het recht had een rationele vraag te stellen. Toen pas drong het tot me door dat het helemaal niet de bedoeling is kritisch te leren nadenken over bepaalde aspecten van de theologie. Ik heb het de katholieke godsdienst nooit vergeven. Dertig jaar later stuurde ik mijn in het Latijn opgestelde doopakte terug naar het bisdom. Als chirurg had ik bij een kind een wansmakelijk letsel moeten verzorgen dat door een dienaar Gods was veroorzaakt. Mijn eed van Hippocrates weerhield me ervan de gouden kloten van die pastorale kinderlokker tussen twee bakstenen te vermorzelen. Bovendien beschikte ik als jonge arts over onvoldoende urologische kennis om de inhoud van zijn zakje integraal te amputeren.

Omdat ik na de val van de meester talmde het lokaal te verlaten, trok zijn collega van het vijfde jaar, die in paniekstemming verkeerde, veel te hard aan mijn oren. Het bloedde en deed echt pijn. Ik was echter Lazarus niet en wist dat niemand me te hulp zou snellen. Ik oordeelde dat deze wrede, onterechte daad niet ongestraft mocht blijven en zorgde ervoor dat de sadistische meester 's avonds te voet naar huis mocht. Eerst had ik het voorwiel uit zijn fiets gerukt, en vervolgens sjorde ik met zowat alles wat ik kon vinden het achterwiel vast aan een struik in de omgeving van het fietsenrek. De fietsbel lag op de grond, de banden waren leeggelopen en de ketting stak helemaal vol takjes. Nooit heeft hij met zekerheid kunnen achterhalen wie de dader was, maar moet wel sterke vermoedens gehad hebben. In die tijd bestond de gewoonte nog niet systematisch vingerafdrukken af te nemen. Ik lichtte mijn mama in, maar ze heeft me hiervoor nooit gestraft. Evenmin diende ze een klacht in bij het schoolhoofd. Ze wist maar al te goed dat, indien ze het deed, ik zware tijden tegemoet zou gaan tijdens het daaropvolgende vijfde jaar. Het was de basis om mezelf te leren beschermen.

De onderwijzer heb ik nooit meer teruggezien. Jaren later heeft hij na een zware revalidatie zijn functie opnieuw kunnen opnemen. Altijd was ik nieuwsgierig gebleven naar de reden van zijn plotse val. In het vijfde studiejaar werd ons duidelijk gemaakt dat de meester tijdens een buitenlandse reis een virusinfectie van het ruggenmerg opgelopen had. Hij kon zich voortaan nog slechts voortbewegen met behulp van speciale beenkokers en een rolstoel. Hoewel ik niks begreep van de oorzaak van zijn val, bleef ik geobsedeerd door de vraag waarom de meester plots niet meer kon opstaan. Ik worstelde met een hoop vragen. Waar bevindt zich het ruggenmerg ergens? Wat is de functie ervan? Waarom kon de meester niet meer stappen? Het buitenland, is dat gevaarlijk? En een infectie? Wat is dat? Hoe kan een onzichtbaar beestje – een virus – nu een verlamming van de benen veroorzaken? Bij een zoveelste schrijfstraf zocht ik een verklaring in de Larousse. Ik las iets over het poliovirus, het immuunsysteem en het Salkvaccin, maar niemand kon me toen verder inlichten.

1960

MOEDERTJESDAG

Moedertjesdag was een dag waarop het onmogelijk was iets moois te doen zonder centen. Wat doe je dan als snotaap wanneer je hiertoe op school opgepept wordt? Eerst moest ik de onrealistische praat aanhoren dat alle moeders lief zijn, maar in realiteit niet aarzelen te straffen en meppen uit te delen. Anderzijds werd ik door de meesters aangemaand me gedurende vele dagen om te toveren tot voorbeeldige kunsttekenaar of -schilder. Maar ook mama had zich ongerust gemaakt, had ik me in aantocht van die speciale dag te rustig gedragen. Geen enkel van mijn originele prutskunstwerkjes werd door de meesters als overdraagbaar goedgekeurd. Nochtans had ik iedere dag diep nagedacht waar en hoe ik een nieuw dik- of dungekleurd lijntje zou aanbrengen in mijn abstracte werkjes. Om de meesters dan toch een pleziertje te gunnen, schreef ik van het bord netjes een tekstje over op een blad papier. Ik ging niet akkoord met de inhoud, maar schreef toch op dat ik nooit meer stout zou zijn. Om het geheel een speciaal moedertjesdageffect te geven, werden de randen in verschillende kleuren versierd. Omdat ik dat onding geenszins waardeerde, borg ik het tot 't einde van het schooljaar ongemerkt op in de lade van mijn schoolbank. Ik moet het beneden mijn waardigheid gevonden hebben om zo'n doetjes-opstel aan mijn mama af te leveren en te moeten aanhoren dat ik toch zo'n lief braaf manneke was.

Geleidelijk aan begon ik de ware toedracht van al dat gedoe rond Moederdag te snappen. Ik kwam tot de conclusie dat de meesters van hogerhand opgedragen waren hun jonge snaken aan te leren hoe ze hun dierbaren blij konden maken met loze beloften waarvan iedereen toch weet dat ze onmogelijk in te lossen zijn.

Deze techniek om een tegenstander in slaap te wiegen, heb ik me dus nooit eigengemaakt. De schoolopdracht had ook een futuristisch aspect. Als *bezigheidstherapie avant la lettre* kon dit dienen als verre voorbereiding op de eindfase van mijn leven, indien ik ooit zou moeten *wegkwijnen in een rusthuis of in een psycho-psychiatrische instelling.* Anderzijds was het onmiddellijk tastbare voordeel van zo'n moederdagopdracht dat mijn geldbeugel in gewicht zou groeien. Daarom was ik uiteindelijk bereid een tekenwerkje te creëren, althans voor mijn grootouders. Mijn grootvader kon er hartelijk om lachen. Mijn marraine aanschouwde het vol bewondering.

Er was grotere actie vereist om mama een waardig dankgeschenk te kunnen aanbieden. Mijn grootvader vergeleek vrouwen weleens met bloemen. Ik weet niet of hij echt verstand had van het sterkere geslacht, maar waarderen deed hij hen in elk geval. Hij had het vaak over *een bloem van een echtgenote, een bloem van een dochter, een bloem van een zus* en nog andere bloemen. Stellig verkondigde hij dat:

> *"... een man een vrouw niet om de haverklap moet lastigvallen met romantische prietpraat, maar dat een bloemenpakket op een onverwacht moment wonderen kan verrichten! Ze voelen precies aan wat er achter een bloemetje schuilgaat. Maar hoe ze dat doen, is me een raadsel. Toch zal je af en toe wel een koele kikker ontmoeten!"*

In mijn later leven nam ik meestal een afwachtende houding aan, maar moest toch dikwijls vaststellen dat een bloem zelden de gewenste reactie uitlokte. Toch had mijn grootvader niet helemaal ongelijk. Ik had ooit *een bloem van een lief, een bloem van een echtgenote, een bloem van een dochter, een bloem van een secretaresse, een bloem van een verpleegassistente, een bloem van een aanbidster* en nog veel meer bloemen. Ik kan me al die bloemen zelfs niet meer herinneren. Maar bloemen verwelken en ook hun appreciatie was doorgaans kortstondig van duur. Vandaag koop ik liever enkele plantjes als versiering van hun bloemenschaal in de tuin.

Voor het cadeautje ter gelegenheid van Moederdag getroostte ik me destijds reeds heel wat inspanningen. En in ruil hiervoor ontving ik steeds de verdiende sympathie. De meest evidente piste was gewoon een bloemenwinkel binnen te stappen en een boeketje te kopen, maar het ontbrak me aan centen. Bovendien genoot ik de jammerlijke reputatie van *eerste-klasse-schavuit* waar je best in een wijde boog om heen gaat wilde je vodden vermijden. Bijgevolg bleven slechts twee opties over om de begeerde bloemen waarop ik naar mijn gevoel recht had, te bemachtigen. De eerste en meest correcte manier was op het einde van de markttijd de bloemist een handje te helpen. Hij had me al een paar keer beloond met een gratis tuiltje. Maar dat was hard labeur. Terwijl hijzelf pinten slurpte, moest ik alles alleen in zijn wagen sleuren. Dat nam veel te veel tijd in beslag en ik kreeg zelden de beoogde bloemen. Bovendien kwam ik dan ook te laat thuis voor het middagmaal wat niet in dank werd afgenomen. De ultieme en veel uitdagender optie was enkele tuinen te bezoeken, in straten waarlangs ik zelden kwam. Het ging hier om mooie tuinen gelegen in rijkere buurten. Waaraan ik evenwel niet steeds dacht, was dat de eigenaars mijn grootvader vrij goed kenden en ook de herinnering bewaard hadden aan mijn eerdere strooptochten.

Mijn moeder hield van seringen, zowel witte als lila's. Om een mysterieuze reden bevonden de witte seringenstruiken zich altijd ofwel achteraan in de tuinen, ofwel boven op een zandheuvel. In elk geval vond ik het reuze spannend me doorheen die struikenwildernis te wurmen. Gevolg was dat mijn armen, benen en aangezicht overdekt werden met schrammen. Ooit verloor ik mijn leesbrilletje in zo'n labyrint. Thuis kreeg ik dit niet uitgelegd, met alle gevolgen van dien. En een jaar later groeide dat ding ook niet terug aan de seringenstruiken. Nooit was ik tevreden met mijn eerste buit aan lila's. Ik wilde er almaar meer, dikkere en vooral nog niet ontbloeide. Soms moest ik mijn rooftocht voortijdig staken uit vrees gebeten te worden door de hond des huizes. Daarom kon ik niet anders dan mijn strooptocht te beperken tot een drietal seringentuinen. Keer op keer lukte het me een formidabele buit mee naar huis te nemen.

Mijn grootvader en mama moesten intussen op de hoogte gebracht zijn over mijn verzamelacties, maar lieten toch toe dat ik eerst een hele reeks vazen vulde. Als een rasverkoper wou ik mijn mama ervan overtuigen dat ze van de markt kwamen. Ik ging zo op in mijn betoog dat ik niet eens meer dacht aan de vele schrammen en resten van struiken in mijn haar. Toen ik een zestal vazen geschikt had, mocht ik tekst en uitleg geven over de bloemist op de markt van wie ik de seringen zogezegd had gekregen. Het werd almaar lastiger de waarheid te verdoezelen. Ik voelde nattigheid, maar bleef toch hopen dat de waarheid niet aan het licht zou komen. Hoewel mama mijn strooptochten niet goed kon keuren, moet ze toch binnenpretjes gehad hebben en liet ze haar appreciatie blijken bij zo'n rijkelijk moederdaggeschenk. Haar bengel was nu eenmaal niet gemaakt om platgetreden paden te bewandelen. Ze legde me uit dat door de eeuwen heen tal van onwaarheden als waarheid voorgesteld werden:

"Je kan nooit achterhalen in welke mate je alle elementen in leugens volledig moet negeren of in twijfel trekken."

Toch moet mama het gewaardeerd hebben dat haar zoon alles in het werk gesteld had om een hoop fictieve elementen op zo'n manier voor te stellen als gold het correcte gegevens. Later begreep ik via *'Der Prozess'* van *Franz Kafka* (1883-1824) dat ik eveneens zou geconfronteerd worden met Kafkaiaanse situaties:

"Leugens zijn de regel in de wereld. Ik moest dus niet alles accepteren, maar enkel wat voor mij belangrijk was. Het was dus belangrijk om te leren liegen omdat wetteksten slechts zichzelf beschermen en onderhouden."

De vreugde rond Moederdag was echter steeds van korte duur. Toen ik enkele dagen later opnieuw geconfronteerd werd met mijn grootvader was het wel even schrikken. De notaris, burgemeester en dokter waren langsgekomen om de omvang van mijn vernieling uit te leggen. De bloemenaffaires maakten me vooral duidelijk hoe naïef het is vol te houden dat men niets te verbergen heeft. Anderzijds realiseerde ik me vrij snel dat *wie niets te verbergen heeft eigenlijk zonder huid door het leven moet.* Mama omschreef het ooit als volgt:

> *"Alle volwassenen zijn dragers van hun eigen geheime informatie. Indien ze op een normale manier handelen zal je zelden dingen vaststellen die je onbekend zijn. Toch zullen velen zich slechts rechthouden door te liegen. Ze vinden zichzelf niet belangrijk genoeg indien ze alleen maar moeten praten over het weinige dat ze presteren."*

Mijn grootvader-politieker voegde hier nog een andere waarheid aan toe:

> *"Wil je later succesvol zijn in de maatschappij, dan moet je leren je verlangens, driften, fantasieën en ervaringen geheim te houden. Wil je dus veel persoonlijk voordeel en genot nastreven, dan zal je verschillende ego's moeten ontwikkelen."*

1961

STOELGELD – MISDIENAAR – ADESTE

Sinds mijn Eerste Communie wist ik uiteraard heel goed hoe een Heilige Misviering verliep. Tijdens de erediensten raakte ik wel in de ban van een oude man die op zondag het stoelgeld kwam ophalen. Cyriel was een gerespecteerde kapper op rust, maar had de laatste jaren een zeer eigenaardig gangpatroon ontwikkeld. Hij kon slechts kleine afstanden afleggen en doorgaans niet meer dan honderd meter. Telkens was hij genoodzaakt halt te houden en steun te zoeken tegen een huisgevel of zitbank. Daar boog hij zich dan voorover alsof hij zijn tenen poogde aan te raken. Zijn rug bleek vrij soepel. Hield hij dat tien minuten vol, dan kon hij opnieuw verder om na een honderdtal meter hetzelfde scenario te herhalen. Op zijn fiets daarentegen was hij een onklopbare renner. Wanneer Cyriel zich vooroverboog, dacht ik aan de rugbochels van de nonnen Stanislas en Marinée. Maar hun ruggen stonden permanent krom en Stanislas behoefde zelfs een wandelstok om niet te vallen. Cyriel echter was te fier voor een stok en leunde liever op alles wat hij onderweg tegenkwam.

> *"Vroeger had Cyriel veel nana's,"* zei mijn grootvader. *"Nu is hij op zoek naar een ander type Nirwana. Zijn lusten en begeerten zijn uitgeblust en daarom doet hij een poging om zijn eeuwige zielenzaligheid terug te winnen."*

Tijdens de misvieringen voelde Cyriel echter nooit de behoefte om gymnastiekoefeningen uit te voeren. Tijdens het ophalen van het stoelgeld wou ik nagaan wat hem kon overkomen als hij een tijdje ter plekke recht moest blijven staan. Ik testte dit uit door de stoelgeldbijdrage van één Belgische frank (ongeveer 0,02 euro-cent) te betalen met een briefje van 50 of 100 BF (ongeveer 1 à

2 euro). Mijn mama had me briefgeld gegeven om na de Heilige Mis enkele eerder bestelde boodschappen op te halen. Met uitgestreken gelaat en godsvruchtige blik volgde ik Cyriels chaotisch gedoe tijdens de geldteruggave. Zijn hoofd en vingers trilden, en over zijn voorhoofd parelden dikke zweetdruppels. Hij liet een hoop muntjes vallen, maar viel nooit om bij het oprapen ervan. Ikzelf werd het snel beu hem te helpen en verkoos hem te observeren. Maar tal van kerkgangers raakten verstoord door zijn geklooi en waren zo verontwaardigd dat ik gedurende de daaropvolgende jaren verplicht werd voorbeeldig op mijn stoel stil te blijven zitten in de zone voorbehouden voor de gedisciplineerde volwassenen. Desalniettemin kon ik het niet laten mijn kerkstoel zo luidruchtig mogelijk te draaien. Niemand was bereid die stoel voor mij op te heffen, laat staan dat ik het zelf zou doen.

> *"Wacht maar, manneke, tot je daar vooraan moet dienen als misdienaar."*
> *"Waarom?"* vroeg ik, verwonderd om deze beslissing die buiten mijn weten was genomen.
> *"Omdat je dan heel de tijd naast de pastoor zult moeten blijven rechtstaan!"*

Ik wist niet of ik dat als een beloning, straf dan wel een uitdaging diende op te vatten, maar ik voelde toen reeds nattigheid. De pastoor-deken was een imposante reus: een twee meter hoog skelet omgeven door 120 kg vlees en vet. Zijn handen leken me tennisraketten waarmee ik liefst nooit in aanvaring kwam. De overredingskracht van mijn diepreligieuze groottante die in hoedanigheid van pastoorsmeid bij de dominante geestelijke inwoonde, was erin geslaagd hem te overhalen. Het motief van mijn tante heb ik slechts op latere leeftijd begrepen. *Desiderius Erasmus* (1466-1536) stelde dat:

> *"... veel vrouwen een zwak hebben voor vertegenwoordigers van de geestelijke stand omdat ze bij hen hun hart kunnen luchten over hun zorgen, liefdes en echtgenoten."*

Ook operazangeres *Sophie Arnould* (1740-1802) verkondigde 'bons mots':

> *"La plupart des femmes se donnent à Dieu quand le diable n'en veut plus."*

Ondanks het reële risico werd ik, bij wijze van leerperiode, opgenomen in de reserveploeg van misdienaars. De uiteindelijke bedoeling was me vertrouwd te maken met het kerkelijke reilen en zeilen. Niemand kon echter voorzien dat dit zou botsen met *mijn natuurlijke afkeer voor opgedrongen gewoonten.* Mij tot misdienaar bombarderen was de eerste dwaling van dorpsgenoten die dachten mijn lot te kunnen bezegelen zonder vooraf mijn instemming te vragen. Mijn bezigheid als misdienaar was wellicht de kortste functie die ooit geregistreerd werd in de lange kerkgeschiedenis.

De pastoor-deken vond het niet kunnen dat ik reeds vanaf mijn prille initiatieperiode de bekers Water en Wijn naar het altaar zou dragen. Hij wist met zekerheid dat de nieuwe aanwinst zich zou te buitengaan aan overdreven nieuwsgierigheid.

> *"Een stille gong is voor jou het ideale moment om je in te werken in de Heilige Eredienst."*

Ik had inderdaad in de sacristie reeds meermaals op dat ding, evenals op een halfvolle koekendoos, kunnen oefenen. Maar tot dusver had ik nog nooit een echte kick ervaren toen andere misdienaars een flauw gonkske sloegen in die reusachtige kerk. Ik vatte dus het plan op na te gaan hoe een krachtiger gonggeluid in de Kerk zou weergalmen.

> *"Uitsluitend tijdens de Consecratie, hé manneke, en slechts éénmaal,"* dreigde de gewijde kolos. *"En enkel en alleen wanneer ik het Brood en daarna ook de Kelk aan de gelovigen toon!"* gebood hij streng.

"Is dat alles wat ik gedurende al die tijd moet doen?" vroeg ik verwonderd.

"Ja, 't is de eerste keer, en dan moet je alleen maar stil toekijken om je de routine van het kerkgebeuren eigen te maken."

"Pff! Welke routine? Ik ken alles vanbuiten!" was mijn spontane reactie.

De strenge ogen van de kolos legden me het zwijgen op. Mijn brein reageerde anders.

Ik keek verlangend uit naar het op til zijnde *moment suprême*. In die tijd had ik echter nog helemaal niet het talent ontwikkeld om lange tijd braaf stil te zitten. Ik had helemaal geen zin om werkloos naast die gong post te vatten tot het de priester beliefde zijn beide armen in de lucht te steken. Hier vooraan viel echt niets te beleven. Terwijl mijn trotse grootmoeder en groottante me onophoudelijk gadesloegen, begon het geleidelijk aan te tintelen in al mijn lichaamsspieren. Ik krabde aan mijn hoofd, wreef over mijn rechteroor, zocht vruchteloos een zakdoek zelfs al was er geen niesbui op komst, en wriemelde met mijn benen alsof ik kramp in mijn kuiten en tenen voelde. Plots stond ik recht in volle misgebeuren, maakte een voorname hoofdbuiging en verdween als een heilige met devoot gevouwen handen richting sacristie. De reden had geenszins met buikkrampen of een volle blaas te maken, wel met de mezelf opgelegde plicht mijn taak als gongslager snel nog even te repeteren. In de sacristie stond echter geen gong, wel de halfvolle koekendoos. Het gestolen koekje was nog maar half verorberd toen een meer ervaren misdienaar uit het hoofdteam me kwam halen en me opdroeg opnieuw naast de gong neer te knielen.

De wachttijd duurde een eeuwigheid. Maar plots was het moment daar. Gespannen maar volop geconcentreerd volgde ik het wel en wee van Brood en Kelk. Zonder de minste aarzeling en blakend van zelfvertrouwen gaf ik bij het eerste consecratiemoment meerdere ritmische slagen op de gong: *pam pa-pa ram-pam pam-pam.* De nieuwe misdienaar had zich glunderend doen gelden. Enkele gelovigen, verzonken in diepchristelijke gedachten, sloegen manifest de blik op. Wie mij niet kende, zal wel vermoed hebben dat de nieuwe apostel een steek had laten vallen. Anderen wisten beter en hielden hun christelijke adem in. Als een doorgewinterde Heilige bereidde ik me mentaal voor op mijn interventie tijdens het tweede consecratiemoment. De tweede *pam pa-pa ram-pam pam-pam* nam alle twijfel weg. Het was overduidelijk dat de apostel zich niet vergist had. De kerkelijke kolos wendde nu ook zijn hoofd in mijn richting, waardoor ik plots wel dringend moest plassen. Aangezien stilzitten voor mij altijd al een opgave was geweest, besloot ik me stante pede van het kerktoneel te verwijderen. Ik had mijn slag geslagen. De hoofdmisdienaar arriveerde te laat, maar de resterende koekjes smaakten des te voortreffelijker! Mijn misdienaarsloopbaan was na twee gongbeurten afgelopen. Niemand in mijn dorp treurde om mijn verdwijning van het kerktoneel, maar anderzijds lukte het hen ook niet mijn prestatie te minimaliseren.

Om hun christelijke waardering opnieuw af te dwingen, maakte ik gebruik van een machtig wapen. Destijds beschikte ik over een onwaarschijnlijke stemtessituur. Het kostte mijn oversten dus heel weinig moeite me bereid te vinden toch nog enkele katholieke strepen te verdienen. Zonder ooit de minste stemvorming genoten te hebben, zong ik in het vierde en vijfde leerjaar ter gelegenheid van de Kerstviering een vlekkeloze *Adeste Fideles*. De happening verliep onder het strenge toezicht van de koster die ook meester was in het vijfde leerjaar en wiens fiets ik eerder al eens gemolesteerd had. Ik had niet de minste zenuwen om onverschrokken rechtop te staan op het oksaal op een speciaal hiertoe voorbestemde maar niet al te stabiele stoel. Resoluut liet ik het geluid van mijn piepfijn stemmetje echoën tegen de muren van de grote kerk. Met volle teugen genoot ik van mijn persoonlijk succes en het enthousiaste handgeklap van het talrijk opgekomen kerkpubliek. Ik werd er zelfs euforisch van. Om de restende tijd tijdens de Kerstdienst te doden, vond ik er niet beter op dan een paar vliegtuigjes uit papier te vouwen waarop een afbeelding van de Kerstkribbe en Kerstliederen afgedrukt stonden en die dan met veel zwier doorheen het kerkelijk luchtruim te jagen. Voor deze 'after work party' werd ik door de meester-koster beloond met een naar mijn gevoel iets te hard pak slaag. Het duurde niet lang of zijn fiets werd opnieuw onklaar gemaakt. De gevolgen bleven niet uit. Nu de dader wél bekend was, verdwenen wederzijdse waardering en verstandhouding. Maar naar goede gewoonte leverde ik een perfect afgewerkte straf af. Toch slaagde de meester erin mijn carrière als kerkzanger vroegtijdig te saboteren. Een kameraadje dat alles weg had van een eunuchje viel de eer te beurt om in het zesde leerjaar het *'Adeste'* te zingen. Het ging om dezelfde Sisse die er laffelijk van onder gemuisd was, toen ik van het koninklijke standbeeld getuimeld was. Daar ik echter verplicht werd als reservezanger naast de onzekere Sisse-op-de-stoel post te vatten, kreeg ik een uitgelezen kans om zowel Sisse als de meester een hak te zetten. De wraak smaakte zoet toen ik in het middendeel van het *Adeste* de instabiele stoel met een goedgerichte harde trap aan het wankelen bracht. Compleet verrast, donderde Sisse met een luide vloek op de grond. Ook de meester-koster verschoot zich een bult en sloeg enkele valse noten op zijn orgel. Sisse slaagde er nog in met bibberende stem zijn lied af te maken, waarvoor hij eveneens met luid applaus beloond werd. De straf die mijn moeder bepaalde in overleg met de ouders van Sisse, de meester en de pastoor-deken, was hard. Maar ik geniet er nog steeds van wanneer ik elk jaar in mijn dorp de Kerstdienst bijwoon.

1962

ZESDE LEERJAAR TEN TIJDE VAN MEESTER CALCOEN

In het vijfde studiejaar had ik aan den lijve ondervonden hoe stekelig een meester kon zijn. Anderzijds was hij, tot mijn vreugde, onvoldoende sterk gebleken om me te kraken. Want uiteindelijk belandde ik met goede resultaten in het zesde leerjaar bij meester Calcoen. Het was een boeiend jaar boordevol interessante gebeurtenissen. Meester Calcoen was een uitzonderlijk goede lesgever. Hij was de enige meester die als geen ander de kunst verstond zelfs de meest ongedurige en rumoerige leerlingen blijvend te begeesteren. De meester bewerkte zowaar een half wonder. Zonder dreigende dwangmaatregelen leerde ik tijdens de les stilzitten, luisteren en anderen niet teveel te storen. Voor het eerst in mijn scholierenloopbaan was ik één en al aandacht, althans gedurende het grootste deel van de tijd. Zo niet, kreeg ik straf.

In mijn lange studieloopbaan was meester Calcoen een van de weinigen die bereid was moeilijke leerstof, ongeacht het onderwerp, klaar en duidelijk opnieuw uit te leggen, echter nooit meer dan drie maal. Wie niet kon volgen, bleef achter en hij had weinig begrip voor excuses:

"Jullie moeten niet alles klakkeloos vanbuiten leren! Denk liever na, en probeer de dingen grondig te begrijpen."

Ik werd zo enthousiast en dorstig naar kennis dat ik de meester voortdurend onderbrak met duizend-en-één vragen. Omdat ik hierdoor al eens de beleefdheidsregels overtrad, werd ik regelmatig vooraan in klas ontboden om publiekelijk ondervraagd te worden. Het deerde me geenszins vóór de klas geslachtofferd te worden en onder druk gestructureerde antwoorden te bedenken. Maar mijn klasgenootjes hadden snel door dat ze er goed aan deden me niet uit te lachen wanneer mijn antwoorden niet correct waren of wanneer ik me in bochten diende te wringen om toch maar iets zinnigs uit te kramen. Wie met me spotte, kreeg vroeg of laat een rekening voorgeschoteld.

Meester Calcoen leerde mij mens worden. Door zijn methode van lesgeven stimuleerde hij me tot nadenken en nauwkeurig uitleggen. Meester Calcoen – zijn naam was een voorteken – had een zwak voor biologie. Elke maand werd ons een onderwerp opgegeven dat we schriftelijk moesten behandelen. Hierbij kregen we alle vrijheid en mochten we onze fantasie de vrije loop laten. Ik zocht illustraties die ik uitknipte en op zo'n wijze inplakte dat de essentie van het onderwerp duidelijk werd weergegeven. In de beschrijvende tekst werden alle details op coherente manier in kaart gebracht en onderaan vermeldde ik een inventaris van de gebruikte informatiebronnen. Uren heb ik gebladerd in *Larousse* en *Het Weten Waard*. Leerlingen die wilden en durfden, mochten kritische opmerkingen geven over het onderwerp. Dat was het meest uitdagende gedeelte! Omdat we hiervoor geen punten konden verliezen en niet gestraft worden, kon ik mijn jeugdige kritische zin de vrije loop laten. Dit vak waarin meester Calcoen ons toeliet onze jeugdige filosofieën te ontwikkelen, heette *werkelijkheidsonderricht*. Uiteraard werden heel wat naïeve beschouwingen neergepend. Geleidelijk aan hechtte ik meer belang aan de ratio dan aan subjectiviteit en emotie. Zonder het te realiseren, leerde ik de vier belangrijkste vragen stellen die de Oud-Griekse filosoof *Aristoteles* (384-323 v.Chr.) een paar duizend jaar geleden reeds vooropgesteld had en die nodig zijn om tot ware kennis te komen:

"Wie is dit? Wat is dat? Hoe komt het dat? Waarom dat?"

Mijn niet aflatende nieuwsgierigheid joeg de volwassenen al snel de kast op. Ik begon me steeds meer af te vragen waarom veel volwassenen zo onwetend waren en toch almaar probeerden verstandig te lijken met hun eigenzinnige verklaringen over onderwerpen waarvan ze weinig afwisten. Op heden weet ik dat *dommeriken zich niet zozeer onderscheiden door gebrek aan kennis dan wel door meningen te uiten zonder enige kennis van zaken.* Mijn grootvader die over heel veel wel iets wist, maar steeds zo wijs was te zwijgen wanneer hij meende te weinig te weten, redeneerde zo:

> *"Misschien lukt het je wel geen al te grote blunders te maken. Maar je brein moet wel poreus genoeg blijven om belachelijke ideeën naar buiten te laten doorsijpelen."*

Het zesde leerjaar was tevens een zeer belangrijk jaar in katholiek opzicht. Het was het jaar van de Plechtige Communie en de cadeautjes die ik te dezer gelegenheid zou krijgen. Via de Catechismus raakte ik geïndoctrineerd met de Drievuldigheidsleer. Hoe verwonderd en aandachtig ik ook toeluisterde, ik kon maar niet begrijpen hoe een bizarre man in wit gewaad, met lang haar en baard in *the middle of nowhere* erin slaagde zovelen van zijn gelijk te overtuigen. Wie was Hij nu eigenlijk? De Vader? De Zoon? Of de Heilige Geest? Een eerste ophelderng van die moeilijke vraag kreeg ik op zestienjarige leeftijd. In de lessen Frans analyseerden we *'Les Nouveaux Aristocrates'* van *Michel de Saint-Pierre* (1916-1987). Ik herinner me de oneliner:

> *"Le christianisme est suspect."*

Dit was koren op de molen van een opgroeiende rebel. Als wouldbe-hippie in het Vietnam-tijdperk eind jaren 1960 raakte ik in de ban van de antimilitaristische filmmusical *'Hair'* van *Milos Forman* (1932-2018). Ik meende te begrijpen dat *drastische gebeurtenissen konden leiden tot immobilisme in de samenleving* en had weinig problemen om in te zien dat langharige hippies onder invloed van marihuana en LSD een tegengewicht vormden, zelfs al had dat nare gevolgen. Het verwonderde me dan ook niet dat een van de vele destijds rondlopende Jezussen erin geslaagd was massa's mensen mee te slepen met een boodschap in de trant van 'Let the Sunshine in' en van 'Aquarius':

"We starve, look at one another short of breath, walking proudly in our winter coats. Somewhere inside something, there is a rush of greatness. Who knows what stands in front of our lives. When the moon is in the Seventh House and Jupiter aligns with Mars, then peace will guide the planets and love will steer Harmony and Understanding. No more falsehoods or derisions but golden living dreams of visions and mystic crystal revelations."

In het zesde studiejaar werd ik voor het eerst geconfronteerd met de dood. Na Nieuwjaar werd Jean-Pierre, een Franstalige jongen uit Wallonië, in onze klas opgenomen. Hij sprak keurig Algemeen Beschaafd Nederlands. Bij momenten was hij kortademig, en stelde zich dan autoritair en agressief op. Over deze aanvallen had hij evenwel geen controle. Omdat hij regelmatig opstoten van keelpijn kreeg, was hij meer afwezig dan aanwezig. De keren dat hij aanwezig was, stond er een zuurstoffles naast hem. Indien nodig, kon hij via een masker lucht happen. Af en toe mocht ik ook eens van die lucht proeven, maar het maakte me snel duizelig. Jean-Pierre werd door zijn moeder naar school gebracht in een rolstoel. Hij kon slechts rechtstaan en stappen met krukken. Nochtans had hij bijzonder stevig gespierde kuiten en billen. Hij kon zich slechts oprichten door met de kracht van zijn armen op zijn dijen te duwen. Een eigenaardig scharniersysteem vergrendelde zijn beenkokers en een metalen harnas hield zijn kromme rug recht. Als een robot bewoog hij zich voort:

"Wanneer ik het harnas uittrek, val ik. Mijn spieren zijn te slap."

Ik begreep er niets van. Jean-Pierre is gestorven vóór het einde van 't schooljaar. Ik kon maar niet begrijpen dat niemand mijn Waalse kameraad kon helpen. Het maakte me opstandig. Hij leed aan een spierziekte, *spierdystrofie van Duchenne* genaamd en in die tijd stierf je eraan op jonge leeftijd. Maar waarom had Jean-Pierre ook een kromme rug? Ik vroeg de volwassenen of je spieren nodig had om rechtop te staan en te gaan. Ze zeiden van ja maar wisten niet waarom. Niemand hield van mijn dwaze vragen. Details over alle spierziekten werden me 25 jaar later uitgelegd door Professor Neuromusculaire Pathologie Byron Kakulas aan de universiteit van Perth, West-Australië.

1962

PSYCHO-MEDISCH-SOCIAAL ONDERZOEK

Toen ik elf jaar was werd ik met een mysterieus fenomeen geconfronteerd. Psychologie! Met het oog op onze toekomstige beroepskeuze werden we onderworpen aan de meest vreemdsoortige tests. Uiteraard hadden we niet de minste inspraak over wat we later konden of wilden studeren. Psychologen zouden daarover beslissen. Ik moest optelsommetjes maken, tekeningetjes kleuren, vierkanten van driehoeken, en rechte van kromme lijnen onderscheiden, puzzels in elkaar steken, allerlei geometrische vormen in elkaar doen passen en aan een arts mijn bloot gat tonen terwijl ik vooroverboog. Op die basis zouden ze beslissen wat ik in mijn later leven zou kunnen worden. Ik was helemaal niet onder de indruk toen de dames van de psycho-medische-sociale (PMS) dienst me lieten verstaan dat ik goed genoeg was voor de horeca. Maar uiteindelijk zou niemand me tegenhouden het middelbare onderwijs aan te vatten.

In het zesde studiejaar had mijn grootvader me de legendarische Caesarsboom aan de Westpoort in Lo getoond, waarover meester Calcoen ons uitgebreid had onderricht.

> *"Je moet de Latijns-Griekse richting volgen,"* gebood mijn grootvader die ook niets van psychologen moest hebben. *"De Oudheid straalt kracht uit en ligt aan de basis van de cultuur waarin je zal opgroeien. Onvermijdelijk zal je er heel wat inspiratie uit putten. De oude Romeinse en Griekse filosofen waren heel wijze mannen! Uiteindelijk zijn we het product van iets wat ons voorafging en oversteeg. Het zal je de basis geven waarop je kan bouwen in je rebellie. Maar de Oudheid straalt vooral moraliteit uit.*

De bedoeling is gedisciplineerd te blijven, vol te houden,
doortastend op te treden en terug te slaan wanneer het
echt nodig is."

Op veertienjarige leeftijd weigerde ik in de Latijn-Griekse afdeling op een ernstige manier deel te nemen aan een identische soort Madame-Soleil-voorspellingen. Twee dagen lang werden we opnieuw onderworpen aan dezelfde soort tests. Ik had drie kleurpotloden meegenomen: een rood, een blauw en een groen. De leraars hadden de psychosociologen hiervan verwittigd, maar het kon niet baten. Ik weigerde halsstarrig de voorgelegde documenten in te vullen en kleurde de randen blauw. In het midden tekende ik een horizontale rode en onderaan een verticale groene streep.

> *"Wat wil je duidelijk maken, jongen?"* vroeg een oude psychosociologe in witte schort.
> *"Da's toch niet moeilijk, mevrouw. Dat is mijn rode kont en dit is mijn nog groene sisser."*

Nog steeds weet ik niet of het psychologisch verdict correct was, maar het resultaat luidde dat ik zelfs geen kok meer mócht worden.

Het stond reeds lang vast dat ik geneeskunde wilde studeren en in de retorica weigerde ik daarom opnieuw deel te nemen aan de tests. De leraar Frans had uitgelegd dat *Marcel Proust* (1872-1922) in zijn *A la recherche du temps perdu* een duidelijke stelling innam:

> *"Niemand of niets mag de ambities van een jonge man tegenhouden."*

De raadselachtige rugproblemen van Stanislas, Marinée en Cyriel, en jeugdkameraad Jean-Pierre bleven me achtervolgen. Niemand zou me tegenhouden het plan uit te voeren dat in mijn adolescent hoofdje rijpte. Ik wist niet hoe of waarom, maar ik was er vast van overtuigd dat ik mijn droom zou waarmaken. Ik kon werken, studeren, sporten, doorbijten en afzien. Vele jaren later heb ik me als arts dikwijls afgevraagd wat deze geschoolde psychosociodames bezielde om over de toekomst van jonge kinderen met ambitie te beslissen. Velen van mijn medeleerlingen werden via dit Permanent Mislukt Sorteercentrum (PMS) in de verkeerde richting geduwd en kenden daarom levenslang problemen. Ik had over al die tests een compleet andere mening. Zoals *Antigone* in *Sophocles'* tragedie (496-406 v.Chr.) was ik steeds de mening toegedaan dat:

> *"… iemand eerst verstandig moet handelen om later ooit gelukkig te kunnen worden, en dat hij zich niet teveel moet concentreren op de vele vormen van het zogezegde 'goede' die veel te verstrekkende eisen stelden."*

Mijn nuchtere mama was nooit onder de indruk van dergelijke psychosociale resultaten. Na haar overlijden vond ik mijn PMS-rapporten in haar archieven terug. *What a boy!* had ze erbij geschreven. De enveloppes met de PMS-verslagen over mijn kinderen heb ik nooit geopend. Ze kregen de mogelijkheid datgene te studeren wat hun hart beliefde en waartoe hun hersenen en handen in staat waren. Nu behoren ze tot de upper class.

Toen ik op 70-jarige leeftijd begon te lijden aan mijn bestaan en vooraleer mijn allerlaatste jointje te roken, besliste ik autonoom mezelf aan een laatste experiment te onderwerpen. Ik liet me gedurende vier weken in een psycho-psychiatrisch enclave incarcereren en tot een zombie omtoveren. Wat vooral opviel was het creëren van *valse hoop.* Patiënten zouden hierdoor onbewust op zoek kunnen gaan naar dat laatste resterende beetje relevante informatie consistent met hun ingebeelde oplossing voor hun problemen. Men noemt dit confimation bias. Het deed me denken aan de *humorale Hippocratisch-Galenische behandelingsmethode* – eeuwenlang uitgevoerd tot diep in de 19de eeuw – waarbij via aderlatingen (= enigmatisch inwerkende psychofarmaca) een evenwicht betracht werd tussen vier lichaamsvochten (= gemoedstoestanden): het vurige energieke (= bloed), het kolerieke (= gele gal), het melancholische (= zwarte gal), en het flegmatische (= slijm). Hierdoor slagen de deskundigen er op een perfecte wijze in diegenen die een *goed leven gekend hadden maar levensmoe werden, te doen twijfelen aan een goede dood.* Eigenaardig dat de psycho-psychiatrische kunde twijfelt aan diegenen die de *dood als iets even waardevols aanzien als het leven zelf* terwijl ze zelf niet bij machte is de dood te verslaan.

1963

DE VICTORIABUNKER
EN MIJN JEUGDVRIEND LOUIS

Wij speelden heel regelmatig in 'onze' duinen omdat ze een onbeperkte ruimte boden om te ravotten. Jaarlijks kreeg de Victoriabunker er een vaste reiniging met een brandbeurt. In de Tweede Wereldoorlog deed de bunker dienst als dancing om Duitse officieren wat ontspanning en vertier te verschaffen. Tijdens mijn jeugdjaren deed het dienst als openbaar toilet voor duintoeristen die in hoge nood verkeerden. De stank was er niet te harden. Na de zomermaanden lagen er in dat labyrint bergen uitwerpselen, wc-papier, wegwerpmaandverbanden en massa's vuile kledij. Eén verkeerde stap kon voeten of schoenen besmeuren met een laag stront of andere viezigheid.

De overlast van zoveel troep fungeerde als lokroep om de ex-dancing in brand te steken. Sinds het einde van de oorlog was het een bijna jaarlijkse uitdaging. Iedereen in het dorp wist dat het vroeg of laat zou gebeuren, maar niemand wist precies wanneer en door wie. Er werd zelfs gefluisterd dat officiële instanties pogingen ondernamen de bunker in de fik te steken. Wij mochten dus niet ontbreken op de lijst van brandstichters:

> *"Brandgeur is nog altijd beter dan strontgeur!"* dachten wij in dezelfde lijn van onze voorgangers. Met alles wat we in de duinen aantroffen en wat maar enigszins brandbaar was, propten we via de resten van de schoorstenen de holle ruimtes vol.
> *"Toch gevaarlijk want er liggen nog bommen,"* was de gangbare oneliner.

"Tof, dan maken we nog eens een ontploffing mee," zei ik tegen mijn kameraden bij wijze van aanmoediging, *"maar we moeten wel zien snel weg te komen."*

De geplande brandstichting vereiste de nodige voorzichtigheid. We zouden de bunker ook niet van binnenuit in de fik steken, maar via de grote dakgaten. De toekomstige burgerlijk ingenieur Louis was de bedenker van een handige truc. Een paar versleten hemden werden verscheurd tot lange lonten, waarvan we de uiteinden in lege bierflessen staken. Deze werden vervolgens met terpentijn gevuld en hermetisch afgesloten met resterende vodden. Voorzichtig schudden we de flessen zodat de lonten doordrongen werden met het ontvlambare goedje. Voor het overige was het een kwestie van snelheid. Zodra we de vlam aan de lonten gestoken hadden, gooiden we de brandbommen in de dakgaten en sprongen zo snel mogelijk in het zachte zand. Wat verderop en verdoken achter enkele hoge duinen genoten we van de hoog uitslaande vlammen. Maar het plezier was van korte duur. Alsof ze getipt waren over het exploot, arriveerden de brandweerwagens snel ter plaatse via de nog intacte heirbaan. Het leek alsof de brandweermannen dit brandscenario als een unieke gelegenheid benutten om te trainen. Onze korte beentjes brachten ons in allerijl naar huis.

Die eerste gelukte poging liep voor ons goed af. Wij werden nooit ontmaskerd. Het jaar daarop waren we opnieuw de eersten voor een nieuwe brandbeurt, maar het viel serieus tegen voor Louis. De rest van zijn leven heeft hij geleden onder de lichamelijke gevolgen van zijn sprong toen hij pardoes op zijn achterwerk viel en nog moeilijk kon bewegen.

"Ik kan niet meer rechtstaan. Mijn rug is geblokkeerd," huilde hij.

We sleurden hem snel mee in de duinheuvels, maar hij bleef jammeren. Louis drong erop aan hem ter plekke achter te laten. Ik wist niet goed wat te doen, maar omdat hij bleef aandringen, liet ik hem toch achter.

"Wanneer jullie weg zijn, begin ik heel hard te roepen," overtuigde Louis ons.

Enkele brandweermannen stormden vloekend op hem af. Het was lachwekkend te zien hoe makkelijk ze zich van hun prooi meester maakten, niettemin realiseerden ze zich snel hoe serieus zijn toestand was. Onder luid sirenegeloei werd hij weggevoerd. Louis heeft ons nooit verraden.

Ik werd niet op heterdaad betrapt, maar mijn vuile handen en vuurrood gelaat spraken boekdelen. Mama wist uiteraard beter. Met haar doordringende blauwe ogen overtuigde ze de flikken dat ik met mijn huistaken bezig was op het moment van het brandincident. Toen echter de storm was gaan liggen, kreeg ik een pandoering van jewelste en die brandde heviger dan de bunker. Later verklaarde mama haar leugen:

"Het belangrijkste bij een leugen is geen informatie door te geven aan anderen. Liegen kan pijnlijk zijn en het is best mogelijk dat je je dan een tijdlang niet goed in je vel voelt. Maar je moet er wel voor zorgen dat je niet als leugenaar ontmaskerd wordt want dan verlies je voor altijd hun vertrouwen."

Louis kon nooit meer sporten noch ravotten, en ervaarde levenslang intense aanvallen van rugpijn. Het viel hem zwaar om lang stil te zitten of ter plekke te blijven staan. Rond 2 of 3 uur 's nachts maakten heftige pijnopstoten hem wakker en moest hij telkens opstaan en rondlopen. Vooroverbuigen was pijnlijk. Om recht te geraken, diende hij zich op zijn dijen rechtop te duwen. Artsen verboden hem deel te nemen aan gymnastieklessen, maar konden niet verklaren wat er echt aan de hand was. Tijdens het stappen voelde Louis regelmatig iets verspringen in zijn rug waardoor hij een tijdje stokstijf stilstond. Soms moest hij de meest ongewone abnormale houdingen aannemen om de opkomende pijn te onderdrukken. Omdat zijn manier van doen zo eigenaardig overkwam, werd er vaak met hem gespot. Ze beschouwden hem als *totentrekker*. Daarom werd hij naar de psycholoog gestuurd, maar dat had niet het minste effect. Zijn toestand verergerde zienderogen. Lange tijd bracht zijn vader hem naar school in een rolstoel. Louis was achttien toen hij in Parijs werd geopereerd waar men zijn rug stijf maakte met stangen en vijzen.

Ongeveer veertig jaar later zag ik mijn goede jeugdvriend terug. Hij was een succesvol burgerlijk ingenieur. Wegens de niet-aflatende pijn was hij nooit getrouwd, maar liet zich in zijn vrije tijd wel omringen door charmante dames. In zijn ongeluk had hij het geluk vrijgesteld te worden van legerdienst. Na een briljante PhD-thesis aan de universiteit van Massachusetts in de VS, werd hem in Chili een uitdagende job aangeboden. Hij bouwde bruggen en stuwdammen in het Andesgebergte.

> *"En, niet ingestort?"* lachte ik.
> *"Steviger dan mijn rug, manneke, want dat is een catastrofe,"* repliceerde hij. *"Al die rugchirurgen kunnen er niets van. Als ingenieur snap ik niet dat zo'n sjarels niets afweten van de essentiële biomechanica van de rug en zich dan permitteren er een hoop rommel in te planten. Hoe kan je nu enig soelaas verwachten van die verstijvingstrucs, als je bedenkt dat de wervelkolom een beweeglijke machine is!"*

Toen ik hem verduidelijkte dat ik zelf rugchirurg geworden was, kreeg ik bijna slaag.

> *"Zo'n vent gelijk gij helpt toch geen mensen om zeep!"* riep hij stomverbaasd.

"Neen, Louis! Onze firma onderzoekt nu of stamcellen een oplossing kunnen aanbieden. Bij schapen en varkens zijn de resultaten veelbelovend. Maar het probleem is dat de mens nu eenmaal niet op vier poten loopt! 't Zal dus nog een tijdje duren! Maar je moet niet te hoog van de toren blazen," verdedigde ik me nog. "Indien artsen geneeskunde zouden uitoefenen zoals de meeste firma's of lobby's aan management doen, dan zouden de gevangenissen vol zitten wegens de vele wanpraktijken!"

"Je hebt gelijk. Maar dat is mijn probleem niet. Rugchirurgen zouden moeten leren nadenken waarom hun technisch perfect uitgevoerde ingrepen bij hun patiënten niet de gewenste resultaten kunnen opleveren. Het is zeker niet te wijten aan de ingesteldheid van de patiënt. Het is tijd dat die artsen zich afvragen waarom ze niet proberen de natuurlijke evolutie in de tussenwervelschijven na te bootsen. Maar goed! 't Zal dus nog veel tijd vragen vooraleer die evolutie goed begrepen wordt. Ik kan mijn pijn alleen maar onder controle krijgen door regelmatig cocaïne te snuiven."

"En hoe kom je daaraan?"

"Als je in Chili gewerkt hebt, heb je vrienden voor het leven!"

"Een beetje verslaafd?"

"Uiteraard! Maar dat is niet zo erg en 't doet deugd! Alle taboes vallen weg en het leven is zeker nog iets waard."

Diezelfde avond gingen we nog op stap en ik genoot van het snuifje.

Uiteindelijk pleegde Louis zelfmoord wegens de niet meer te harden lagerugpijn. Ik bezit nog steeds zijn doodsprentje.

"Ik had een prachtig en rijkgevuld leven. Dankzij de coca kon ik nog van het leven genieten. Ik dank mijn vriendinnen en die éne echte vriend."

1963

IJSKOUDE WINTER

In 1962-1963 kenden we een uitzonderlijke winter. Normaal zorgt de Golfstroom in de Vlaamse contreien voor milde winters. Zelden vriest of sneeuwt het hier hard. Maar in 1962 kregen we een ander weertype. Iedereen liep erbij als een Eskimo, met muts, dikke jas en warme schoenen. In zijn garage pakte mijn grootvader zijn auto in, zoals men op heden een kind in luiers wikkelt. Warm ingeduffeld met dikke pullovers volgden we de lessen in klas rond een gloeiende kachel. Af en toe wierp ik er een boomtakje op. Dat mocht niet, en de titel van de opstelstraf luidde *rook in klas tijdens een ijskoude winter*. De vrieskou zakte tot min 20 °C en het sneeuwde overvloedig. Ik herinner me haarscherp de metamorfose die de Noordzeekust onderging. Grote gedeelten van het zeewater waren bevroren. Harde winden duwden de ijsplakken naar omhoog, tegen de zwaartekracht in. Het kruiende ijs vormde ijsdammen en ijsschotsen tot drie meter hoog.

Toen het eind februari 1963 begon te dooien, veroorzaakten de getijen breuken in het bevroren zeewater. De politie had een verbod afgekondigd om de resterende ijsschotsen nog te betreden. Ik was me van geen gevaar bewust en met mijn kameraadjes waagden we ons toch op de deinende ijsplaten. Ik wou van nabij onderzoeken hoe die ijsschotsen loskwamen. In mijn onstuimigheid viel ik er plots tussen en raakte omsingeld door gladde ijswanden. Omdat we de golfslag van de opkomende vloed hoorden, begreep Louis-in-rugbrace onmiddellijk de ernst van mijn gevangen situatie. Indien er niet snel redding kwam opdagen, werd ik door het ijs geplet en op TV als vermist gesignaleerd.

"We komen je redden. Ik ga hulp halen," riep Louis uit. Gelukkig was Sisse er niet bij.

Door het stijgende koude water en de steeds heftiger bewegende ijsschotsen rondom mij, kreeg ik het niet alleen koud maar ook vreselijk benauwd. Ik huppelde ter plaatse om me warm te houden, maar realiseerde me wel dat mijn kansen beperkt waren indien Louis me niet snel terugvond. Ik dacht aan de meester van het vierde studiejaar en zijn verhaal over Lazarus, en hoopte dat de mysterieuze mannen van het heilige triumviraat wel degelijk bestonden. Plots daagde de redding op. Een meterslange brandweerladder verscheen boven mijn hoofd. Mijn bevroren voeten beklommen een tweede ladder tegen de ijswand. De niet-mysterieuze blauwe ogen onder de helm lachten niet. Zijn sterke hand greep me bij de kraag.

"Godverdomme! Jij weer? Tedjuu!"

Inmiddels was er op het strand een toeloop van kijklustigen. Met enkele dekens en een paar droge schoenen stond mijn mama me bibberend en met tranen in de ogen op te wachten. Mijn grootvader was er ook, maar kon er deze keer niet mee lachen. Ik herinner me nog steeds het pak slaag dat ik doorheen het deken kreeg. Ik kreeg het onmiddellijk warm.

Dankzij een zeven uur durende hypnosesessie zijn de nachtmerries aan deze dramatische ijservaring inmiddels uit mijn langetermijngeheugen weggeveegd. IJsvakanties en besneeuwde bergtoppen zaten er nooit meer in. De *après-ski* dronk ik nu op in de zon, maar 's nachts kom ik nog af en toe wakker van koude voeten.

1963

ARISTOCRATISCH
COLLEGE IN HET GENTSE

In een grote kloosterorde werd ik opgeslokt door een gewillige stroom slaafse leerlingen. Overgeleverd aan de grillen van paters werd ik zeven dagen op zeven, en van zes uur 's morgens tot negen uur 's avonds, verplicht te gehoorzamen aan vaste regels en bevelen. Ik voelde me erin verloren. Binnen in mij woedde een ongebreidelde levensenergie, maar van buitenaf werd ik belaagd door discipline. Vanaf de eerste week groeide in mij een ongeziene rebellie en een drang om zo snel mogelijk de plaat te poetsen. Ik weigerde uit te voeren wat van mij verlangd werd. Geen enkele pater zou erin slagen mijn vleugels te kortwieken.

Nooit heb ik meer geweend dan toen het ouderlijk gezag besliste mij van mijn vrijheid te beroven. Het lager onderwijs had ik afgesloten met meer dan bemoedigende resultaten. Blijkbaar was de tijd aangebroken om het ongeleide projectiel in goede banen te leiden en te kneden naar de gangbare maatschappelijke normen. Enkele volwassenen aan het thuisfront waren de mening toegedaan dat mijn potentieel zich het best kon ontplooien onder leiding van een elitaire patersorde. Het verdict van de volwassenen luidde in de trant van hetgeen Boudewijn de Groot ooit zou zingen:

"Je studeert graag en je hebt mooie idealen. De paters zullen je opvoeden in eer en deugd. Door je ambitie te stimuleren zullen ze je leren presteren. Door discipline te kweken en kennis op te doen zal je emanciperen. Geen dwaze dingen meer. Het zal wat tijd kosten, maar zo word je een slimme jongen."

Na mijn artsenstudies vernam ik van een tante dat de familiale discussies over mijn toekomstige schoolopleiding zeer woelig verlopen waren. Ik moest de eer en glorie van de familie in stand houden. In de lyrics van de 'Logical Song' van Roger Hodgson herken ik wat de volwassenen toen voor me in petto hadden:

"They sent me away to teach me how to be sensible, logical, oh responsible, practical. And they showed me a world where I could be so dependable, clinical, oh intellectual, cynical."

Maar het is hen niet gelukt:

"Oh watch what you say. You shall be calling me a radical, a liberal, maybe fanatical and criminal. Oh won't you sign up my name. You'd like to feel I was acceptable, respectable, presentable, … a vegetable!"

Nooit heb ik het met zekerheid kunnen achterhalen, maar ik vermoed nog steeds een katholiek complot uitgaande van de pastoor-deken. Nadat ik hem in zijn kerkelijke bezigheden met een paar gongslagen gestoord had, zon hij misschien op zoete wraak. Zonder zelfs maar mijn mening te vragen, hadden de samenzweerders beslist dat mijn intellectuele opvoeding in een groot college moest gebeuren, ver van huis en gedurende een periode van zes jaar. Al heeft ze het nooit luidop gezegd, mama had zich niet verzet tegen die idiote beslissing. Een mysterieuze christelijke overmacht moet haar het zwijgen opgelegd hebben. Later verklapte mijn grootvader dat ze de hoop koesterde dat ik ooit priester zou worden en dat hij machteloos stond tegenover haar plan. Tevergeefs had hij de overheid van het paterscollege verwittigd dat het niet zonder slag of stoot mogelijk zou zijn, zijn eigenzinnige kleinzoon in het gareel te doen lopen. Evenmin kon ik begrijpen dat alles zoveel beter zou verlopen op honderd kilometer van mijn thuishaven. Nog steeds *vind ik het niet noodzakelijk eerst in een aan anderen opgelegde pas te moeten lopen om later succes te hebben.* Mijn ontluikend zelfrespect en gevoel van zelfwaarde aanvaardden niet dat ik slechts onder druk kon verplicht worden. Ooit verwoordde de Engelse rockgroep *Queen* mijn verlangen om snel de plaat te poetsen als volgt:

> *"I want to break free, yeah. I want to break free from your lies. You're so self-satisfied. I don't need you. I have to be sure to walk out that door. I've got to break free. I want to be free. God knows I shall break free."*

In mijn dorp waren er drie andere leeftijdsgenoten die in dit elitair college hun opleiding zouden volgen. Ze kwamen niet om hoogstaande manieren aan te leren. Die hadden ze al, want ze behoorden tot de high society. Op de lagere school vielen ze vooral op door hun stropdas, veeleer dan door hun ambitie of kennis. Nooit hadden we kameraden kunnen worden. Ik voelde toen reeds aan dat het beter was met beide voetjes op de grond te blijven staan.

Ik begrijp nog steeds niet goed wat me toen overkwam, maar het was duidelijk dat mijn genen me meer dreven naar de mij toen nog ongekende god *Apollo* van de rede en de oorlogsgod *Ares*. Met *Harpocrates*, god van de stilte en de inwijding, zou ik nooit dikke vrienden worden. Nadat ons op de eerste dag het collegereglement toegelicht werd, zette ik onmiddellijk de toon. Op hun stelregel *wie het kleine niet eert, is het grote niet weerd*, repliceerde ik met een wijsheid die ik van mijn grootvader geleerd had:

> *"Indien ik hier alleen dingen moet leren om groot te worden, dan zal ik noch het kleine noch het grote eren."* Ik maakte kennis met mijn eerste straf.

Uiteraard beschikte ik toen nog over geen enkel middel om me tegen al die collegeovermacht te verzetten. Omdat ik me tegenover niemand of niets kon verdedigen werd ik almaar wanhopiger. Na een paar weken was ik mezelf niet meer, en niet omwille van de leerstof. Ik begreep de meeste zaken wel, maar deed geen enkele inspanning mijn lessen te leren. De straffen waren navenant. Maar zoals in het verleden vond ik dit helemaal niet erg. Door passages over te schrijven uit het Oude Testament, dacht ik er steeds dieper over na. Ik kreeg inderdaad de indruk dat weinigen te vertrouwen zijn en dat iemand naar waarde schatten een zeldzame eigenschap is.

In dat verre college had ik geen enkel beslissingsrecht, alleen maar plichten. Nooit was er iets dat ik uit mezelf mocht doen. Het was altijd van moeten: vroeg moeten opstaan, iedere morgen om 6.30 uur naar de H. Mis moeten gaan, moeten meezingen, wekelijks naar de biecht moeten gaan, maar niet weten wat te vertellen omdat ze niet hoefden te weten wat ik dacht en deed, in de eetzaal in alle stilte met beide voeten naast elkaar moeten blijven rechtstaan tot een persoon binnenkwam en het bevel tot zitten gaf, moeten bidden vooraleer te mogen eten, in rechte rijen moeten blijven stilstaan vooraleer de klas of studiezaal te betreden, moeten stilzitten, zonder roezemoezen moeten luisteren naar niet-interessante leraars, altijd moeten zwijgen en niet mogen tegenpruttelen, moeten leren ondergaan, lessen moeten leren die mij geen zier interesseerden, moeten luisteren naar preken over dingen die helemaal niet voor mij bestemd waren, moeten ontspannen op verplichte uren, geen uitdagende maar wel elitaire spelletjes moeten spelen, niet mogen roepen, tieren of vloeken, stijlvol moeten leren zwemmen, trager moeten lopen omdat de anderen mijn getrainde duinenbeentjes niet konden volgen, mijn recht op ravotten moeten opgeven, moeten kijken naar opgelegde, educatieve films die op mij geen vat hadden, en dan om 21.00 uur alleen moeten gaan slapen met de opdracht voor een kruisbeeld enkele Weesgegroetjes en Paternosters te moeten afdreunen. Zoals in de novelle 'Brave New World' van Aldous Huxley (1894-1963) wilde men mij op dictatoriale wijze klaarstomen om als een brave intellectueel te functioneren in hun dystopische wereld. Ze zouden mijn opstandigheid breken, mijn verborgen ambities kelderen, en me klaarstomen voor de stropdasgemeenschap. Men wilde me opzadelen met een voorbeeldige fysieke présence die me zou toelaten in elitaire kringen te vertoeven. Maar ik wilde iets anders, maar wist niet wat. Nooit heb ik begrepen dat men het aandurfde de neorealistische film *'De fietsendieven'* (1948) van *Vittorio De Sica* te tonen. Een veel te brave Antonio had uiteindelijk geen andere keuze dan zelf een fiets te stelen nadat de zijne gestolen was. De verklaring achteraf was dat ik eerder als een brave Samaritaan door het leven moest gaan en niet teveel moest nadenken over trucs om te stelen.

De dagelijks terugkerende, avondlijke eenzaamheid viel me helemaal niet zwaar. Op mijn slaapkamertje voelde ik me vanaf 21.00 uur veel minder eenzaam dan te midden van hen die me zonder enige uitleg tal van verplichtingen oplegden. Mijn enige compagnons waren foto's van mijn mama en grootvader, en een poster met een rode roos als symbool van kennis en wijsheid. Maar het verlangen naar mijn vrijheid en mijn vroegere kameraadjes was veel sterker. In die glorieuze kamersolitude plande ik een uitweg uit dit verre college. Alles wou ik doen om die ontgoochelende wereld te verlaten. *Ik had ambitie iemand te worden, maar zat niet op de juiste plaats.*

De collegeavonden op mijn kamer waren niet volledig veilig. Iets wat me mateloos geërgerd heeft, maar wat ik toen nog niet kon begrijpen, was het eenmalige onverwachte bezoek van een zwaargebouwde maar onhandige nachtprefect in zwart habijt. Ik lag reeds in bed met gedoofde lichten. Vóór het slapengaan gaf mijn mama gewoonlijk een kruisje op mijn voorhoofd en een klopje op mijn rechterschouder. Dat gaf me het gevoel dat ik het die dag meer dan goed had gedaan. Ik dacht telkens aan de uitleg van mijn grootvader:

"Een gevoel ontstaat ergens in de hersenen, maar de informatie van aanrakingen moet eerst doorheen het ruggenmerg reizen vooraleer het in het brein als aangenaam of onaangenaam kan verwerkt worden en een aangepaste reactie oplevert."

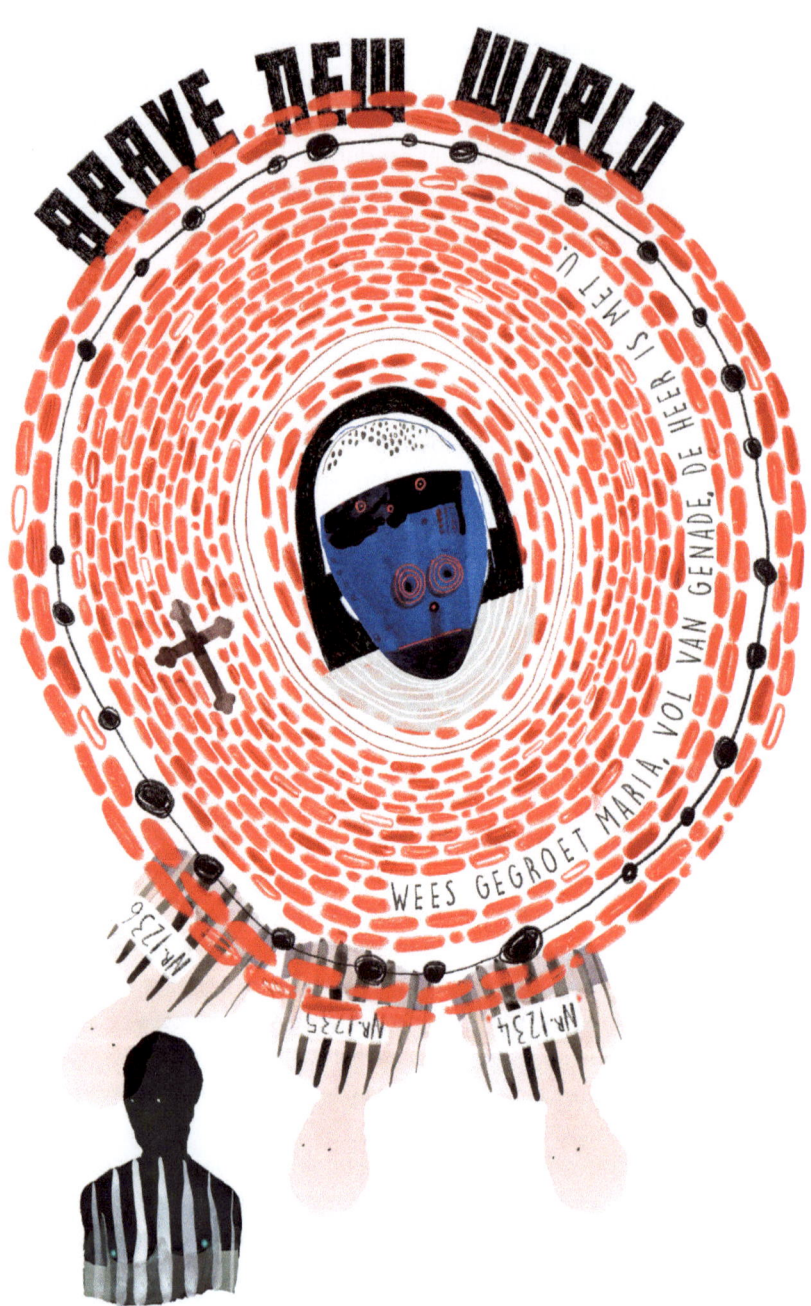

Ik had het verschil reeds ervaren. Een onaangename aanraking was bijvoorbeeld een patat rond mijn oren of een anaal onderzoek met thermometer wanneer ik met koorts in bed lag. Maar op elfjarige leeftijd wist ik nog niet wat de bedoeling was van die ene zachte onderzoekende hand tussen mijn benen en een andere die tegelijkertijd over mijn hoofd wreef. Op die leeftijd was ik er nog van overtuigd dat mijn plasser uitsluitend diende om te plassen en mijn aarsopening om bepaalde stoffen te evacueren, en niets anders. Mijn hersenen registreerden de pastorale aanrakingen als onaangename sensaties en bevalen mij hard tegen te spartelen. Had ik toen geweten wat ik nu als chirurg weet, dan had ik niet geaarzeld om op zijn handen te schijten. Hij probeerde mij ook stevig tegen zich aan te drukken. Omdat mijn hersenen opnieuw een onaangename geur registreerden, wendde mijn gezicht zich krachtig af van een hard uitsteeksel onder zijn habijt. Met mijn huidige kennis had ik erin gebeten. In een soort natuurlijke overlevingsdrang kon ik me uit zijn greep verlossen. Mijn mond heb ik niet met Gewijd Water moeten spoelen. Inmiddels weet ik dat heel wat schuinsmarcheerders de functie van plaatsvervanger Gods op aarde bekleden en Diens troon te Rome met hun heilig achterwerk verwarmd hebben. De kerkgeschiedenis is trouwens één lang verhaal over list en bedrog, fraude, moord en doodslag, hoererij, sodomie, bastaardkinderen, incest en travestie. Uit 'De Uitverkorene', een door de Kerk verboden boek van *Thomas Mann* (1875-1955), kon ik op oudere leeftijd opmaken dat het voor sommigen onder hen niet zo moeilijk was tegelijkertijd vader, broer, neef en oom van hun eigen kinderen te worden.

De vraag werd steeds prangender. Hoe kon ik uit dit paterscollege vluchten om mijn vrijheid te heroveren? In feite kon niets echt moeilijk zijn. Van mijn grootvader wist ik dat *Winston Churchill* (1874-1965) ooit verklaard had dat je nooit mocht opgeven, als je éénmaal een bepaalde keuze had gemaakt:

> *"Nooit opgeven, nooit of te nooit, noch voor grote, noch voor kleine, noch voor pietluttige dingen."*

Op het eerste zicht leek het eenvoudig. Ik moest gewoon alle instructies negeren. In klas had ik zelden mijn agenda en mijn schriftjes bij me, en wist nooit waar ik ze gelegd had. Ik lette niet op, probeerde zoveel mogelijk anderen te storen, en maakte uiterst slordige huistaken. Tegen de Franse taal die ik nochtans reeds goed beheerste, maakte ik met opzet de meest onwaarschijnlijke fouten. De voorgelegde ondervragingsformulieren dienden om er onderaan een blauwe cirkel op te tekenen met een rode horizontale en een groene verticale streep. Hoewel ik over een fijn sopraanstemmetje beschikte, zong ik in de H. Mis systematisch naast de toon. 's Woensdag was hockeydag! Maar dat was telkens snel afgelopen toen ik herhaaldelijk doelbewust tegen iemands scheenbeen mikte. Ik werd opgesteld als rechterverdediger omdat de tegenpartij langs die zijde niet zou aanvallen. Werd per toeval de hockeybal toch in mijn richting geslagen, wat nooit bewust gebeurde, dan joegen mijn snelle beentjes me in volle vaart richting eigen doel. Met een krachtige slag zorgde ik voor een owngoal en daarna mocht ik het verdere gebeuren op het veld volgen vanaf de zijlijn. In het modern zwembad met bewegende bodem won ik als een aan-zee-geboren-waterrat iedere wedstrijd. Het kon mij niet deren dat mijn zwemstijlen niet perfect waren! Ik was de beste zwemmer, maar kreeg toch een onvoldoende. En al was ik toen nog een klein tenger mannetje, nooit aarzelde ik me fysiek te verdedigen en harde meppen uit te delen op gevoelige plaatsen, wat ook de gevolgen mochten zijn.

Toch had ik interesse voor bepaalde zaken waar niemand anders naar omkeek. In mijn klas zat ik naast een jongen wiens scheve rug was rechtgetrokken. Aan een lokale universiteit had een professor een lange ijzeren staaf in zijn rug geplant. Hij was zo stijf als een paal, maar kreeg voor zwemmen meer punten dan ikzelf. Een andere, oudere student had tegen alle verbod in 's avonds in het donker een duik genomen in het zwembad dat op dat moment leeg was wegens reinigingswerken. Hij brak zijn nek en werd verlamd afgevoerd. Het boeide mij te weten waarom hij zijn benen niet meer kon bewegen. Waarschijnlijk had het iets met dat mysterieuze ruggenmerg te maken. Ook de filmzaal, gebouwd als een amfitheater, was interessant. De treden waren steil en gevaarlijk. Af en toe slaagde iemand er in om van die trappen te donderen. Meestal beperkte de schade zich tot tranen en blauwe plekken. Eéntje had er echter een gebroken wervel aan overgehouden, maar kon zijn benen wél nog bewegen. *Andermans miserie passioneerde mij,* maar ik kreeg nooit antwoord op mijn vragen.

Op 22 november weende ik omdat in Dallas de charismatische president van de Verenigde Staten vermoord werd. Niemand wilde me uitleggen wat er gebeurd was met J. F. Kennedy (1917-1963).

> *"Niets voor jou, manneke!"* zei de prefect. *"Je zou beter wat studeren dan te niksen."*

Het vuur van mijn rebellie werd almaar heviger.

Het bezoek aan de directeur werd een onvermijdelijke, wekelijkse verplichting. Hij irriteerde zich geweldig aan mijn toenemende onverschilligheid en duwde uiteindelijk een boekje in mijn handen. Het bevatte de gedragsregels van het college. Hij dreigde ermee me voorgoed weg te sturen. Nooit was ik onder de indruk van dit dreigement, maar rook wel mijn kans. Dit boekje van zeventien bladzijden met 38 stellingen is het enige dat ik tijdens mijn Gentse detentieperiode grondig bestudeerd heb. Het vergde trouwens geen al te grote inspanning om alle statuten van buiten te leren. Het kwam er voor mij dan op neer precies het tegenovergestelde te doen, met nog een toetje erbovenop als het even kon. Op enkele haperingen na, kon ik bijna alle stellingen op reciterende toon afdreunen en genoot hierbij van eenieders verbaasde aandacht. Had men er mij over ondervraagd, dan kreeg ik met zekerheid 9 op 10. Of ze mijn plannen doorhadden, weet ik niet, maar dat was het minste van mijn zorgen.

Uiteraard had ik nog nooit gehoord van de film 'Escape from Alcatraz', maar ik was met zekerheid een goede metgezel geweest van Clint Eastwoord tijdens zijn spectaculaire ontsnapping uit die gevangenis. Maar telkens via een andere vluchtroute slaagde ik erin in drie maanden driemaal te ontvluchten om zo het vereiste minimum te bereiken en eerloos ontslagen te worden.

"Ik ben weggelopen uit 't college. Krijg ik nu een koek?" vroeg ik doodgemoedereerd aan de dichtstbijzijnde bakkerin waar ik telkens halt hield.
"Hier manneke en niet weglopen. Eet die koek maar op," en ze belde naar het secretariaat.

De eerste Alcatraz in mijn leven was gelukt. Met een stralend gezicht wachtte ik op mijn verlossende grootvader. Ik kon opnieuw naar mijn heimat! Later ontmoette ik de bakkersvrouw opnieuw op de spoedgevallendienst. Ze was gevallen en had enkele osteoporotische wervels gebroken. Uit erkentelijkheid heb ik haar altijd gratis behandeld wat niet geapprecieerd werd door de orde der artsen, maar ik ontving wel telkens een koek.

1964-67

COLLEGE LAGER
MIDDELBAAR IN EIGEN DORP

Eindelijk vrij! Ik was heel gelukkig mijn kameraadjes terug te zien. Maar de terugkeer was ook een intellectuele afgang. Door mijn weerspannige houding in het Gentse college had ik te weinig aandacht besteed aan het vak Latijn dat negen lesuren per week omvatte. Mijn achterstand was zo goed als hopeloos. Maar het was ofwel hervatten en doorbijten, ofwel degraderen naar een andere voor mij niet-uitdagende richting. Mijn grootvader had me een jaar voordien duidelijk gemaakt dat alle menselijke wijsheid terug te vinden was in de oude Griekse en Latijnse teksten. Hij had me uitgelegd dat de studie van de klassieke geschiedenis, cultuur en kunst een schitterende manier was om de evolutie van de westerse beschaving te begrijpen. Ik moest dus niet alleen denkvaardiger worden, maar ook m'n taal-, lees- en schrijfcompetenties ontwikkelen, wat, volgens hem, in andere studierichtingen minder aan bod kwam.

> *"Om je in het leven te kunnen verdedigen, moet je niet alleen zo snel mogelijk leren doorhebben wat je tegenstanders bedoelen. Om hun ideeën op een gevatte manier te kunnen analyseren en te kunnen terugslaan, moet je over een heel brede kennishorizon beschikken. Je kunt het in die zes jaren van die Antieken leren!"*

Tot dan had ik niet het minste inzicht verworven in de Latijnse verbuigingen en vervoegingen, en maakte er een ongelooflijk rommeltje van. Maar de vertrouwde omgeving was de ideale plaats om mijn geleden frustraties te verwerken. Ik herleefde, kon mezelf zijn en me uiten zoals ik was. Ik was nog maar twaalf jaar, maar legde mezelf de keiharde discipline op elke schooldag 's morgens om zes uur op te staan en Latijnse woordjes te blokken. 's Middags en 's avonds kreeg ik bijles om mijn achterstand inzake spraakkunst in te halen. Behalve de leraar Latijn, mijn mama en grootouders, was niemand op de hoogte van mijn zelfopgelegde Spartaanse inzet. Het duurde drie maanden vooraleer ik mijn eigen studiemethode ontwikkeld had en mijn aangeboren intelligentie me toeliet goede beoordelingen te bekomen. Ik had dan ook geen andere leuze dan intens te studeren. Ik leerde er zelfs van te genieten en het kaf van het koren te scheiden. In mij ontwaakte *een strebertje dat zich tot de uiterste grenzen van zijn intellectuele vermogens zou inzetten om zijn ambities waar te maken.* En niemand zou me nog op andere gedachten kunnen brengen.

Op een dag werd mijn mama met aandrang op het college ontboden. Ik denk niet dat ze er met veel enthousiasme naartoe is gegaan. Ze kende de inborst van haar bengel maar al te goed en het was onbegonnen werk daaraan iets te veranderen. Mama was ook geenszins behept met genen die haar deden klagen en zagen. De universiteit van het leven was haar enige leidraad.

> *"Mevrouw, we zullen hem goed begeleiden, maar vragen ook uw medewerking bij het controleren van zijn taken en lessen."*

Ze moet eventjes gelachen hebben want thuis waren er geen grote problemen. Ik las en studeerde veel, sportte regelmatig, en werkte ook vlijtig mee in haar horecazaak. Ze kon alleen maar hopen dat ik mijn onnozelheden buitenshuis stilaan achterwege zou laten.

> *"Bedankt voor jullie suggesties, heren,"* zei mama, *"maar thuis ben ik de baas. Ik reken erop dat jullie hem zullen doen inzien waar zijn limieten liggen."*

Bij mijn weten werd mama nooit meer ontboden. Ze was wijs en verstandig genoeg om zelf mijn studieresultaten correct te interpreteren. Behaalde ik zeven of meer op tien, dan leek alles onder controle. Waren de cijfers te laag, dan wachtte me harder labeur in de horecazaak. Slechts in de Grieks-Latijnse retorica vertelden de leraars haar dat ze mijn limieten nog steeds niet hadden kunnen inschatten.

1965

KONIJNENBEENTJES IN DE DUINEN

De ongerepte duinen, de *Romeinse vlakte*, en de weidse stranden bleven nog enkele maanden mijn speelterrein. Ik trof er honderden beentjes van konijnen aan die ten prooi gevallen waren aan het myxomatosevirus. Toen ik die beentjes meegebracht had naar huis, legde mijn grootvader uit dat dit een konijnenziekte was die geen gevaar betekende voor de mens.

Zorgvuldig puzzelde ik geraamtes in elkaar. In de poten en de kop kon ik snel een logisch patroon herkennen. De wervelkolom daarentegen was een complexe aangelegenheid. Al die complexe beentjes leken geweldig goed op elkaar en vertoonden stuk voor stuk een opening in het midden.

> *"Dat zijn wervels,"* verklaarde mijn grootvader. *"Als je puzzel af is, ga je zien dat die lange beentjessliert precies op de schedel past. En doorheen die centrale gaatjes loopt een lange slappe koord. Dat is het ruggenmerg. Op die manier kunnen de hersenen bevelen doorgeven aan de vier poten,"* luidde zijn uitleg.

Bij het verorberen van maaltijden met konijn of kip werd m'n grootvaders uitleg bevestigd door analyse van hun wervelkolommen. Er liep inderdaad een dunne zachte koord doorheen deze centrale gaatjes. Hij was niet elastisch, maar toch makkelijk plat te drukken. Het langdurig prutsen met al die beentjes aan de eettafel (wat wellicht als een onbeleefdheid ervaren werd) leverde niet alleen vragende, maar zelfs verbijsterde gelaatsuitdrukkingen op vanwege de disgenoten.

"Wanneer ga je nu beginnen eten?" vroeg mijn mama. *"Jouw maaltijd wordt koud en onze borden zijn bijna leeg!"* *"Maar ik wil het ruggenmerg zien!"* protesteerde ik luid.

Mijn grootvader genoot van mijn fijne onderzoekende vingertjes, maar zweeg wijselijk om verdere ergernis te voorkomen.

"En is dat nu het ruggenmerg?" vroeg ik, terwijl ik plots een lange slappe spaghettivormige koord vasthield. *"Ja!"* riep hij, waardoor de algemene suspense verbroken werd. *"Via zo'n draad telefoneren je hersenen naar je armen en benen om te zeggen wat ze moeten doen. Doe je ogen even dicht en beveel je armen plots in de lucht te steken!"*

Zo gezegd, zo gedaan. Ik concentreerde me, dacht na, en slaagde er, wonder boven wonder, in mijn tenen en vingers te bewegen precies zoals ik dat bewust wenste. In mijn enthousiasme wou ik de bewijsvoering nog uitbreiden, en gaf met gesloten ogen m'n hersenen de nieuwe opdracht m'n knieën te plooien en beide armen de lucht in te steken. Ook dit laatste lukte perfect, doch jammer genoeg in de verkeerde richting, zodat ik het gelaat van mijn mama raakte. De telefoonoefening lokte prompt ook in haar hersenen een reactie uit, waardoor haar rechterhand tegen mijn oren belandde.

"Dat doet pijn, zulle!" reageerde ik op onschuldige toon.

Mijn grootvader gierde van het lachen.

"Ook pijn gaat door die koord, maar dan in omgekeerde richting, namelijk van je benen naar je hersenen. Anders kan je geen pijn voelen" probeerde hij de effecten van mama's armreflex te neutraliseren.

Mijn pijngrimas veranderde terstond in een verwonderde en vragende gelaatsuitdrukking. Maar zijn antwoord was te complex en ik wilde een nieuw pijnexperiment uitvoeren.

"Mama, sla me nog eens!"

Ik kon me tijdig terugtrekken, maar tuimelde van mijn stoel en stootte met mijn hoofd tegen een andere stoel. Omdat ik onmiddellijk pijn voelde, begreep ik wat bedoeld werd met die omgekeerde richting. Terwijl ik rechtstond en op de pijnlijke plaats wreef, verdween de pijn quasi onmiddellijk.

"Ook aangename gewaarwordingen worden via het ruggenmerg naar de hersenen gestuurd," zei hij.

De teksten over ruggenmerg en wervelkolom in de *Larousse Médical Illustré* gingen boven mijn petje. Maar dertig jaar later kon ik deelnemen aan *de visu* onderzoek van wervelkolommen bij overleden personen in het Neuromusculair laboratorium van professor B.A. Kakulas te Perth, Australië. De bevindingen werden de grondslag voor mijn later boek 'Mysterie Lagerugpijn'.

TIJDSGEEST WAARIN IK OPGROEIDE

Mijn grootvader had weinig moeite om, weliswaar op zijn eigengereide manier, de menselijke zwakheden bloot te leggen die tot de Twee Wereldoorlogen geleid hadden.

"Je zei toch dat de twee Wereldoorlogen voorbij zijn?" vroeg ik.
"In de Eerste Wereldoorlog hebben ze mij bijna bij mijn pietje gehad. Maar ik had meer geluk dan diegenen naast mij. Ik ben gelukkig niet moeten sterven voor de vrede. Het

zou ook niet veel zin gehad hebben, want vandaag is er nog steeds geen vrede! Een billijke wereldvrede zal een eeuwige illusie blijven. De wereld zit vol intriges en altijd zullen er spanningsvelden blijven bestaan. Mensen doen niets liever dan van het ene probleem naar het andere te hinkstap-springen. En het is niet vanzelfsprekend te begrijpen hoe de wereld draait, maar de incidenten blijven zich sinds mensenheugenis op dezelfde wijze voordoen."

Niemand wist dat die doodbrave man in de grond van zijn hart een intellectuele revolutionair was. Hij vertelde veel over de mij tot dusver onbekende hedendaagse geschiedenis. Ik hoefde alleen maar goed luisteren. Het leek alsof de wereld constant om verandering schreeuwt. Zijn privé-kamer was een wijsheidstempel. Het stond vol doorkijkkasten met massa's boeken. Aan de muur hing een grote wereldkaart. Rode naalden doorboorden landen waar ooit iets schokkends was gebeurd: Engeland, Frankrijk, Spanje, Griekenland, Israël, Egypte, Iran, Belgisch Kongo, Nigeria, de Verenigde Staten, USSR, Cuba en de Caribische eilanden, Colombia en andere Zuid-Amerikaanse landen, China, Vietnam en Australië. Enkele zwarte spelden doorprikten landen waarover weinig geweten was en waar de tijd vermoedelijk was blijven stilstaan.

Hij stelde zich tal van vragen bij de hypocrisie van de heersende en genadeloze elites die na de Tweede Wereldoorlog de touwtjes in handen probeerden te krijgen.

"Het is slechts gedurende twee jaar ietwat rustig geweest. Nadat Jozef Stalin (1878-1953) in 1943 de Duitsers in Stalingrad een rammeling had gegeven, werden ze in 1945 door de rest van de wereld afgemaakt tijdens 'le jour le plus long'. Daarna echter herbegon het 'tit for tat'-spelletje! De Amerikanen probeerden hun hegemonie verder uit te breiden en het kapitalisme aan de Europese landen op te dringen. Vadertje Stalin ging niet akkoord en beschermde het com-

*munistische blok. Het Rode Leger dwong Polen, Oost-Duits-
land, Roemenië, Hongarije, Tsjecho-Slovakije, Bulgarije en
Albanië een 'cordon sanitaire' te vormen om weerstand te
bieden tegen de overige West-Europese landen. En nu zitten we met de gebakken peren en de Koude Oorlog. Vroeg
of laat lokt een andere autocraat nog een Derde Wereldoorlog uit en wellicht maak je het nog mee ook!."*

Hij kon ook niet begrijpen hoe *Mao Zedong* (1893-1976) er in
het verre China sinds 1949 bleef in slagen zijn bevolking met zijn
'Rode Boekje' op te hitsen.

> *"We zien wel wat er van komt. Als het hem lukt, dan ko-
> men de Chinezen ons hier overrompelen. Lees ooit maar
> eens zijn boekje."*

Mijn grootvader wist veel over de Franse geschiedenis, maar
vond het spijtig dat Frankrijk een groot deel van zijn internationale uitstraling had verloren.

> *"In 1954 werd hun leger in Dien Bien Phu verpletterd door
> de Vietminh en in 1956 werd het nog erger. Tezamen met
> de Engelsen werden ze door de sluwe Egyptische presi-
> dent Gamal Nasser (1918-1970) uit het Suezkanaal verdre-
> ven. En toch blijven de Fransen 'gelijkheid onder elkaar' in
> het hart dragen. Hoe ze dat met 'vrijheid' en 'solidariteit'
> verzoenen, is mij niet duidelijk. Je hebt er geen idee van
> wat je met kreten kunt bereiken."*

Ik herinner me tot op heden de terugkerende tv-beelden uit
de vroege zestiger jaren. Honderden malen zag ik jonge gedo-
de Amerikaanse soldaten in *body bags* uit Vietnam terugkeren.

> *"Net als ik, hebben die onvolwassen Amerikaanse pubers
> van achttien en negentien gruweldaden gezien en zelf moe-*

ten uitvoeren. Niemand spreekt daarover! Die waanzin kan toch niet blijven duren. Ik kan me niet indenken dat jij zo gemakzuchtig en passief zou blijven toekijken."

In 1965 toonden de beelden hoe een monnik in Saigon zichzelf in de fik stak. Hij had zich met benzine overgoten als protest tegen het installeren door de Amerikanen van een katholiek bewind in zijn boeddhistisch land. Wat later zag ik hoe een Zuid-Vietnamees zonder pardon met een kogel het hoofd van een Vietcong-strijder doorboorde.

"Met zo'n dingen moordt men," en toverde twee pistolen uit een brandkastje. Ik mocht ze even aanraken. Ze gaven mijn handen een machtig gevoel. Even wilde ik de trekker overhalen, maar dat mocht niet.
"Pas op, potverdikke! Niet op mij richten, dedjuu!"

Het leek alsof hij me voor mijn toekomstige calamiteiten wilde beschermen. Toen had ik me nooit kunnen inbeelden dat ik, om de moeder van mijn kinderen te redden, zonder pardon twee dergelijke pistolen zou leegschieten in de benen van belagers.

Mijn grootvader had het ook niet voor dictaturen in Portugal, Spanje en Griekenland en evenmin voor de maffia.

"Zo'n dictators kunnen niet anders dan via achterpoortjes vluchten. Zo niet worden ze vermoord of blijft men rond hun sterfbed giechelen tot ze hun laatste adem uitblazen."

In het lager middelbaar onderwijs mocht ik ooit mee op reis naar het Griekenland van de fascistische kolonels. Zes jaar later bezocht ik Athene opnieuw. Er stonden geen soldaten meer op de straathoeken. Niet ver van de haven van Piraeus kon ik ongestoord onder de fonkelende sterren van de donkerblauwe hemel praten, lachen en handjes reiken naar twee jonge nonnen met wie ik tezamen de nacht mocht doorbrengen. Er werden geen geweerschoten gelost. Geen haan heeft er ooit over gekraaid en het kwam ook nooit in de krant.

Toch spraken de verhalen over *El Ché* en de klopjacht op hem tot mijn verbeelding. Ik zat in de vierde Grieks-Latijnse toen *Ché Guevara* (1928-1967) in Bolivia vermoord werd. Zijn handen werden afgehakt. Het waren trofeeën voor de CIA. Toch verdween *El Ché* nooit van het wereldtoneel. De foto die *Alberto Korda* (1928-2001) van *El Guerrillero Heroíco* maakte, hangt nog steeds in mijn studeerkamer.

> *"De geschiedenis in Cuba is altijd avontuurlijk geweest. Maar wanneer idealisten een corrupt systeem omverwerpen, blijft het ook voor hen gevaarlijk. Fidel en Ché wilden teveel,"* verhaalde mijn grootvader.

Ik weet niet of mijn grootvader ooit een jointje rookte, maar hij voelde iets voor de Colombiaanse cocaïnebaron *Pablo Escobar* (1949-1993).

> *"Een brave jongen was hij niet. Wie zich niet kon vinden in zijn 'geld of lood', liet hij gewoon neerknallen. Velen hebben niet geluisterd. Maar voor de armen liet hij met zijn drugsgeld in de sloppenwijken van Medellín honderden huizen en appartementen bouwen. Hij hoopte toch nog op wat sympathie. Uiteindelijk jaagde hij zichzelf in 1963, op het dak van zijn huis, een kogel door het hoofd nadat andere kogels hem eerst zware letsels hadden toegebracht. Hij wilde moedig sterven!"*

Ik kon me niet voorstellen dat ik ooit iets te maken zou hebben met de cocaïneroutes van Zuid- naar Noord-Amerika. In 1984 tot 1986 kwam ik als idealistische ontwikkelingshelper terecht op Caraïbische eilanden. Ik ontmoette er veel would-be-Escobaartjes; van een heel ander kaliber, maar zeker zo gevaarlijk. Omdat ik door niemand om te kopen was, liep het bijna fout. Het overlevingsbeest in mij redde me van een gewisse marteldood. In mijn thuisland zou niemand het geweten hebben. Ik werd gered door een lieve Duitse consul na vermoedelijke tussenkomst van een non.

"We moeten de miserie ook niet te ver gaan zoeken."

Regelmatig wees mijn grootvader naar een top secret Belgisch boek over Kongo met daarin plaatjes die getuigden van ons wreed koloniaal verleden die een humanitaire ramp veroorzaakten. Mijn grootvader wiens vader burgermeester was geweest ten tijde van de tweede Belgische koning, wist dat er iets niet klopte in al die heroïsche verhalen.

"In het openbaar mag hierover niet gepraat worden," zei hij en toonde het geheime boek met honderden foto's van slaven die sadistische amputaties hadden ondergaan omdat ze te weinig rubber uit de bomen oogsten.

Veel later las ik hierover de fascinerende verhalen van Roger Casement (1864-1916) in het boek The Dream of the Celt door Nobelprijswinnaar Mario Vargas Llosa (1936-).

"Als ze daar in Kongo niets meer van ons moeten hebben, dan is dat omdat onze voorvaderen er zich evenveel geamuseerd hebben als Stalin en Mao in hun landen. Niet te verwonderen dat die koning ooit zei dat 'hij ze zijn Kongo zal geven, maar dat ze het recht niet hebben te weten wat hij er gedaan heeft'. Kijk nu ook maar eens wat er daar niet ver vandaan gebeurt: al die gruwelijke beelden van uitgemergelde Biafranen en Nigeria die er honderdduizenden laat uithongeren. Koning olie is belangrijker dan het leven van een mens!"

Bijna steeds voltooide hij zijn stellingnames met een preek alsof hij me wilde voorbereiden op mijn volwassen leven.

"In iedereen schuilt een beest en dus is het moeilijk de wereld te veranderen. Het lukt zelfs niet in je onmiddellijke omgeving. Ook kleine beestjes zullen proberen je pijn te doen. Maar van grote beesten en het machtsestablishment daarentegen moet je geen schrik hebben. Die verslinden je met kop en haar vooraleer je zelfs maar beseft dat ze bestaan."

"Het lijkt allemaal zo mooi, jongen," herhaalde hij voortdurend. *"Ieder mens, maar ook ieder politiek systeem is drager van geheime ambities. Je moet goed leren liegen als je aan de macht wil blijven, anders hecht men geen geloof aan je woorden. Door de eeuwen heen was dit een van de meest beproefde methodes om massa's mensen te brainwashen. Als je dat niet zou lukken, moet je zwijgen. Maar ook zwijgen is een probleem. Wanneer je veel dingen moet verborgen houden, verlies je eenieders vertrouwen. Zwijgen is dan hetzelfde als liegen!"*

"Als je wil slagen in je opzet, zal je altijd meester moeten blijven over je eigen denken, spreken en handelen. Maar het zal je veel energie vragen om voor iedereen op je hoede te blijven en de controle over hen te bewaren. Je zal veel Catilinaatjes (108-62 v.Chr.) en Caligulaatjes (12-41 n.Chr.) ontmoeten die maar al te graag het ogenblik zullen afwachten om hun dolk in je rug te planten. Zeker als je zo onversaagd je mening blijft verkondigen en zeer zeker wanneer je onverschilligheid ten opzichte van hen toeneemt. Mocht het je lukken boven het gemiddelde uit te stijgen, dan word je sowieso in de gaten gehouden!"

"Blijf in ieder geval zo mysterieus mogelijk. Hopelijk krijgt men dan wat schrik van je. Voor jou zal niets erger zijn dan tot een groep te moeten behoren waar je hun spreken, zingen en dansen opgedrongen wordt. Het is dan beter dat je blijft werken aan de bouw van je controversiële reputatie. Anderen zullen hun tijd verprutsen door zich af te vragen hoe je in elkaar steekt. En hoe meer vragen ze stellen, des te interessanter het voor je wordt. Maar vermijd dan ook te allen tijde zelf nieuwsgierig te zijn naar anderen toe! Onverschilligheid is niet alleen een gevaarlijk maar vooral een machtig wapen."

1960'S

ADOLESCENTE SPORTIEVE DROMEN

Toen ik 12 jaar oud was, zag ik op tv hoe de Nieuw-Zeelandse atleet Peter Snell (1938-2019) in Tokyo op een indrukwekkende manier olympisch kampioen werd op de 800 en 1500 m. Vier jaar eerder behaalde hij in Rome (1960) eveneens olympisch goud op de 800 m. Op intelligente wijze versloeg hij op de eindstreep de zegezekere wereldrecordhouder. Vol bewondering keek ik naar deze atleet in zwart shirt. Zijn loopstijl was vlot, krachtig maar toch gracieus. Deze elegant gebouwde atleet trainde in bossen en duinen. Hij werd mijn voorbeeld en ik zou dus ook kampioen worden. *I had a dream!* Naast iets wat op een trainingsschema leek, beschikte ik over alle overige troeven: strand, zee, en licht-glooiende bossen. Misschien had ik toch enkele sportieve ge-nen geërfd?

Tijdens mijn vroege adolescentenjaren liep ik tot vijfmaal per week een tiental kilometer per dag, hetzij op het strand, of tot kniehoogte in het zeewater, hetzij op en neer op duinheuvels, hetzij in de bossen, of later in het hoger middelbaar in een wat rustiger tempo van thuis naar het college en terug. Kameraadjes zagen er de voordelen niet van in, maar van mijn mama kreeg ik sportschoenen. Mijn resultaten werden almaar beter. Op het college had ik maar één concurrent. Noël was niet alleen veel intelligenter, maar hij beschikte ook over een uitzonderlijk sterk gespierd en atletisch lichaam. Tijdens de collegejaren was de toekomstige veearts tijdens de klassencompetities lange tijd on-klopbaar op de 80, 150, 200, en 400 meter. Op de 800, 1000 en 1500 meter was ik doorgaans de beste. In de retorica was ik op school uiteindelijk onklopbaar.

Tijdens de zomermaanden aarzelde ik niet om op het strand mijn lange kaarsrechte benen aan de blikken prijs te geven. Mijn mama had me ooit verklapt dat veel vrouwen kicken op rechte, gespierde benen. Ik heb nooit echt begrepen waarom. Als kleine deugniet sprong ik af en toe over ruggen van jonge zonnebaadsters. Her en der lagen ze op het strand verspreid. De grote verscheidenheid in borstvolumes van bakvisjes viel op toen ze verrast recht sprongen om hun ongenoegen te uiten en hierbij hun handdoek vergaten. Later drongen er zich variaties op in mijn looptrainingen en concentreerde ik mijn blik vooral op oudere en meer ervaren specimina. Ze keken veel minder verontwaardigd op toen ik af en toe naast hen stopte om pijn in mijn been te veinzen. Hun uitnodigingen lieten niets aan duidelijkheid te wensen over. Maar wat ik toen uit de voorlichting wist, moest ik zelf nog aan de realiteit toetsen. Dit tekort verdween echter snel tijdens de mooie zomermaanden van 1969 die me vleugels gaven.

Tijdens mijn universitaire studies raadde een atletiektrainer me af verder intens te trainen. Cardiaal onderzoek wees uit dat mijn hart een niet perfect functionerende klep vertoonde die vooral eigenaardig bleek te functioneren bij een hartslag boven de 160/minuut. Mij werd uitgelegd dat dit de reden was van de te lange recuperatieperiode na een intense sportinspanning. Inmiddels wist ik dat ik me tot het uiterste kon dwingen, maar anderzijds werd ik wel geconfronteerd met een eerste lichamelijke beperking. Enkele jaren hield ik me nog onledig met voorzichtig draven.

Mijn grootvader verklaarde ooit dat hij nooit gesport had. Hij is altijd van zijn sigaren en zijn pintjes blijven genieten en werd 96! Maar eenmaal in het rusthuis met christelijke inslag kreeg hij niet het recht *het eeuwenoude ritueel te laten uitvoeren om zijn goed leven met een goede en waardige dood te belonen*. Omdat ik toen in Australië studeerde, kon ik hem niet helpen zijn verzoek om euthanasie te beantwoorden. Gedurende zijn resterende weken werd hem *de tirannie van het positieve denken opgedrongen*.

DE SIXTIES. REBELLERENDE CONTESTATIEJAREN

Ik beschouw het als een privilege tijdens mijn adolescentiejaren intens meegenoten te hebben van deze legendarische tijden. Er gebeurde *iets* wat vaste gewoontes en bestaande normen in vraag stelde. Er was vernieuwing op komst. Plots was het toegelaten de verplichtingen die de traditionele maatschappij der volwassenen ons opdrong, aan je laars te lappen. Ik wist niet wat het inhield, maar ik dacht geboren te zijn om als vrije mens te mogen denken en handelen. Een korte periode overwoog ik een echte hippie te worden en liet me meeslepen door die kuddementaliteit. Mijn hart oriënteerde zich zelfs naar links. Gelukkig contesteerde mijn brein vrij snel tegen deze evolutie. Toch gaven de sixties mij een geweldige energie. Ik raakte overtuigd dat ik met mijn intellect en op eigen kracht, zij het mits hard werken en studeren, datgene kon bereiken wat ik vurig verlangde in elk levensdomein. Ik herinner het me nog zo ongelooflijk goed.

Via de pick-up en het vinyl kwam ik steeds meer in contact met rock en pop. Van mama ontving ik de psychedelische rockalbums van *The Beatles*: *Sgt. Pepper's Lonely Hearts Club Band* en *Abbey Road*. Ze was dol op dansen en leerde me swingen. Ze vestigde mijn aandacht op de kunstenaar *Andy Warhol* (1928-1987), die met afbeeldingen van cocacolaflesjes en blikjes soep de Amerikaanse consumptiecultuur aan de kaak stelde. Op het college maakten we een analyse van de *'Eendimensionale mens'* van *Herbert Marcuse* (1898-1979). Het werd me overduidelijk dat de mens in een snel evoluerende hoogtechnologische maatschappij zijn zucht naar vrijheid niet kon bevredigen en slechts kon gepaaid worden met de vervulling van allerlei valse dromen en verlangens. Door dit vroege inzicht heb ik me zelden overgeleverd aan excessieve uitspattingen in kleinburgerlijke milieus. Rondom mij bleef *goed leven* voor velen wel synoniem van schijnheilige moraal, drang naar materiële goederen en macht.

Veertig jaar later stelde ik vast dat ze hun ganse leven lang dezelfde rondjes rond de kerktoren hadden gedraaid.

De sixties waren geenszins veilige jaren. Overal werd geprotesteerd en er was enorm veel waartegen ik kon rebelleren. In 1967 mocht *Mohammed Ali* (1942-2016) in de bak. Hij had het aangedurfd te protesteren toen hij opgeroepen werd als soldaat in Vietnam te gaan dienen. Voor mij was er geen reden meer om niet deel te nemen aan de wereldwijde contestatie tegen de Amerikaanse napalmbommen op Vietnam.

In 1968, het voorlaatste jaar van mijn humaniorastudies, sloot Rusland eindelijk een naoorlogse vrede met Finland. Op een eiland in de buurt van Helsinki werden ultrageheime ondergrondse militaire basissen gesloten. Maar de Koude Oorlog hield hiermee niet op. Op tal van andere plaatsen was de situatie gespannen en onrustig. In veel landen braken studentenrevoltes uit. *Cohn-Bendit* (1942), de Franse studentenleider, revolteerde tegen de heersende maatschappelijke en morele normen, waardoor het Quartier Latin wereldberoemd werd. In het stadje Tlatelolco in Mexico werden op het Plein van de Drie Culturen een paar honderd studenten neergeknald. *Rudi Dutschke* (1948-1979), de Duitse studentenleider, inspireerde zich op Herbert Marcuse en Che Guevara. Na de moordpoging op hem werden *Ulrike Meinhof* (1934-1976) en haar Baader-Meinhof-Groep steeds radicaler en gingen zich te buiten aan moord en doodslag. De nog ruigere Italiaanse Rode Brigades maakten de eerste minister *Aldo Moro* (1916-1978) een kopje kleiner. In Noord-Ierland riep studente *Bernadette Devlin* (1947) de katholieke minderheid op tot een revolutie tegen de Ierse republiek. In Londonderry liep het uit de hand en een dertigjarige burgeroorlog barstte los. Op 't einde van die periode wist ik enkele maanden mijn chirurgische basiskennis op te vijzelen door gebroken beenderen op te lappen. Nog in 1968 werd in Tsjecho-Slowakije bijna de Derde Wereldoorlog ontketend. Regeringsleider *Alexander Dub ek* (1921-1992) wilde in zijn land een socialisme installeren met een menselijk gezicht, maar hield er geen rekening mee dat rasechte socialisten dat niet wilden. De Praagse Lente werd door het Warschaupact met tanks en een 500.000-koppig leger platgewalst. Dit betekende het einde van de vrijheid voor een gedesillusioneerde student. Telkens wanneer ik later Praag bezocht, legde ik een bloemenkrans neer op de plaats waar *Jan Pallach* (1948-1969) uit protest zichzelf in brand stak. Tijdens de Olympische Spelen in Mexico-stad protesteerden de Amerikaanse 200-meter medaillewinnaars *Tommie Smith* (1944) en *John Carlos* (1945) op het podium tegen de ongelijke behandeling van zwarte minderheden in hun land, en staken hun gebalde Black Pantervuisten in de lucht. Terwijl *Bob Beamon* (1946) in ijle lucht acht meter negentig ver sprong, mochten ze hun medailles terug inleveren. Ook *Robert Kennedy* (1925-1968) en *Martin Luther King* (1929-1968) werden doodgeschoten. Deze laatste had geprotesteerd tegen de ongelijkheden tussen blank en zwart.

In 1969 durfde de beeldmooie Afro-Amerikaanse filosofieprofessor *Angela Davies* (1944) met haar imposante krullenbos, en eveneens lid van de Black Panter Party, ook protesteren tegen de Vietnamoorlog. De FBI nam zijn toevlucht tot een eeuwenoude truc om haar te liquideren. Angela werd beticht van moord en in een donkere kerker opgesloten. In mijn gemeente wisten ze op het politiebureau niet waarover ik het had toen ik als 17-jarige idealist protest aantekende. Het werd zorgvuldig genoteerd, maar Angela kwam niet vrij.

Het einde van mijn Flower-Power-idealisme voltrok zich midden augustus 1969 toen tijdens een LSD-trip medestanders van de langharige hippie en sekteleider *Charles Manson* (1934-2017) een hoogzwangere actrice en andere vrienden beestachtig vermoordden. Dit had niets meer te maken met *make love and not war*. Na het legendarische rockfestival Woodstock contesteerde ik alleen nog in gedachten. Terwijl nog steeds duizenden jongelieden in de Vietnamese jungle werden kapotgeschoten, zong ik mijn opstandigheid uit met de teksten van The Beatles, The Birds, The Doors, The Kings, The Mama's and the Papa's, The Rolling Stones, en The Who.

"Canned Heat, Creedence Clearwater Revival, Jefferson Airplane, Joan Baez, Joe Cocker, Santana et cetera zijn goede zangers en gitaristen," oordeelde mijn grootvader die ook af en toe zijn trompet op hun ritmes liet meedeinen. "Maar wat voor betekenis hebben een half miljoen kinderen die de psychedelische toer opgaan, hasjiesj en marihuana roken, naakt zwemmen en à gogo de liefde bedrijven? Hun ambities om de maatschappij te veranderen zullen altijd visioenen blijven. De onervaren rakkers houden het nooit vol om samenhorig in vrede te blijven samenleven. De geschiedenis leert dat 'in vrede leven' telkens maar een tijdelijk fenomeen is. Ook in Vietnam zullen zich opnieuw gewelddadige conflicten voordoen. Het blijft een utopie om alle conflicten harmonieus op te lossen. 'Nooit meer oorlog' tieren is als roepen in de woestijn tegen de wind in. Koester dan ook niet langer je naïeve linkse waanvoorstellingen, en word vooral geen marxist. Die moeten trouwens nog altijd het bewijs leveren van hun grote gelijk!"

In 1969 kon ook genoten worden van enkele stichtelijke gebeurtenissen. In een rustigere (maar ijlere) omgeving stapten Neil Armstrong (1930-2012) en Buzz Aldrin (1930) op 20 juli als eersten op de maan. De verstandigste van de drie astronauten, Michael Collins (1930-2021), bleef rondjes draaien rond de satelliet van de Aarde. Hij kon het geduld opbrengen op zijn kameraden te wachten vooraleer op de knop huiswaarts te drukken. Eddy Merckx (1945) won zijn eerste Ronde van Frankrijk en kannibaliseerde zijn concurrenten. Mijn grootvader plaatste zijn televisietoestel voor het geopend raam in de voorkamer van zijn living. Honderden supporters die nog geen TV bezaten, mochten gratis meekijken en ook proeven van zijn brouwsel.

Op mijn vijfentwintigste maakte mijn verstand een definitieve klik. De utopische moraal van de sixties verdween en ik oversteeg mijn naïeve, puberale verlangens. Heel wat jonge rockiconen bleken niet genoeg te kunnen genieten van de geneugtes die de aarde verschafte. De mysterieuze hese bluesstem van *Janis Joplin* (1943-1970) verdween, zoals ook de virtuoze vingers van de flamboyante gitarist *Jimi Hendrix* (1942-1970). De oprichter van de Rolling Stones, *Brian Jones* (1942-1969) en een andere geniale en opstandige poëet-rockzanger, *Jim Morrison* (1943-1971) wilden eveneens hun aardse leven intensifiëren. Allen stierven ze te jong aan overdaad. Ik werd er niet braver noch bescheidener door, wel cynischer. Ik besliste om naar de toekomst toe nog uitsluitend te steunen op mijn eigen talenten. Mijn zelfgekozen en paradijselijke werelden zou ik zelf wel ontdekken.

Ik keerde me tegen de vastgeroeste waarden van verwende studenten uit de mij omringende high society. Wanneer hun waarheden ver van de mijne afweken, vond ik het zelfs niet eens de moeite om me er tegen te verdedigen. Zij hadden hun vestimentaire codes, hun muziek, hun braspartijen en feestjes. Ik had de mijne. De personages in *Dostojewski*'s (1821-1881) werken *'De Idioot'*, *'Misdaad en straf'* en *'De gebroeders Kamarazov'* schotelden mij een realistischer beeld voor van hun platvloerse biologische en sociale drijfveren. Het kan best zijn dat ik door mijn attitudes veel kameraadschappen en andere mogelijkheden mislopen heb. Maar na meer dan vijftig jaar betwijfel ik ten zeerste of ik er iets bij gewonnen zou hebben. Ik vierde mijn zeventigste verjaardag in een melancholische psychedelische sfeer. Voor de laatste maal wenste ik mijn adolescentenpleziertjes als versjes aan elkaar te rijmen. Ik parasfeer zanger Boudewijn De Groot:

> *"Slimme jongens van toen hebben nooit gedeugd. We hadden mooie idealen, goed van snit, maar ze zijn niet meer in de mode. Toch blijven ze behoren tot mijn goede jeugdherinneringen. Ze getuigden van een blijde en onwetende jeugd."*

DE SIXTIES. MIJN JEUGD MAAKTE ME TOT MENS

De muziekthema's uit de sixties gaven gestalte aan mijn adolescentie en bepaalden voor een groot deel mijn evoluerende identiteit en het soort kameraden die ik wenste te frequenteren. Er waren naast de revolte tegen de Vietnamoorlog, ook de wijze hoe ik me moest gedragen en kleden, de vrije vriendenkeuze en amoureuze situaties. Toch ontwikkelde ik een aversie voor banaliteiten waarvan men op die leeftijd veronderstelt ze in het openbaar te mogen opvoeren.

In die collegejaren van het hoger middelbaar kon ik profiteren van de zomervakanties, al werd ik thuis zelden vrijgesteld van dagelijkse taken. Hoewel ik vele uren diende te helpen, bleef er zeker nog voldoende vrije tijd over om te sporten, lezen, fantaseren en experimenteren met mijn ontluikende seksualiteit. Mijn mama en grootouders waren van oordeel dat ze me tijdens die ontspanningsperiodes thuis veeleer discipline konden bijbrengen en hoe ik arbeidsvreugd kon beleven. Ik leerde werken en de waarde van centen appreciëren. Met dit zakgeld betaalde ik later een deel van mijn universitaire studies. De boodschap thuis was heel eenvoudig:

> *"Als je universitaire studies wil aanvatten, vriend, doe je er goed aan je nu al voor te bereiden op je toekomstige verantwoordelijkheden,"* orakelde mijn grootvader.

Hij hoopte dat ik er alsnog zou voor kiezen om notaris te worden. Eigenaardig was echter dat hij nooit één zinnig argument naar voren kon schuiven ten voordele van een dergelijke studiekeuze. Mijn ambitie reikte veel verder.

Op mijn zestiende werd ik 's morgens om 6 uur 30 gewekt door mama's klok. Samen met de veel oudere, zwaargebouwde keukenmeid en poetsvrouw Raymonde diende ik elke morgen mama's horecazaal te dweilen. Rond 9 uur was de gelagzaal kraak-net. Wie het wenste, kon nog komen genieten van een lekker ontbijt. Mama had op het strand ook een zomerterras met onge-veer 40 tafels en 200 zitplaatsen. Voor mij stond het als een paal boven water dat toeristen op zoek naar verfrissing in de eerste plaats voor haar terras zouden opteren. Met een maniakale dri-ve maakte *le petit patron*, zoals men mij toen noemde, er iedere dag een pareltje van. Zelfs de concurrentie stond in bewonde-ring voor mijn prestaties, hoewel ik systematisch weigerde hen een handje toe te steken. Met ontbloot bovenlichaam en uitge-dost in een korte broek waaruit twee opvallend goedontwikkel-de lange rechte benen staken, werden tafels en zitjes van stof en zand gereinigd. Rond de tafels werd zand aangeharkt en de grond geëffend. Asbakken werden geledigd, en papiertjes en sigarettenpeuken opgeraapt. De afgewassen tafeltjes werden versierd met op maat gesneden kleedjes en een bloempje. Ui-teraard waren die bloemetjes 's avonds allemaal spoorloos ver-dwenen. De daders heb ik nooit onder de meeuwen gezocht. Parasols werden zo opgesteld dat de klanten uit de wind zaten en rustig van de zon konden genieten. Met een schop werden de houten wandelpaden mooi afgebakend. Ze lieten de kelners toe bij het bedienen van de vakantiegangers zo weinig mogelijk in het zand te stappen. Daarna kwam de finale controle. Mama glunderde. Wanneer ze merkte dat er iets ontbrak, loste ze het zelf op. Haar schouderklopje deed wonderen. De geleverde in-spanning deed me denken aan de werken van de Griekse held *Heracles*. Helemaal alleen slaagde ook hij er telkens in zijn zwa-re opdrachten, op verstandige en systematische wijze, tot een goed einde te brengen. En steevast werd mijn inzet om mama's zaak optimaal te ondersteunen bewonderd door vier gebruinde dames van middelbare leeftijd die regelmatig kwamen ontbij-ten. Wat later werd ik door hen in hun strandcabine uitgenodigd.

Na het middagmaal profiteerde ik van de luxe nog wat extra cen-ten te verdienen door in de brouwerij van mijn grootouders lege bierkratten op orde te plaatsen en de biercamions te laden en lossen. Het werd pas echt leuk toen ik met de bierknechten mee mocht om cafés te bevoorraden. Het was heffen en sleuren om volle kratten en tonnen bier doorheen moeilijke gangen naar binnen te sjouwen. Bleef er nog wat vrije tijd over vooraleer ik rond zeven uur 's avonds opnieuw in mama's zaak als tafelruimer, kelner of afwasser terug aan de slag moest, dan genoot ik op mijn eentje van een ontspannende looptraining op het strand. Maar steeds keek ik verlangend uit naar mijn twee vrije namiddagen om me te verdiepen in creatieve onderwerpen.

Tijdens de examenperiode in juni '67 had ik gehoord over het popfestival in Monterey, Californië. Wat later verscheen mijn eerste schaamhaar. Het waren de voorbodes van bewogen tijden zelfs al waren mijn kinderjaren nog niet afgelopen. De onrust die in mijn onderlichaam opborrelde, kon ik niet onmiddellijk duiden, maar ik had geen enkele zin om tot God te bidden om kuisheid en zelfbeheersing. Mijn eerste platonische liefde dateerde van het zesde studiejaar bij meester Calcoen. Nooit is het bakvisje definitief van onder mijn hersenpan verdwenen, maar ze schrapte zichzelf uit mijn verlanglijstje. Met haar aanstekelijke giechelbuien en karamellenversjes als *schepen vergaan, maar de liefde tussen ons blijft eeuwig bestaan*, mocht ze haar loze pijlen op een ander schip richten. Voor mijn mama, die al lang niet meer in mijn onschuld geloofde, waren mijn toenemende revolterende attitudes de voorbode van verderf. Er was bij haar rebel iets aan de hand dat onheil voorspelde. Zij zag iets wat ik niet zag, niet wist en niet kende. Ze vreesde dat ik door mijn eerste contacten met de onbekende en verraderlijke wereld van verliefdheid in de voetsporen van mijn vader zou treden. Toch drong mama er vooral op aan geen snoepjes aan te nemen van volwassen mannen. Mijmerend over *McKenzie's 'If you are going to San Francisco'* kreeg ik (met kol en kravat) de toestemming om met een vriend voor één dag naar Jazz Bilzen te trekken. We mochten gratis binnen. Ik werd *high* toen *Procol Harum* hun *A Whiter Shade of Pale* vertolkte. De extatische stemming deed me de klassieke concerto's vergeten die mama op haar piano probeerde na te tokkelen. Ik leerde meer te voelen voor een mengeling van klassiek en pop, en zo is 'Classic in Pop' van Ekseption ook mijn favoriet gebleven.

Nooit heb ik achterhaald waarom, maar in 1968 kreeg ik als zestienjarige geen toelating meer om naar Bilzen te trekken. Ik moet toen nog een vriendelijk en te inschikkelijk karakter gehad hebben. Tijdens die zomer had ik dus geen andere keuze dan me te concentreren op de vele meisjes en oudere dames die her en der op het strand van de zon en een sigaret lagen te genieten. Maar ik voelde me onwennig omdat ik niet de minste ervaring had. Stiekem kon ik een verboden exemplaar van *Ik Jan Cremer* op de kop tikken. Het stond snel vast dat ik net zoals Jan ook een vrijgevochten kerel zou worden, de wereld rondreizen en chaotische avonturen beleven, maar had helemaal geen zin om soldaat te worden en vrouwen te molesteren.

Een jaar later, tijdens *The Summer of 1969*, kon niemand me nog tegenhouden. De magistrale rockgroepen *Deep Purple*, *The Moody Blues* en *Shocking Blue* waren in Bilzen van de partij. De lyrics van *Creedence Clearwater Revival* hadden reeds eerder in dat jaar bepaalde gevoelens doen ontluiken. Op de tekst van *See Me, Feel Me/Listening To You* van *The Who* gaf ik me over aan schaamteloos gedrag in de regen en modder. Dit soort psychedelische teksten bracht me in de verleiding in te gaan op de lokroep van onbekende bakvisjes. Ik fixeerde hen met mijn blik, en af en toe kreeg ik de kans de techniek van het tongzoenen te oefenen. Het was niet eenvoudig, maar ik maakte snel vorderingen. Het tongzoenen leek vooral voor hen exciterend. Ik begreep toen nog niet echt waarom, maar mijn vermoeden werd gaandeweg sterker. Hun knieën interesseerden me, hoewel mijn armen te kort bleken. Soms kreeg ik een vermaning, soms zelfs een mep. Anderen lieten me toe mijn hand tegen hen aan te drukken, hen te voelen en aan te raken. Mijn handopleggingen werden als genezend ervaren. Het begin van talrijke verborgen verliefdheden was ongelooflijk uitdagend. Maar ik ergerde me enorm aan de onverbeterlijke twijfelaarsters. Hun emotionele excuses waren omgekeerd evenredig met de verstandelijke argumentatie die ik normaal zou verwacht hebben. Wellicht was hun vermogen alles almaar te blijven uitstellen en geen finale beslissingen te kunnen of te durven uitspreken, een bron van aangename gevoelens. Wellicht was hun *twijfelende houding een dekmantel voor hun seksuele onzekerheid.*

In mijn later leven ontmoette ik nog enkele zeer lieve dames met een even groot uitstelvermogen. Een mooie en intelligente vrouw bleek hoofdzakelijk in zichzelf geïnteresseerd. Zij behoorde tot de groep zelfingenomenen die wereldvreemd gebleven waren hoewel we samen in de woelige sixties opgegroeid waren. Een ander aantrekkelijk meisje bleef uit gierigheid haar prachtige lichaam in oude lompen wikkelen. Ze droeg steevast dezelfde versleten schoentjes. Jammer voor deze gierige pin, want ze zou waarschijnlijk een fantastische moeder van mijn kinderen geweest zijn. Misschien is ze nu wel moeder, maar ik beklaag haar kinderen en kleinkinderen wat betreft hun kledij. Ik vergiste me een tijdje in een muze die zich ook als leeuwin kon voordoen. Door haar gewiekstheid kon ze rechtpraten wat krom was. En omgekeerd, krom wat recht was. Hierdoor kon ze haar wonderbaarlijk vermogen verdoezelen alleen zichzelf van haar gelijk te overtuigen. Ze was gespecialiseerd in romantische subtiliteiten doorspekt met vernietigende, sarcastische bemerkingen. Zelf had ze geen enkel levensdoel, wat haar uiteindelijk tot zelfmoord dreef. Moge ze zalig in vrede rusten! Ik erger me eveneens aan vrouwen die geld met liefde verwarren. Een financieel experte bedacht hoogst ingenieuze plannen om haar geliefde niet alleen te verleiden met sublieme gevoelens, maar om hem vooral te bedriegen. Ze was het Nana-type uit de roman van *Emile Zola.* Een vrijster die uit puur geldbejag het hoofd van mannen op hol bracht. Ze kleedde zich excentriek met de bedoeling haar buit binnen te halen. Ook leerde ik een korte periode genieten van een nymfomane al was het steeds vanop één meter afstand. Ze deed me denken aan de Romeinse keizerin Messalina die al opgewonden raakte door alleen te denken aan ruwe seks met vreemden. Kapsters voorzagen haar haarstrengen van bonte kleuren. Tandartsen hadden, bij wijze van esthetische ingreep, een reeks al te witte tanden in haar onderkaak geplant. Verwijderde ze haar gebit in een moment van vergetelheid, dan riskeerden omstaanders terstond te verstenen bij de aanblik van deze Medusa. Ze kleedde zich alsof ze indiaantje wilde spelen. Het is soms *niet te vatten hoeveel centen vrouwen kunnen uitgeven om hun prachtige natuurlijke persoonlijkheid te verknoeien aan de dictaten van de mode.* Ooit las ik dat mode een vorm van lelijkheid is en zo ontoelaatbaar dat ze om de zes maand moet vervangen worden.

Ik ontmoette slechts één dame die zonder nadenken onmiddellijk kon beslissen. Ze deed dat ietwat te voorbeeldig. Die exotische dame slaagde er zelfs in om zonder lingerie mijn seksuele appetijt maximaal te stimuleren. We zeepten elkaar in van kop tot teen, spoelden en droogden onze lichamen zorgvuldig af, en masseerden elkaar intens. Ze bezat prachtige bengelende lichaamsattributen. Ze beleefde haar seksualiteit op een manier die diametraal tegenover die van haar blanke seksegenoten stond. Voor deze niet-blanke dame betekende haar lichaam meer dan een kapstok. Het was een gevoelig instrument waarmee ze zonder de minste remming niet alleen zelf het hoogste genot nastreefde, maar dit ook aanbood. Ze drong door tot de geheime lagen van mijn seksuele beleving, waarvan anderen geen idee hadden dat zoiets kan bestaan. Via haar seksuele technieken ontdekte ik de geheime dimensies van het erotisch paradijs. Ze maakte me hartstochtelijk verliefd. We beleefden intense momenten. De energie die hierbij vrijkwam, gaf me vleugels om wonderen te verrichten. Maar ze stierf vroegtijdig. Haar lichaam had teveel afgezien in te korte tijd.

1967-70

HET COLLEGE HOGER MIDDELBAAR KNEEDDE MIJN INTELLECT

"Voor het geval je niet hard wilt studeren," besloot mijn grootvader een van zijn vele betogen, *"dan zal ik er zelf voor zorgen dat je een vak leert, kapper wordt, veilingmeester of misschien toch nog advocaat."*

In mijn klas heerste een gezonde intellectuele ambitie. Ik had het grote geluk deel uit te maken van een groep superintellectuelen. Om met hen te kunnen meedingen, werden het dus lange en intense schooldagen met veel verplichte uren studie. Dagelijks 's avonds nog enkele uren lezen of studeren en 's morgens af en toe eens vroeger dan normaal opstaan om de leerstof te herhalen, ervaarde ik niet eens als lastig. De zelfopgelegde discipline hardde me tegen latere tegenslagen, frustraties, verwijten en tal van ontgoochelingen.

Ik vertrok om halfacht met de fiets. In de maanden april, mei, juni, september en oktober liep ik regelmatig de zowat zes km van huis naar het college, heen en terug. Mijn schooltas vertrouwde ik toe aan een kameraad die er steeds zorgvuldig voor zorgde tijdens zijn busritten. Omdat we voor sommige vakken steeds dezelfde punten behaalden, deerde het me niet dat hij regelmatig mijn huistaken kopieerde. Twaalf uur later was ik opnieuw thuis.

De leraars weken regelmatig af van hun leerplan. Wij vroegen immers om interessante stof, gebracht door mensen die wisten waarover ze het hadden. We wilden kennis ontvangen, geen onkunde. Daarom zijn ze voor ons zo waardevol geweest. Maar het was ook steeds *tit for tat*. Willens nillens werden we gedwongen door moeilijke examens te spartelen. Hoewel onze leraars op de mondelinge proeven de lat zeer hoog legden, kregen ze weinigen kopje onder. Ze hadden ons te veel laten redeneren en te veel bijgebracht!

Ik heb nooit een leraar ontmoet die ons, door zijn houding, het plezier van studeren bedierf. Ze stimuleerden onze nieuwsgierigheid. Ze kakelden niet, maar onderwezen ons. Er bestond toen nog geen dogmatisch gelijkheidsdenken. De Cultuurfilosofische vorming die we genoten was van zo'n hoog niveau dat slechts de besten het laatste jaar konden beëindigen. Wie niet volgen kon, moest naar een andere school waar wél gekakeld werd. Onze adolescente hersenen werden getraind om optimaal doorheen complexe situaties te navigeren. De ambitie van de leraars bestond erin ons vooral op intellectueel vlak hogerop te doen klimmen, en niet alleen in de sport of allerlei kunsten. Nooit was het hun bedoeling verschillen qua intellectuele prestaties weg te nivelleren. Integendeel! Ze wilden dat we excelleerden door hard en veel te studeren. Voor sommige kameraadjes moet het verschrikkelijk geweest zijn zich te realiseren dat hun cerebraal meubilair tekortschoot. Iedereen had wel zijn capaciteiten en interesses, maar er heerste een intellectuele rivaliteit. Soms streefde ik ernaar de beste zijn. Het is me nooit gelukt. De anderen waren gewoon intelligenter. Maar iedereen in klas bleef iedereen ondersteunen wanneer zich zware begripsproblemen voordeden. Noch het genie dat ongecoördineerd voortbewoog, noch die andere begaafde kameraad met een handicap mochten falen tijdens de gymlessen. Iedereen vloog, klom, kroop of werd uiteindelijk over de gymbok gesleurd. De turnleraar had het niet aangedurfd onze twee uitzonderlijk getalenteerde klasgenoten een onvoldoende te geven voor hun aangeboren fysische tekortkomingen. In mijn sportieve ijdelheid vloog ik tijdens het examen ooit hoog boven iedereen uit, landde verkeerd, verstuikte mijn enkel en was voor die éne keer niet de beste in sport. In de andere vakken vloog ik nooit zo hoog en verstuikte dus nooit mijn hersenen.

In de laatste drie leerjaren van deze school tot volwassenheid werden meerdere Grieks-Latijnse klassiekers gelezen en besproken. Ik had vooral interesse voor teksten van de oude Grieken: *Aristoteles, Demosthenes, Herodotus, Homerus, Plato, Socrates, Sophocles, Thucydides en Xenophon*. Ze boeiden me meer dan Latijnse auteurs als *Livius, Vergilius, Horatius en Ovidius*. Toch kregen de redeneringen en maximes van *Cicero* uiteindelijk mijn voorkeur. Via de lectuur van deze schrijvers en filosofen begreep ik dat *niets vanzelfsprekend is*. Het gebod *ken uzelf* spoorde aan tot *bescheidenheid*. De teksten wekten mijn verwondering omdat ik stilaan begon in te zien dat *de werkelijkheid steeds veel complexer is dan ze wordt voorgesteld*.

Dankzij de analyse van oude wijsgerige teksten besefte ik dat *de vele behoeften en het gedrag van mensen zeer weinig veranderen*. Het was wijs me vroegtijdig te realiseren dat mensen *gewoontedieren* zijn gebleven en dat een bepaald soort mensen steeds dezelfde soort blijft opzoeken. De basisprincipes van het leven, namelijk ambitie, macht, ijdelheid, oorlog, dominantie, liegen, bedriegen, zwijgen, geldzucht, brood en spelen, seks en liefdesperikelen, zijn op heden nog geen jota veranderd. Integendeel! De volwassen mens blijft een raar beest met talrijke verraderlijke aspecten. Nooit was het voor mij mogelijk iemand perfect te leren kennen. En bovendien, zoals mijn grootvader vaak herhaalde, laten *slimme mensen nooit in hun kaarten kijken*, maar verkiezen ze zich te hullen in een *waas van mysterie*. Het is maar beter ook. Mochten we de inhoud van elkaars korfje door en door kennen, dan zouden kameraadschappen en relaties vrijwel uitgesloten zijn. Niemand kent de duivel op mijn linkerschouder en zelf heb ik hem nog niet helemaal doorgrond. Ik schrik altijd wanneer hij verschijnt, maar het stelt me gerust dat men slechts de engelbewaarder op m'n rechterschouder ziet.

Ik heb veel onthouden over de hoofdzonden en wat je uiteindelijk op je kerfstok mag hebben om toch bij oppergod Zeus op de Olympusberg terecht te komen. Ik herinner me er zeven. In drie ervan ben ik gespecialiseerd. Ja, ik ben *ijdel* (Superbia). Ja, ik bezit *lustgevoelens* die tot grote onkuisheid leiden (Luxuria). Ja, ik beheers de kunst om woedend te worden en *wraak* te nemen (Ira). Wellicht zijn deze speciale eigenschappen de oorzaak waarom ik tijdens de voorbije 600 levensmaanden vrij regelmatig een dolksteek in mijn rug mocht ervaren. Zij die deze uitvoerden leden ook aan de andere hoofdzonden. Eigenaardig genoeg erfde ik geen genen die hebzucht, geldgewin of gierigheid in me aanwakkerden (Avaritia). Afgunst en jaloezie (Invidia) zijn me totaal vreemd. Van Joost van den Vondel heb ik onthouden dat de afgunstige Lucifers in onze maatschappij op anderen wraak nemen wanneer ze zich realiseren dat ze in hun leven zelf niets gepresteerd hebben. Ik heb daarentegen niet de minste moeite om goede kwaliteiten in anderen te eren. Het moet te wijten zijn aan een verkeerde kronkel in mijn hersenen. Mijn fysieke verschijning heb ik slechts bij momenten verwaarloosd, maar ik ging me zelden te buiten aan gulzigheid, drank- en vraatzucht (Gula). Mogelijke genen die tot traagheid, luiheid, inefficiëntie en gemakzucht (Pigritia) hadden kunnen leiden, werden door mijn mama en grootvader met mokerhamers murw geslagen tot er geen greintje meer van overbleef. Misschien ontwikkel ik op leeftijd wel een of ander neurodegeneratief hersenletsel dat mijn ijdelheid, lust- en wraakgevoelens als sneeuw voor de zon zal doen smelten. Misschien laten ze me dan toch binnen in het koninkrijk der hemelen en mag mijn vriend op mijn linkerschouder ook mee op reis en dit alles zonder dat men erin slaagt mij de *tirannie van het positieve denken* op te dringen.

Inmiddels is veel van de aangeleerde schoolse kennis achterhaald. Maar de drang naar grondigheid en kritische reflectie is me voor immer bijgebracht. Bij zijn afscheidsspeech drukte de directeur ons nog een laatst wijsheid op het hart:

"Up to you om er een succes van te maken. Het zal niet van-zelf komen. Er is een factor geluk nodig. Probeer de juiste keuzes te maken en denk maar niet dat je het toeval te slim af kunt zijn. Het zij jullie allen gegund!"

Mijn verder leven werd grotendeels *door het toeval bepaald*. Mijn beroepskeuze voor geneeskunde heb ik te danken aan mijn familie. Het lot was me wel gunstig gezind toen ik bewust een meer wetenschappelijke carrière ambieerde. De selectie was nooit te moeilijk. Moeilijk karakter, hard werken, volharden in moeilijke tijden en ijzeren zelfdiscipline waren de vereisten. Het feit dat ik het schrijven van dit boek een noodzaak vond, werd door het lot bepaald. Het klinkt ook zeer eigenaardig, maar al heel vroeg had ik het voorgevoel dat er in mijn leven ingrijpende dingen zouden gebeuren. Ik liep nu eenmaal niet in de pas en zelden slikte ik wat me door wie dan ook als juist werd voorgeschoteld. Ook was ik ervan overtuigd dat ik ooit iets uitzonderlijks zou presteren, dat ik ooit iets zou beschrijven wat nog onbekend was, of dat ik zou meewerken aan de ontwikkeling van iets nieuws.

1967

OUD-ROMEINSE GESCHIEDSCHRIJVER TITUS LIVIUS EN HANNIBAL

In mijn dagboek noteerde ik een eerste uniek collegefeit. Op 16-jarige leeftijd werd ik verplicht tijdens de Paasvakantie iedere dag op het college aanwezig te zijn. Deze strenge straf werd me opgelegd omdat we er tijdens een godsdienstles in geslaagd waren de priester-leraar een zenuwinzinking te bezorgen. In verband met het nieuwe testament wisten we reeds dat er destijds in kloosters veel geknoeid werd om de inhoud van de brieven en evangeliën van de apostelen Mattheüs, Marcus, Lucas en Johannes aan de toen heersende doctrine aan te passen. De inhoud kwam niet meer overeen met wat er oorspronkelijk in de Egyptische papyrusrollen was opgetekend. Op onze leeftijd, waarop we kritisch begonnen na te denken, kon het voor de meesten niet meer dat we gedurende twee uur per week uitsluitend de woorden en handelingen van Jezus voorgeschoteld kregen. Maar de priester bleef zich gedragen als een orthodoxe fundamentalist en dat botste met de tijdsgeest van de sixties. Om mijn kameraden een pandoering op het thuisfront te besparen nam ik alle verantwoordelijkheid voor mijn rekening.

Het enige in dit voorval waarvan ik nog steeds spijt heb, is dat door deze straf ook mijn mama in de brokken deelde. Mama had mij gedurende die paasperiode als fulltime werkkracht nodig in haar horecazaak. De maatregelen die zij daarna trof naar aanleiding van dit incident waren stukken pijnlijker dan de schoolstraf. Tijdens de vakantiezomermaanden werd mijn vrijheid drastisch ingeperkt.

Anderzijds was dit de interessantste straf uit mijn collegetijd. De opdracht bestond erin grote uittreksels uit *Ab Urbe Condita* (*Vanaf de Stichting van de Stad*) van de Romeinse historicus *Titus Livius* (59 v.Chr.-17 n.Chr.) te vertalen. De tekst beschreef de karaktermoord op Hannibal. Maar door supplementaire lectuur had ik de indruk dat Livius in zijn relaas geenszins een correcte interpretatie bracht van de hoofdpersoon tijdens de tweede Punische oorlog (218-201 v.Chr.). Omdat Rome grote schrik had van Hannibal werd hij door Livius eerst opgehemeld omwille van zijn intelligentie en strategische bekwaamheden. Eénmaal Hannibal verslagen, mocht de Romeinse veldheer Publius Cornelius Scipio met de pluimen gaan lopen en werd Hannibal plots omschreven als onbetrouwbaar, gemeen en wreedaardig. De teksten lieten mijn inziens ook verstaan *hoe hypocriet een mens kan zijn wanneer hij de kennis en goedheid van een ander niet kan verkroppen*. Of zoals *François de La Rochefoucauld* (1613-1680) het mooi omschreef:

> *"Hoe een mens toch zo graag zijn gal spuwt op diegenen die met kop en schouder boven hem uitsteken."*

Gezien de zwaarte van de schoolstraf weigerde ik pertinent mijn creatieve vertaling en naarstig opzoekingswerk aan de leraar en de directeur voor te leggen zonder enige compensatie. Hun initieel leedvermaak zou nu het mijne worden. In een eerste beleefd verzoek dat wellicht als een eis moet overgekomen zijn, vroeg ik hen om tijdens een godsdienstles tekst en uitleg te geven over de belangrijke boodschap die ik in Livius' tekst meende begrepen te hebben. Geen van beide leraren had die Latijnse teksten blijkbaar zelf ooit grondig geanalyseerd. Anderzijds had ik voor de directeur een gedetailleerde lijst met grammaticale problemen in verband met Latijnse verbuigingen en vervoegingen opgesteld en die moesten ook verklaard worden.

In het college waren mijn medestudenten inmiddels van alles op de hoogte en had ik de vertaalde tekst stiekem talloze keren met de stencilmachine vermenigvuldigd en ook uitgedeeld (fotokopietoestel bestond toen nog niet). Mijn prestige steeg zienderogen mede omdat mijn medestudenten wisten dat ik voor niets in de wereld zou buigen. Hoe ze het in de lerarenkamer aan boord hadden gelegd, interesseerde me niet, maar mijn verzoek werd na zes weken ingewilligd. Ik ben er nog steeds van overtuigd dat het voltallig lerarenkorps zich de moeite heeft getroost mijn prozaïsche vertaling te lezen en dat velen onder hen hun hersenkronkels hebben aangesproken.

Het werden twee van de boeiendste godsdienstlessen ooit. De godsdienstleraar kreeg een staande ovatie. Ik schonk hem bloemen en verontschuldigde me publiekelijk. Hij is zijn zenuwinzinking zonder pillekes te boven gekomen en zijn resterende lessen werden ook wat wereldser. Het resultaat van mijn straf was voor de meesten een verrijkende belevenis tot op het moment van het schriftelijk examen. Nieuwe hypocrieten staken de kop op en verkozen vooral punten te behalen door de vragen met een louter christelijke interpretatie te beantwoorden. Onderaan op mijn examenblad schreef ik ter herinnering: *proficiat mijnheer. U bent geslaagd*! Ik slaagde slechts op voldoende wijze.

1969

LERAAR LATIJN-GRIEKS EN DEMOSTHENES

De leraar-priester en tevens klastitularis van het laatste jaar La-tijn-Grieks heeft het mij nooit vergeven. Ik heb het hem ook nooit vergeven. Ondanks zijn strengheid was hij een zeer geliefde docent. Hij genoot de reputatie een uitstekende en stimulerende lesgever Latijn, Grieks, kunstgeschiedenis en godsdienst te zijn. Gedurende dertien uur per week waren we één en al oor voor zijn verhelderende en leerrijke uiteenzettingen. Ik kon zijn betogen perfect volgen, maar na twee maanden hield ik het voor bekeken. De rest van het jaar degradeerde ik me voor hem tot een koppige en compleet passieve leerling en in het grootste geheim bereidde ik mijn wraakactie voor. Ik diende mijn moment suprême af te wachten, want het zou niet makkelijk worden een meerdere voetje te lichten.

Oud-Grieks was een van mijn lievelingsvakken. Alle voorgaande jaren behoorde ik voor dat vak tot de top vijf van een fenomenale klas met superintellectuele rakkers. Ik was maximaal gemotiveerd om ook in dit jaar voor Oud-Grieks bijzonder hoog te scoren. Gedurende twee maanden had ik veel studietijd gespendeerd om de grammatica, zinsconstructies en betekenis te doorgronden van de 'Eerste Philippische redevoering' die De-mosthenes (384-322 v.Chr.) in de senaat uitsprak. Het waren de tijden ná de 'Wereld van Homerus' (de 'Ilias') en ná de Perzische oorlogen waarin de Spartaan Leonidas (ca. 530-480 v.Chr.) en de Athener Themistocles (ca. 524-459 v.Chr.) beroemdheden werden. Het waren eveneens de jaren waarin de stadsstaten Athene, Sparta en Thebe onderling strijd voerden om de hegemonie van het Oude Griekenland, terwijl Philippos II van Macedonië (382-336 v.Chr.) en zijn zoon Alexander de Grote (356-323 v.Chr.) vanuit Macedonië op de loer lagen om een einde te maken aan de Griekse onafhankelijkheid, wat ook geschiedde in de slag van Chaironea (338 v.Chr.).

Ik aanzag de thema's in de redevoering van de welbespraakte politieke redenaar Demosthenes als een verwittiging voor *de kleingevoeligheden die het samenleven onder mensen bemoeilijken*. In een toenemende agressieve stijl verweet hij de Atheners hun onverschilligheid, daar ze maar niet wilden inzien dat ze het slachtoffer zouden worden van de veroveringsdrang van de 31-jarige Philippos II. Verwoed poogde hij van Athene een centrum van georganiseerd verzet te maken en liet vooral verstaan dat:

> *"(1) Velen praten, zelf nooit iets uitrichten, maar hopen dat anderen in hun plaats zullen optreden en handelen, (2) het beter is gevreesd te worden dan geliefd te zijn omdat men zich koest houdt wanneer men iemand vreest, (3) men toch zo graag roddelt en geheimen aan anderen doorgeeft, (4) men niets hoeft te vrezen als men steeds oplet, (5) mensen aan het bewind liever compromissen sluiten dan hun eerlijke eisen door te duwen, en (6) men liever vasthoudt aan zijn routine dan nieuwe concepten te overwegen."*

Demosthenes benadrukte verder dat:

> *"(7) Men zich degelijk moet voorbereiden vooraleer te beslissen iets uit te voeren, (8) men slechts mag oordelen wanneer men alles gehoord heeft en inzicht kreeg en dus niet te snel op zaken mag vooruitlopen, en (9) het de moeite loont zich voor iets in te zetten."*

Ik vond die Demosthenes een kanjer van een gast, maar vond het jammer dat de Atheners hem vroegen zichzelf te vergiftigen omwille van zijn wijze inzichten. Als ambitieuze idealist voelde ik me perfect terug in zijn hierboven vernoemde beoordelingen. Hij verdedigde zijn eigen opinie zonder zich te laten leiden door die van de massa, en vertoonde daarenboven sterke en oprechte emoties zoals spot, toorn en verontwaardiging.

Bij onze eerste ondervraging over deze teksten, kreeg ik een schamele 7/20. Mama stond perplex, vroeg me hoe dat mogelijk was en vreesde een ernstige reactie. Ik verklaarde mijn resultaat als een pure *oog-om-oog, tand-om-tand-houding* voor het onrecht dat ik twee jaren eerder zijn jongere collega-godsdienstleraar berokkend had.

Achteraf tijdens de gezamenlijke correctie in klas bleek dat ik, op enkele details na, alle vragen correct beantwoord en ook de interpretatie in juiste termen weergegeven had. Ik had minstens een 17 verdiend. Bij mijn medestudenten ontstond een zekere verontwaardiging en ze voelden aan dat dit niet zonder gevolgen zou blijven. Ik werd woedend en beloofde de leraar luidop dit onrecht bij iedere gelegenheid te zullen wreken. Ik verliet de klas en vatte post voor het lokaal van de leraren die snel begrepen dat ik deze publieke vernedering niet zomaar zou slikken. Ongelooflijk ontgoocheld en op zoek naar een eerlijke verantwoording van zijn kant, stormde ik een paar dagen later na keihard gebonk en zonder wachten de studeerkamer van de priester binnen.

"En? Nog iets anders in petto, meneer? Zeg het me nu maar!"

Compleet verrast, reageerde hij slechts schouderophalend en bleef als een machtswellusteling op me neerkijken. Ik voelde aan dat hij zelfs in staat was mij op het einde van het jaar voor de tweede zittijd te laten terugkeren. Gelukkig realiseerde ik me dat het vereist was me bijzonder goed voor te bereiden voor elk van zijn vier vakken. Eén factor waarvan hij niet op de hoogte was, zou in zijn nadeel spelen. Op die leeftijd bezat ik reeds het vermogen ongelooflijk veel uren te kunnen spenderen aan zelfstudie. Alleen mijn mama wist dat. Ze voelde aan dat er zich vervelende situaties zouden voordoen omdat ik me in toenemende mate en te intens op zijn vakken toelegde.

"Ik ga hem met zijn eigen wapens verslaan, mama!" waarschuwde ik haar.

Ik ging steeds meer naar de vrije bibliotheek en zocht allerlei gerelateerde lectuur op. In mijn dagboek schreef ik iets wat geïnspireerd was op de lyrics van het album van *Boudewijn de Groot* '*Voor de Overlevenden*' uit 1966:

> *"Ik bleef een mooi ideaal koesteren dat hij niet fijn zou vinden. Hij kon wel blijven dreigen, maar ik hoefde niets meer te krijgen. Hij zou me niet dwingen groot te worden met diepe spijt. Maar ik zou geduldig wachten om hem te kunnen versmachten."*

Het werd een jaar waarin ik de grote waarde van onverschilligheid leerde appreciëren. In deze vier belangrijke vakken diende hij mij tijdens de lessen niets meer te vragen. Ik zag hem niet en keek hem niet meer aan, stond niet meer recht toen hij de klas binnenkwam, hoorde hem niet en luisterde niet naar hem, en schreef ook nooit de straffen die hieruit voortvloeiden. Hij bestond gewoon niet meer tot mijn moment zou aanbreken. Ik respecteerde mijn medestudenten en bleef daarom ook bijzonder rustig tijdens al zijn lessen. Voor alle andere vakken was ik een en al enthousiasme. Ik zou die man schaakmat zetten en bereidde me thuis als een bezetene voor op zijn examens. Hij moet het aangevoeld hebben, want ook tijdens de regelmatige schriftelijke ondervragingen bleef ik hem irriteren. Omdat de te behalen punten voor elke vraag vooraf bekend waren, vulde ik juist iets meer in dan wat nodig was om met zekerheid de helft te bekomen. Ik las de resterende vragen, lachte luidop, wist wat ik moest invullen, maar schreef slechts de essentialia op. Je wist maar nooit als ik iets blanco zou laten! Omdat ik op het antwoordformulier ook nog een flower-power-bloempje tekende, mocht ik het telkens opnieuw gaan uitleggen bij de directeur. In toenemende mate genoot ik van mijn rebellie waartegen ze geen wapen vonden. Mijn leedvermaak werd met de maanden intenser omdat ik inmiddels steeds gemakkelijker belangrijke supplementaire informatie kon vinden en deze steeds efficiënter leerde analyseren en samenvatten. In dit laatste jaar maakte ik me de kunst eigen logische schema's op te stellen om het studeren makkelijker te maken. Mijn Griekse buis bleek achteraf dé ideale voorbereiding op mijn universitaire studies. Ik blijf *Demosthenes* voor eeuwig dankbaar.

De eerste krachtmeting deed zich acht maanden later voor tijdens de laatste godsdienstles. Ik was 18 jaar en genoot met volle teugen van de sixties. Mijn haar had ik welig laten groeien. Ik had me voorgenomen mijn vergelding niet te laten kleuren door een laffe daad, maar wel zichtbaar voor iedereen, en zo vernederend mogelijk. In de latere lessen medische fysiologie leerde ik dat wraak de activiteit in de voorste hersengedeelten stimuleert om een aangenaam en voldaan gevoel op te wekken, net zoals dit ook ervaren wordt tijdens de bevrediging van lustgevoelens. Na de zoveelste uiteenzetting over de Pauselijke Encycliek van het tweede Vaticaans Concilie van Johannes XXIII (1881-1963), had de leraar het, zoals dat toen in de colleges gebeurde, in zijn allerlaatste les godsdienst over de essentialia van de liefde. Het was inderdaad tijd dat de kerk afstapte van haar ultraconservatieve, door de hiërarchie gedicteerde standpunten en wat democratischer werd. Voor de zoveelste keer probeerde de priester-leraar mijn koppig stilzwijgen te doorbreken.

> *"Jij daar, op de eerste rij, wat is jouw belangrijkste doel in je leven?"* vroeg hij uitdagend.

Tot eenieders verbazing stond ik voor het eerst sinds maanden zonder enige aarzeling recht en zei zeer overtuigend:

> *"Mijnheer, alles hangt ervan af of je geloof hecht aan een menselijk veeleer dan aan een bovenmenselijk leven."* Mijn kameraden waren met verstomming geslagen.
> *"O ja?"* vroeg de leraar diep verwonderd.

Mijn ultiem moment was aangebroken.

"Wel, meneer, ik denk daarbij aan het onderscheid tussen enerzijds pure lust met het al dan niet toevallig doorgeven van genetisch materiaal, en anderzijds aan de verfijnde beheersing van de kunst der erotische liefde. Het doel van deze kunsten, meneer, is maximaal te leren genieten van lust, begeerte en genot met één of meer vriendinnen!"

"En welk van beide levensdoelen is dan het belangrijkste?" vroeg de leraar, die zijn zelfbeheersing aan het verliezen was.

"Beide zijn even belangrijk, meneer. Maar ik zal veel moeten oefenen wil ik de top bereiken!"

"Zoals de Romeinen dan? Slechts brood en spelen?" repliceerde hij nog geïrriteerder. *"Meneer, kent u de Latijnse toneelschrijver Terentius (ca. 195-159 v.Chr.)?"*

"Ja, waarom?"

"Sine Cerere et Libero, friget Venus", daagde ik hem verder uit.

"Watdatte?"

"Ik zal het voor u even vertalen, meneer! De liefdesgodin krijgt het koud zonder de broodgodin Ceres en zonder de wijngod Liber," provoceerde ik hem verder.

"Ha, brood en wijn?"

"Maar niet wat u bedoelt, meneer."

"O nee?" werd het nog kriebeliger.

"Neen, meneer! U zou toch moeten weten dat lekker eten en een glaasje wijn het preludium vormen tot een vrijpartij. En de vrije seks, meneer, is nu sinds kort ook mogelijk geworden dankzij de pil die recent uitgevonden werd!"

In de klas werd het muisstil. Men was het sinds geruime tijd gewoon dat ik in zijn lessen lui op mijn stoel mijn lippen stijf op elkaar hield, maar niemand was op de hoogte dat ik me goed had voorbereid. De toon in de klas was gezet, en ik mocht mijn stellingen verder gaan becommentariëren bij de directeur.

Ongeïnteresseerd aanhoorde ik zijn uitleg en werd huiswaarts gestuurd met het ludieke verzoek *een relevante Latijnse tekst* naar keuze te vertalen. Kort voor de eindexamens had ik niet veel tijd om te zoeken, maar vond toch een snijdende repliek. Met de hulp van een oudere universiteitsstudent Klassieke Filologie, die bij mama regelmatig als kelner opdiende, memoriseerde ik twee epigrammen van Martialis.

Het vak kunstgeschiedenis werd schriftelijk afgelegd, en hierbij kon nooit discussie zijn over mijn antwoorden, zelfs met een *flower power-groet* op het einde. Voor de overige drie mondelinge testen, die ik steeds in aanwezigheid van een medestudent aflegde, was ik bijzonder zenuwachtig. Ik had geen schrik, maar vroeg me af of mijn intense voorbereidingen zouden volstaan. Kennis is macht, maar had ik alles wel goed begrepen? Ik herinner me nog de aartsmoeilijke vragen voor Grieks. Ik ondervond echter weinig problemen om te verwijzen naar de vele artikels van de spraakkunst die ik door mijn niet aflatende studie bijna van buiten kende. Ook kon ik probleemloos de nodige uitleg geven bij de *Politika* van *Aristoteles*, de *Aristides* van *Plutarchus*, de *Peloponesische Oorlog* van *Thucydides*, de *Apologie* van *Plato*, en de *Wespen* van *Aristophanes*. Ik was vertrouwd met de lyriek van *Mimnermos* en *Sappho*, en verwees zelfs naar wat we in de Franse lessen hadden opgetekend over *Montesquieu* (1689-1755) en *Albert Camus* (1913-1960). Op zijn laatste vraag over *Pindaros* (518-438) begon mijn hoofd te zweven:

> *"Wezens van één dag, meneer? De mens is maar een wezen van één dag! De droom van zijn schaduw. Meer is de mens niet!"*

Toen ik mocht opkrassen, oreerde ik nog ongevraagd *Anakreoon* (582-485 v.Chr.):

> *"Als ik drink, als ik drink de zachte zoete wijn dan slapen al mijn zorgen. Last en kommer, elke dag, zorg en zweet,*

waartoe? Sterven zal ik, dat staat vast, ook al is het niet onmiddellijk mijn wens. Waarom 't leven dan rekken, ijdel steeds en zonder nut? Laat mij drinken, immer drinken en steeds alleen, want bij 't ledigen der bekers verdwijnt al wat het hart beklemt."

Ik boog voorover als een Jap, sloot de deur van het klaslokaal en liet de priester-leraar murw achter. Mijn collega-medestudent verschoot zich eveneens een bult. Mama vroeg een beetje zenuwachtig hoe het geweest was. Ik knipoogde. Ze begreep het.

Voor het examen godsdienst, twee dagen later, was ik eveneens uitstekend voorbereid. Ook hier waren de vragen aartsmoeilijk. Toen hij opnieuw vroeg naar het belangrijkste doel van mijn leven, herhaalde ik doodgewoon mijn gekende stellingen. Toen hij opnieuw tekenen van irritatie vertoonde, ging ik naast mijn collega-student fier rechtop staan, toverde vanonder mijn trui mijn flower-powerhemd tevoorschijn en verwees naar de destijds verboden boeken *De Geurige Tuin* van *Sjeik Nefzawi* en *Madame Bovary* van *Gustave Flaubert* (1821-1880) Ik had ze stiekem van mijn moeder ontleend. Het gezicht van de man leek alle emotie te verliezen toen ik nu rechtstaand en vol overtuiging doorging:

"Meneer, in de beroemde Arabische sekshandleiding uit de 15de eeuw wordt aangetoond dat alle lichamelijke en geestelijke lustervaringen ook op een verstandige en beheerste manier kunnen bereikt worden. Zelfs al is seks in uw christelijke optiek wellicht vies en verwerpelijk, weet dan dat het voor Nefzawi een geschenk is uit de hemel, die toch ook uw uiteindelijke verblijfplaats zou kunnen zijn."
"En meneer, wie, zoals Madame Bovary, hopeloos gestrand is in een huwelijk, die zal van nature hunkeren naar een buitenechtelijke affaire. Het liefst in een koetsje waar de liefde hartstochtelijk geconsumeerd wordt tot alle bloemetjes zijn buitengezet."

"En meneer, wanneer mijn leven volkomen uitzichtloos is geworden, en ik mijn tijd moet verbeuzelen aan dromen die allemaal op een sisser blijven uitlopen, dan zal er geen andere uitweg meer zijn dan eruit te stappen."

Het deed allemaal niet veel ter zake. Ik eindigde met de stelling waarmee de leraar mij ooit had terechtgewezen:

"Filosofie kan geïnterpreteerd worden naar eigen smaak en voorkeur."

Ik groette zoals gewoonlijk en verliet het leslokaal. Thuis kreeg mama een tweede knipoog.

Latijn was mijn allerlaatste examen op 't college. Ook hier ondervond ik, eigenaardig genoeg, weinig problemen; kon de voorgelegde teksten vrij vlot vertalen en meer dan behoorlijk verklaren. En toen de priester-leraar me vroeg welke tekst ik had opgezocht en vertaald, diende ik hem – opnieuw rechtstaand – de genadeslag toe. Omdat ik zeker was van mijn punten, werd de finale vergelding voltrokken:

"Meneer, u hebt me compleet ten onrechte gestraft. Daarom zocht ik een epigram van Martialis op die op u van toepassing is."

Zoals gewoonlijk, maar nu meer uit respect voor mezelf, proclameerde ik in volle overtuiging:

"Indien ik me goed herinner, meneer, had je (in 't begin dit leerjaar) vier tanden. Tijdens je (wraakzuchtige) hoestbuien verloor je er telkens twee. Vanaf nu kan je iedere dag veilig blijven verder blaffen [Si memini, fuerant tibi quattuor, Aelia, dentes: expulit una duos tussis et una duos. Iam secura potes totis tussire diebus, nil istic quod agat tertia tussis habet]."

Het werd mission impossible toen hij vroeg me nog stante pede te verontschuldigen. Ik verliet de klas en zong een refreintje van Jacques Dutronc:

"Sept cent millions de chinois. Et moi, et moi, et moi! Avec ma vie, mon petit chez moi, mon mal de tête, mon psi. J'y pense et puis j'oublie. C'est la vie, c'est la vie!"

Ondanks een striemende brief naar mijn mama, die ik slechts in de nooit geopende enveloppe terugvond na haar overlijden, en alle heibel die hieruit ontstaan was, werd ik door mijn kameraden gevraagd om op de laatste schooldag de afscheidsrede uit te spreken. Het prikkelde me om nu ook voor alle ouders de tekst die we samen opgesteld hadden, voor te lezen ... maar toch met een eigen accentje. Na de traditionele inleiding en dankwoorden aan allen die ons zoveel kansen geboden hadden, stak ik van wal, weliswaar niet in mijn hippie flower-power-hemdje, maar wel met lange haren:

"Aut inveniam viam, aut faciam! Vind ik de weg niet, dan maak ik hem wel. In 'ons' college leerden we studeren, kritisch nadenken, subtiele details ontdekken, en ons esthetisch cultureel geheugen ontwikkelen. Het kan (met nadruk op 'kan') de basis vormen voor ons moreel en historisch perspectief. Hopelijk slikken wij niet alles wat ons nog voorgeschoteld zal worden, maar blijven we onze inzichten hervormen. Allen leerden we hier excelleren. Zo willen we verder doen. Alleen weten we nog niet hoe, en evenmin of het zal lukken. Vinden wij onze juiste weg niet, dan hopen we er toch iets van te maken." En dan na enkele seconden stilte, voegde ik er aan toe:
"Spijtig dat er leraren bestaan die slechts wilden wat ik niet wilde! Avé!"

1969

DE IDYLLISCHE STRANDCABINE

Tijdens de zomermaanden van dat heerlijke jaar 1969 ontstond een toenemend verlangen mijn ontluikende seksualiteit te exploreren. Uiteraard had ik reeds wat plaatjes gezien waarop alles afgebeeld stond. Stiekem koesterde ik de hoop de pracht van het vrouwenlichaam in z'n natuurlijke staat te mogen ontdekken. Op het strand had ik vastgesteld dat bakvisjes zich snel omkleedden tussen strandcabines op wielen nadat ze de tussenruimte vooraan en achteraan hadden afgesloten met handdoeken. Ik besloot mijn ontdekkingstocht te starten onder het gegalvaniseerde onderstel van één van die cabines waaronder ik me kon verbergen. Om de indruk te wekken dat de cabine bezet was, dichtte ik vooraan de zones tussen de trappen met een paar gekleurde handdoeken. Uitgestrekt op m'n rug wachtte ik rustig af. Mijn geduld werd beloond, maar het vermetele avontuur was van korte duur. Vol verwondering kon ik enkele vrouwelijke bilrondingen en venusheuveltjes aanschouwen. Maar bij het oprapen van haar kleren ontdekte eentje mijn schuilplaats. Het geschrokken bakvisje slaakte een paniekkreet, schopte zand in mijn ogen en verdween in galop.

In een andere, rustigere zone van de badplaats waren de sport- en recreatiemogelijkheden voor de jeugd beperkter in aantal. Hier genoten vrouwen van middelbare en oudere leeftijd op gezapige wijze van de zon. In zwembroek en zonder enige schroom nam ik op identieke wijze opnieuw plaats onder de aan elkaar palende cabines. De rijpere dames die 's morgens bij mama het ontbijt nuttigden, moeten mijn naïeve manier van bespieden uitdagend gevonden hebben. Het opende hen onverhoopte perspectieven om nog enkele verdoken fantasieën te realiseren. In

elk geval bleken ze geenszins tot het type te behoren dat binnen de lijnen der maatschappelijke welvoeglijkheid wandelde. Elk om beurt deden ze al het mogelijke om zo lang mogelijk in mijn vizier te blijven.

Niemand onder hen maakte aanstalten om krijsend op te krassen. Mijn ogen deden zich in crescendo tegoed aan het onverwachte spektakel van hun slappe billen en reeds gerimpelde rondingen. Tussen hun met spataders bedekte dijbenen richtte m'n blik zich op immense venusheuvels versierd met ettelijke korte gekrulde haartjes. Door uitdagend en ostentatief door hun knieën te buigen, daagden ze mijn adolescentenonschuld uit. Ik verstomde telkens wanneer de lipflappen van hun rimpelige flamoezen zich openden en een weelde aan verborgen hoeken tentoonspreidden. Omdat ze geenszins hun vleselijke lusten bedwongen, bevrijdde dit rechtstreeks schouwspel me uit mijn kindertijd. Gelukkig had mama me nooit op het hart gedrukt niets aan te nemen van volwassen vrouwen. Maar in zijn *La vie des dames galantes* schreef *Pierre Brantôme* (1540-1614) ooit dat:

> *"... toute belle femme s'étant une fois essayée au jeu d'amour ne le désapprend jamais."*

Versierd door aantrekkelijke bikini's maakten de volle rondingen van deze vier vrolijke vrouwen een bijzonder uitnodigende indruk. In hun gehuurde strandcabine met windschermen die hun privéruimte afbakenden, konden ze ongestoord hun naaktheid aan de warme zonnestralen blootstellen. In m'n enthousiasme ging ik graag in op hun verzoek hen wat gezelschap te houden. Ondanks het leeftijdsverschil waren hun charmes overweldigend. Hoewel ik het allemaal nog niet helemaal snapte, lieten ze via overduidelijke signalen blijken wat hun intenties waren. Hun verlangen naar jong en krachtig mannelijk gezelschap ervaarde ik nooit als seksuele intimidatie. Naast vriendschap boden ze me telkens een cola en een choco-ijsje. Ik vroeg niet naar hun namen, en wilde ook niet weten wie ze waren of wat ze deden. Had ik het wel geweten, dan was het nooit zo boeiend geweest. Ze vertelden lieve dingen over hun leven. Altijd hadden ze geprobeerd fatsoenlijk te leven, zo weinig mogelijk iemand tot last te zijn en te helpen waar het kon. Het klonk zeer overtuigend. Ze overdreven, maar ik had het niet door. Het was te mooi om waar te zijn, maar ik had nog geen kennis van die truc. Ik kon me dus niet vergissen en mijn blauwe ogen bleven hen aanstaren. De aantrekkelijke dames hadden niets van hun jeugdige idealen verloren. Even mocht ik proeven van de smaak van hun stimulerende sigaretten-met-speciale-smaak. Op hun bandrecordertje weerklonk herhaaldelijk *Lucie in the Sky with Diamonds* van *The Beatles*. Van marihuana had ik nog nooit gehoord, maar ik voelde me goed:

> *"I pictured myself in a boat on a river with tangerine trees and marmalade skies. They were girls with kaleidoscope eyes. Cellophane flowers of yellow and green towered over my head."*

De ervaren dames wilden me aanleren hoe ik op een aangename en vlotte manier de ladder van genot en wellust kon bestijgen. Destijds had ik zonder de minste moeite de Tien Geboden van de H. Kerk klakkeloos van buiten geleerd. Ik wist dus heel goed wanneer ik er eentje zou overtreden. Maar met het zesde en negende gebod betreffende onkuisheid had ik, met uitzondering van het paapse pedofiele geflikflooi in het Gentse college, geen persoonlijke ervaring opgedaan. In mama's bibliotheek had ik de vertaling van een Oud-Griekse tekst gelezen waarin *Apollodorus* (ca. 186-115 v.Chr.) een klacht tegen Neaira behandelde. Neaira was een prostituee die het had aangedurfd de seksladder te bestijgen in Athene waar mannelijke biseksualiteit overheerste. De tekst handelde over technieken om de seksuele drift tot een goed einde te brengen en hoe men zich diende te verenigen met een sekspartner. Maar de mystiek van dit mysterie kon ik nog niet vatten. De *eerste sekstrede* in de *ars amandi* kon ik me reeds goed voorstellen. Men mocht geen schrik hebben om te bekoren en te verleiden. Eenmaal aan de slag, mocht men niet opgeven en zeker niet wanneer de partner ook tekenen van wellust vertoonde. Ogen konden het lustgevoel opwekken en daarom moest je zeker blijven lachen. Babbelen was toegelaten. Wie de liefdesdienst verder wilde verzorgen, moest dan aan kussen denken. Dit was het moment waar de grenzen van schroom en schaamte zouden blootgelegd worden. Lippen mochten elkaar maar eventjes aanraken. Mochten de monden zich openen, dan kregen tongen de toestemming elkaar te trotseren. Door elkaars tong te kussen, zouden fantasieën en intensere verlangens ontstaan. De *tweede sekstrede* verklaarde hoe men het voorspel diende te intensifiëren. Door het lichaam overal met strelende vingertoppen aan te raken, zou het lustgevoel door het ganse lichaam gestuurd worden. Lichte aanrakingen van vingers en onbeweeglijke handopleggingen op de dij zijn uit den boze omdat ze geen effect hebben. Dit had ik reeds eerder ervaren op Jazz Bilzen. Men mocht zeker ook niet vergeten af en toe te tongzoenen. Likken was aangeraden. Leek dit te lukken, dan was het tijd om de omhelzingen gedurfder uit voeren. De *derde trede* van de seksladder omschreef een verkenningstocht. De verborgen delen van de wellust moesten betast worden. Het zou leiden tot de bekroning van het liefdesspel. Uit de beschrijving van de *vierde sekstrede* meende ik te begrijpen dat borsten zouden opzwellen, alsook het verlangen ze te kneden. Schaamlippen diende men te openen. En *tenslotte* zou het moment aanbreken om langdurig te genieten van de glans van het zweet, het penetreren en gepenetreerd te worden. Dit aspect leek het mystieke hoogtepunt te zijn van het mysterie.

Twee dames beweerden gehuwd te zijn. Ze zeiden dat ze in de overgangsjaren zaten. De derde luisterde naar een koosjesnaam Jenny. Ze had een leven als alleenstaande achter zich en was de minst actieve. De vierde vriendin was weduwe, een soort menopauze van korte duur. In mama's tijdschrift *Femmes d'Aujourd'hui* had ik gelezen dat:

"De overgangsjaren bij gehuwde dames een terugkeer betekenden naar de adolescentenleeftijd."

Ik hoefde me dus geen zorgen te maken. Mijn jonge charme viel in de smaak. De dames koesterden het verlangen naar het vuurwerk uit hun jeugd en keken uit zich opnieuw te kunnen overgeven aan de wilde driften van hun baarmoeder. Ze vergaten het smachten naar een vaste minnaar die nooit meer zou verschijnen en schepten er genoegen in me met kuise zoenen te bedekken.

Behalve Jenny trokken ze in hun cabine één voor één lingerie met strikjes aan. Toen ik ook binnen mocht, viel alle zenuwachtigheid van me af. Ik voelde me thuis, maar wist niet wat er komen zou. Ze raakten me aan, streelden mijn ganse lichaam, en trokken me naar zich toe. Langzaam en geduldig begonnen zes ervaren handen me te ontdoen van mijn zwembroek. Jenny bleef in een hoek van de cabine toekijken. Ik bleef stilstaan, liet begaan en maakte geen aanstalten om hen te helpen. Hun handen waren bedreven, wonderbaarlijk en lief. Met plezier liet ik me schikken in een onderdanigheidsrol. De hijgende dames genoten van de aanblik van mijn lichamelijke soepelheid en ontluikende viriliteit. In adoratie wasten hun zachte handen mijn lichaam met zeewater uit een emmer en droogden me af. Voorzichtig beroerden ze mijn jong en onervaren geslacht. Het verwonderde me dat ik er geen controle over had. Ze aaiden mijn eikel, plasgaatje, de volle zaadballen, en aarszone. Voor hen was het niet het grote onbekende, wel het grote nieuwe. Voor mij was alles nieuw en ik weigerde niets. Jenny bleef me verbaasd aankijken. Ik kreunde, maar niet van de pijn. Een stroom van genot ging door me heen.

"Laat je gaan! Laat je maar door ons begeren en probeer je nog wat te beheersen!"

Hun monden met veel spuug voelden lekker warm aan. Mijn jongeheer werd gestreeld en gezoend. Het verse voorvocht werd gelikt. Ik had geen idee hoe ik mijn opwinding moest beheersen. De ontlading was intens.

"Geef je maar over aan jouw verlangens!"

Gehypnotiseerd door hun gebruinde huiden veranderden mijn gedachten snel. Met fijne trillende vingertjes mocht ik de blauwe haakjes van hun gevulde beha's losmaken. Hun borsten imponeerden me. Ik mocht ze aanraken en moest ze kussen. Ze duwden hun harde tepels in mijn mond. Ik genoot van de gladheid van hun huid.

De drie dames verkozen hun slipje nog een tijdje aan te houden. Ik betaste hun kruis en streelde het kleine plekje vlak bij hun kont. Hun behaarde venussen voelden wat vochtig aan, maar het verschil tussen geil of plas kende ik nog niet. Ik haastte me niet, en was tevreden dat ik bij elk van hen tot het einde verder kon gaan. Overal streelden en kusten ze me waar ze maar konden. Ik schaamde me voor niets. Ze duwden me op mijn knieën en vonden het heerlijk de schoonheid van hun verrukkelijke lijven van alle zijden te laten zien: de zijkant, de voor- en de achterzijde. Hun handjes leidden mijn hoofd naar hun betoverende zones. Zachtjes likte mijn tong hun schaamharen en proefde de tranen van likeuren die hun flamoezen verborgen hielden. Uitgebreid maakte ik kennis met de naakte genitale werkelijkheden.

De drie waren geen verminkte godinnen. Mijn vingers bleven de weelderige rondingen van hun imposante flamoezen strelen. Door de opeenvolgende lagen ervan te openen, leidden ze mijn wijsvinger naar de verdoken bloemen. Hun rozenknopjes, die verschillende groottes aannamen, toonden de richting naar de grotten. Mijn hoofd werd harder naar voren gebogen om hun knopjes te kussen. Hun flamoezen glimlachten me toe. Ze waren sterk rood geaderd, donzig en roken fris. Hun schaamlippen ontsloten de deuren naar hun heiligdommen. Ze waren vochtig van begeerte. Met grote hoeveelheden speeksel gleed mijn tong er zachtjes heen en weer over. Ze lieten me hun grotten voelen, kreunden, trilden intens van genot, en uitten smerige schuttingwoorden. Terwijl ze me plaagden, verplaatsen ze mijn lichaam naar de matras. Ze verlangden vreselijk. Nu werden ze verliefd op de liefde. Ondanks de tussenpozen bleven de ontladingen hevig. Z^e vergaven me dat ik niet almachtig was.

Het waren mijn eerste en tofste avontuurlijke zomermaanden. Ik ben nog steeds niet vergeten hoe intens ze me lieten genieten. Ik wist dat de dames na de zomermaanden weg zouden blijven en dat zij, zoals ik, opnieuw moesten dromen tot er weer iemand anders langs zou komen. Nooit heb ik hen veracht en blijf hen voor eeuwig dankbaar. Ik leerde vooral dat liefde ook zonder liefde kan bedreven worden en dat het niet belangrijk was of ik al dan niet van iemand hield. Ik leerde anonieme seks en alleen voor het goede doel, en stelde vast dat het als volwassene niet moeilijk is er een dubbel leven op na te houden.

1969

MIJN STUDIEKEUZE GENEESKUNDE

Reeds vanaf mijn dertiende droomde ik ervan mensen te kunnen helpen. Via een oom-huisarts kwam ik heel wat te weten over de mysterieuze middelen die iemand van zijn klachten kon verlossen. Van kindsbeen af was ik getuige van zijn grote inzet tegen talrijke ingebeelde, maar ook tijdelijke en aanhoudende aandoeningen. In zijn consultatiekamer, waar blijkbaar de oplossing voor alle kwalen aanwezig was, werd ik gefascineerd door de grote hoeveelheid medische cursussen. Maar ook de voortdurend terugkerende tv-beelden over wereldwijde, lichamelijke ellende sterkten mijn naïeve overtuiging dat er een perfecte oplossing bestond voor alle medische problemen.

In de sixties was het nog de gewoonte dat op het einde van de Latijnse humaniora de directeur van het college samen met de klastitularis de ouders thuis kwam voorlichten betreffende de studierichting die hun zoon had gekozen. Uiteraard wist mama dat de directeur me destijds *Livius* had doen vertalen. Ze had respect voor die man. Hij had me op mijn plichten gewezen, maar tevens laten inzien dat ik rechten had. En tot in de herfsttijd van haar leven herhaalde ze goedlachs mijn overtuigende en cynische knipoogjes na de examens bij de klastitularis:

> *"Deze ervaringen hebben je onvermurwbaar karakter nog aangescherpt en dat zijn de redenen waarom je sindsdien steeds zorgvuldig je strategieën uitdokert om je criticasters de nek om te wringen mocht het verkeerd lopen."*

Naar ik achteraf vernam, had mama beide collegeleraars een hoffelijke ontvangst aangeboden. De koffie met koekjes en een glaasje Grand Marnier smaakten heerlijk. Uiteraard waren deze eerst uit beleefdheid geweigerd. Maar ik heb nooit de indruk gehad dat mama veel wijzer werd door hun uitleg. Ondanks mijn aanhoudend rebels karakter waren ze de mening toegedaan dat ik iedere uitdaging wel zou aankunnen op voorwaarde dat ik heel regelmatig en intens zou studeren. Alleen mocht mijn keuzerichting niets met wiskunde te maken hebben. Voor haar moest dit geen wereldschokkend nieuws geweest zijn. Op alle mogelijke plaatsen in huis hadden er aan de muur nota's gehangen met Latijnse en Griekse spraakkunstregels, en ook hier en daar iets uit het vak scheikunde, maar nooit een wiskundige formule of stelling. Anderzijds was ze er getuige van geweest dat ik me, zonder enige aansporing, hardnekkig in enkele vakken kon vastbijten en hierdoor heel bevredigende resultaten had geboekt. Toch sloeg ze beide leraars met verstomming:

"Heren, sinds lang droomt hij ervan mensen te helpen. Wat ben ik blij dat hij binnenkort zonder veel problemen zijn priesterstudies zal kunnen aanvatten!" zei ze fier.

Toen haar werd uitgelegd dat ik op school al jaren luidop verkondigde geneeskunde te willen studeren in navolging van de arts *Ché Guevara*, zou ze in tranen zijn uitgebarsten. Indien oogpupillen iemands gedachten en gevoelens kunnen verraden, dan vermoed ik dat mama's ogen blijk moeten gegeven hebben van grote teleurstelling. Toen ik na 6 km lopen 's avonds van het college thuiskwam, was ze triestig. Haar ogen waren rooddoorlopen.

"Tof dat je voor dokter wil gaan studeren, manneke", merkte ze koel op. *"Waarom heb je me daarover nooit iets gezegd?" "Omdat ik je liever liet dagdromen dat je ooit voor mij op je knieën zou moeten plaatsnemen om een kruisje en een tik tegen je wangen te ontvangen,"* probeerde ik haar ongenoegen weg te lachen.

"Weet dat ze in het seminarie niemand buizen en dat pastoor worden niets kost. Ik kan die lange studies van jou niet betalen!" reageerde ze wrevelig.

Ik moet me opperbest gevoeld hebben en neuriede iets wat leek op de vertaalde tekst van de Fransman *Hubert Giraud* (1920-2016):

"Oh Mamy, oh Mamy, Mamy Blue, oh Mamy Blue. I'm sure you really understand! I do not intend to be your forgotten son! I can't be lost, but I'll always survive! My future looks so vast."

Toen ik haar met mijn 20 cm grotere gestalte warm en liefhebbend omhelsde, en haar bedankte voor haar jarenlange zware inspanningen, huilde ze opnieuw, maar nu van geluk. Gebruikmakend van de wijsheid die mama me over de jaren heen had bijgebracht, overtuigde ik haar probleemloos met enkele retorische vragen. Die avond smaakten haar zelfgemaakte garnaalkroketten als nooit tevoren.

"Mama, niet emotioneel doen, hé! Ik heb altijd gedaan wat ik wilde, nooit tegenover iemand verantwoording afgelegd, en ook nu heb ik echt niemand nodig om te weten wat ik moet doen! Beweerde je niet dat ik al mijn talenten steeds maximaal dien te ontplooien? Dat het mijn plicht is te doen waar ik denk goed in te zijn? Dat ik zelfzuchtig moet zijn omdat niemand me ooit iets in mijn schoot zal gooien? Dat ik me nooit door het gelul van kameraadjes mag laten meeslepen? Dat ik er me nooit mag toe laten verleiden tot een kudde te behoren? Ik heb geen schrik om dag en nacht te studeren. Ik ken mijn limieten nog niet, maar als ik ze bereikt heb, zal ik ze ook overschrijden. Dat beloof ik je na alles wat je voor mij gedaan hebt. Daarom denk ik die richting aan te kunnen zelfs al ben ik niet goed in wiskunde. En als jij het financieel niet aankan, ga ik ervoor werken. Ik zal je nooit iets verwijten of kwalijk nemen!"

Het was de enige keer in mijn leven dat ik een intelligente vrouw zo krachtig van mijn gelijk heb kunnen overtuigen. Ik was me welbewust dat ik voor een grote opgave stond, maar ik was er klaar voor. In de Grieks-Latijnse humaniora had ik van die ene leraar Grieks in het vierde jaar geleerd hoe ik in grote wouden de afzonderlijke bomen kon terugvinden, waardoor het memoriseren meer gestructureerd plaatsvond en makkelijker was. Jammer dat het wiskundeonderricht een lamentabele bedoening was geweest.

"Ik verstond daar ook niets van," zei mijn grootvader, *"maar leerde ook snel dat het moeilijk is om te blijven discussiëren over de kleuren van exotische vogels en fauna wanneer men blind geboren is."*

Dat mijn hoogdravende ambities en passies veel irritatie zouden opwekken, stond in de sterren geschreven. Ook het gesprek met mijn grootvader-jeugdmentor verliep minder vlot. Hij kende me door en door, maar dacht dat ik hem schatplichtig was geworden omwille van de vele levenswijsheden die hij me geleerd had. Hij was terecht de mening toegedaan dat ik op het college te laag had gescoord voor de vakken wiskunde.

"Het is veel makkelijker advocaat te worden. En wil je later nog naar het buitenland, dan kan je nog vakken bijstuderen zoals geschiedenis, politieke, sociale en diplomatieke wetenschappen. Je kan dan zelfs ambiëren ambassadeur te worden. In zo'n functie laat je de lichamelijke miserie van anderen aan artsen over en kan je vanop veilige afstand het gebeuren volgen zonder je vingers vuil te maken."

Mijn beroepskeuze was het enige onderwerp waarover we steevast hoogoplopende discussies kregen. Maar Cicero (106-43 v.Chr.) indachtig, ondervond ik nooit problemen luidop te argumenteren om te proberen hem van mijn gelijk te overtuigen. Mijn beslissing om de richting geneeskunde in te slaan was geen sprong in het absurde. Ik dagdroomde niet maar koesterde een realistische ambitie. Ik geloofde in mijn kunnen, maar realiseerde me wel dat het kon botsen met de grenzen van mijn wiskundig intellect. Maar nooit had ik nagedacht wat morgen mij zou brengen. Ik had geen idee waarheen mijn ambitieuze kunsten me ooit zouden leiden. Mijn grootvader sloeg de bal bijzonder hard terug.

'Met je twee voetjes op de grond blijven staan, vriend! Zo geweldig ben je nu ook nog niet geweest! Weet dat er in de job die jij wil nog bijzonder veel onzekerheden en contradicties bestaan. In de geneeskunde is trouwens nog nooit een revolutie voorgekomen. Maar je gaat er ook velen aanhoren die, in hun ijdelheid, denken over alles verstand te hebben."

Toch besloot hij wijs:

"Voor iedereen blijft het ongelooflijk moeilijk om te worden wat hij wenst. Maar als je echt groot wil worden, blijf dan in ieder geval in niemands rij staan!"

1970

EERSTE UNIVERSITEITSJAAR

Met de informatie die ik toen reeds vergaard had over de wereldwanorde dacht ik ook af en toe eens luidruchtig te kunnen deelnemen aan protestacties. In Parijs, Amsterdam, Tokio, Madrid, Berlijn, Berkeley en Mexico waren regelmatig massale studentenprotesten uitgebroken waarin om verandering geschreeuwd werd. In 1968 had ik op TV gezien dat er aan de *Universitas Catholica Lovaniensis* ook af en toe straatguerrilla's werden georganiseerd. Vlaamse studenten hadden ook het hele hebben en goed van de franstalige priester-rector door het venster op straat gekieperd en in de fik gestoken. Het bestuur van de universiteit werd uit handen van de franstalige kerkelijke elite genomen en uiteindelijk resulteerden deze revoltes in de splitsing van de universiteit. Een Vlaamse afdeling mocht in Leuven voortvaren en een franstalige mocht kamperen op een andere weide.

Eenmaal in Leuven realiseerde ik me snel dat de studentenrevoltes weinig met de internationale protestacties te maken hadden. Er werd met bijna geen woord gerept over de contestatie tegen de oorlog in Vietnam. Vertegenwoordigers van de Vlaamse Beweging hadden niet de minste interesse voor hun duizenden jonge Amerikaanse leeftijdgenoten die als kanonnenvlees werden opgevoerd. De Vlaamse leeuwen gruwelden zelfs bij het aanhoren van *We shall overcome* van de *Civil Rights Movement*. Leuven bezat dan ook geenszins de onweerstaanbare magie van de Amerikaanse burgerrechtenbeweging. Snel brak dus het ogenblik aan om me kritischer op te stellen tegen die andersdenkenden. Vroeg of laat zou ik wel zelf beslissen om op een eigen manier te revolteren. Ik zegde mijn lidmaatschap op van het conservatieve Katholiek Vlaams Hoogstudenten Verbond dat me bij inschrijving aan de universiteit werd aangesmeerd. Terug op mijn studentenkamer kon mijn gedisciplineerde studiemachine op volle toeren beginnen draaien!

> *"Ik had je toch laten verstaan dat ons landje te verdeeld is om op wereldschaal iets van betekenis uit te stralen. De impact van het wereldgebeuren is in andere landen veel belangrijker dan in Vlaanderen. Spijtig want de Vlamingen behoren tot de intelligentste volkeren, maar er is een probleem met hun waardegevoel,"* zei mijn grootvader.

Mijn eerste studiejaar in de geneeskunde wil ik niet romantiseren. De herinneringen zijn slechts echo's van langvervlogen tijden. Om mijn studies mee te helpen financieren, startte ik na twee maanden met een regelmatige nachtjob in de stadsbrouwerij Stella Artois. Maar wiskunde en fysica bleven het explosieve mengsel dat me deed belanden in de grote groep van 75 % gebuisden. Het bisjaar was dan ook een pil die bijzonder zwaar te verwerken was. Lange tijd voelde ik me moederziel alleen op de wereld. Vroegere na-ijverige kameraden wreven zich in de handjes en vonden m'n *mislukte ambitie* toch och zo jammer.

> *"Als je in je leven verliest, krijg je in het beste geval nog een schouderklopje,"* was de uitleg van mijn grootvader over een fenomeen dat ik aan den lijve ervaarde.
> *"Naar de toekomst toe zal je bemerken dat velen rondom je niet de minste moeite ervaren uitgebreid te palaveren over je mislukkingen. Ze denken er alle redenen voor te kennen. Mocht je wel ooit succes boeken, zullen ze zwijgen om hun jaloersheid in te tomen. Het zal voor hen ondraaglijk worden te realiseren dat ze zelf niet over de nodige capaciteiten beschikken om hun eigen ambities en verlangens te vervullen. Wees dan steeds één ding indachtig! Meet jezelf en je succes nooit aan de reacties van anderen, maar wel aan hoe je je voelt over zaken die je realiseert en waar je om geeft."*

Het enige wat ik aan die ganse Leuvense revolte overgehouden heb, is een warme herinnering aan de professor die ons later microbiologie en immunologie doceerde. Professor De Somer, die als rector had bijgedragen tot een grotere internationale uitstraling van de Leuvense universiteit, loofde mijn ambitie om verder te studeren aan andere universiteiten. Met veel enthousiasme ondertekende hij mijn diploma toen ik als specialist in de orthopedische chirurgie afstudeerde. Zijn handtekening maakte mijn sollicitaties makkelijker voor mijn medische studies in Engeland, Noord-Ierland en Australië, en kortdurende stages in andere landen.

1971-78

BISJAAR EN DAAROPVOLGENDE STUDIEJAREN

Nooit is het bij me opgekomen te stoppen met studeren. Kennis werd uiteindelijk mijn macht. Mijn bisjaar werd een onverdeeld succes. Per week spendeerde ik drie nachten in de stadsbrouwerij. Maar om te slagen was er maar één voorwaarde. Gemiddeld zes uur per dag concentreerde ik me op die dekselse wiskunde en fysica. Daar ik in andere vakken hoge cijfers behaald had, werd ik hiervan vrijgesteld. Had ik me met m'n talenknobbel gedurende dat jaar met een dergelijke intensiteit verder kunnen toeleggen op de perfectionering van m'n moderne talen, dan beheerste ik nu de Duitse en Spaanse taal quasi-perfect.

Uiteraard moest ik nog andere jeugdidealen vervullen. Een man moet nu eenmaal volwassen worden. Naast atletische conditietraining kon ik het me, met het weinige geld dat ik over had, af en toe permitteren op vrijdagavond te genieten van het nachtleven.

"Het is beter het varken uit te hangen als je jong bent. Oude varkens bijten trouwens elkaars oren en staart af," gekscheerde mijn grootvader.

Maar het nachtleven had iets onechts voor me. Ik ontmoette er tal van would-be-studentes die om andere redenen naar de universiteit gekomen waren dan om te studeren. Op aanraden van hun mama's hengelden ze in de visvijver naar de geschikte grote vis die hen later in financiële watten zou wikkelen. En daartoe waren ze tot heel wat bereid. Deze jonge sirenes waren erg knap, vroegen continu om veel aandacht, maar konden me geenszins verleiden.

"Het is voorzichtiger oude boeken te verzamelen dan wilde vrouwen," werd ik meermaals door mijn grootvader op de vingers getikt.

In deze artificiële uitgaanswereld werd ik toch enkele keren geconfronteerd met de onbezonnenheid van oudere, nog altijd wilde godinnen. Ze waren geenszins te vergelijken met de voorname cabinedames van weleer. In de studentikoze onderwereld stichtten ze chaos en deden ze de drank rijkelijk vloeien. Hun overmatig alcoholgebruik en vele sigaretten hadden hun huidlagen reeds vroegtijdig verschrompeld. Ik vermoed dat bij hen nog veel meer gerimpeld was dan alleen hun huid. Allen leken ze tien jaar ouder dan hun biologische leeftijd. Met grensoverschrijdend gedrag lokten ze vooral jong mannelijk geweld. Maar mijn perceptie van schoonheid veranderde niet na twee glazen bier. Hun nagenoeg volledig ontblote borsten en zwaar behaarde flamoezen gewikkeld in rode slipjes onder minirok-met-split konden slechts mijn pupillen verwijden.

In mijn bisjaar groeide wel mijn interesse voor deernen die onvoorwaardelijk, vrijelijk, hartstochtelijk en met volle overgave hun seksualiteit met me wilden delen. Mijn grootvader beoordeelde mijn aspiraties op zijn manier:

"Een vent gelijk gij moet zich intens kunnen uitleven, maar let steeds op niet in de voetsporen van je vader te treden. Beleef dan ook nooit je natte droom wanneer zij, zelfs al is ze je vaste vriendin of vrouw, meer dan zes glazen wijn achterovergeslagen heeft. Je houdt er steevast een vreselijke herinnering aan over!"

Waar hij al die wijsheid vandaan haalde, weet ik niet. Toch heb ik het éénmaal als dusdanig uitgeprobeerd. Het was een verschrikkelijke ervaring! In haar alcoholroes kreunde ze:

"Altijd heb ik uitgekeken naar jou. Vrijen met jou zal fantastisch zijn, heerlijk en zalig."

Toen haar brabbelende taal uitdoofde, viel ze in slaap!

MIJN ERVARINGEN MET ALCOHOL

Mijn grootvader had me verwittigd:

> *"In mensen schuilt een bodemloze, donkere afgrond waaruit demonen losgelaten worden als ze alcohol gedronken hebben. Qua vorm blijven ze schitteren, maar hun inhoud wordt duister. Door hun op hol geslagen creativiteit en excentriciteit lijkt men niet langer op een lamme goedzak, maar op een wandelende wijnzak gevuld met lucht. Dat je onbewogen moge blijven bij die idyllische taferelen in de ethylische hoven, waar lusten uren kunnen duren. Maar wat je ooit zal meemaken, is eigen aan ieders verlangen."*

Sinds Bijbelse tijden is alcohol een essentieel attribuut bij sacrale, ceremoniële en recreatieve evenementen. Voor feestjes allerhande, weekendjes uit en bacchische orgieën zijn er vandaag nog steeds kandidaten genoeg. Maar alcohol heeft meerdere van mijn kameraadschappen, en ook professionele en persoonlijke relaties stukgemaakt. In die kringen zit ik al lang niet meer naast diegenen die niet naast mij willen zitten. Nadat iedereen aanvankelijk plezierig en sympathiek wenste over te komen, nam door de alcohol bij iedereen geleidelijk aan het fatsoen af. Iedereen raakte in een euforische bui en werd uitzonderlijk lief voor de anderen. Er ontstond een wij-gevoel gekenmerkt door een soort onstuimige hoffelijkheid en verplichte gezelligheid. Wanneer ze na afloop hun jas aantrokken om te vertrekken, wilden ze eigenlijk niet vertrekken. Het herinnerde me aan *Thomas Adès'* opera *The Exterminating Angel* (1962) gebaseerd op *Luis Buñuel*'s filmklassieker. Het afscheid duurde zo lang dat ze de indruk gaven nergens nog naartoe te gaan. En hoelang mocht een begroeting duren voor het geen begroeting meer was maar een vrijage? Waarom konden zij die hun jas aandeden om weg te gaan maar niet vertrekken?

Ik hield ook nooit van vrouwelijke huidporiën die een doordringende ethylische walm verspreiden. Mijn grootvader had me geleerd dat alcohol een chemische stof bevat die hij definieerde als *the finest girl you ever want to meet*. Maar ik moet nog steeds de eerste vrouw ontmoeten die zich als *fijn meisje* gedraagt na een overdosis alcohol. De Romeinse komediedichter *Plautus* (251-184 v.Chr.) wist reeds dat:

> *"Een vrouw lekker ruikt als ze helemaal niet ruikt [mulier recte olet ubi nihil olet]."*

Isabel Allende (1942-) vertolkte dezelfde gedachte in haar boek *Aphrodite*:

> *"De unieke en persoonlijke geur van een vrouw doorkruist de ruimte als een trefzekere pijl. Het mikt op het primitiefste instinct van de man."*

Toch liet ik me ooit meeslepen door een opgedrongen sociale drukte en was ik ladderzat. Door de zelf aangerichte black-out kon ik me achteraf niets meer herinneren van de happening. Een reus van een vent weerhield me ervan door het raam te kruipen en in de Portugese lucht te springen. 's Morgens lag ik vastgebonden in een bed en kreeg ik enkele emmers water over me heen. De naweeën duurden minstens 24 uur vooraleer de ontnuchtering werd ingezet. Achteraf beweerde men dat ik me als een held had gedragen en werd ik met alle goede goden vergeleken. Maar die goden staan niet langer op mijn verlanglijstje. Mijn levercellen draaiden op volle toeren om de toxische stoffen af te breken. Intussen heb ik uit de wetenschap geleerd dat levercellen negentig minuten nodig hebben om de rommel van één glas alcohol te elimineren. En de hoeveelheid water die ik achteraf dronk had geen invloed op de scheikunde van mijn lever.

Door me op dergelijke evenementen op de achtergrond te houden, weinig te zeggen, af en toe een vage uitspraak te doen, en me op een subtiele manier vreemd te gedragen, creëerde ik rond mezelf een mysterieuze aura. Mijn uiterlijk stilzwijgen veroorzaakte bij de feestvierders meer irritatie dan de eigenlijke reden van mijn zwijgen. Ik kwam, zag, aanhoorde en vertrok. Na verloop van tijd vernam ik dat men het spijtig vond dat alles in mijn aanwezigheid was gebeurd. Vreemd genoeg was men verwonderd omdat ik me niet over hun bacchanalen kon verwonderen. Had ik hun esbattementen op gevoelige plaat vastgelegd, dan waren ze achteraf van schaamte in de grond gezakt. Het deed me steeds denken aan *Marcus Tullius Cicero* (106-43 v.Chr.) in zijn '*De Oratore, II, 58:236*':

> "*Het onderwerp of bij wijze van spreken het domein van het lachwekkende betreft steeds een of andere morele of lichamelijke afwijking [locus et regio ridiculi, turpitudine et deformitate quadam continetur].*"

Nu weet ik dat een glaasje wijn vergezeld van een heerlijke Cubaanse Cohibasigaar met slechts enkele vrienden kan leiden tot hoogstaande en interessante gesprekken. Ik ervaar hierbij *savoir-dire, savoir-faire, en savoir-vivre*. Of zoals *Jean-Jacques Rousseau* (1712-1778) het verwoordde:

> "*L'on rend ses sentiments quand on parle (normalement).*"

1971

'SUMMER OF 1971'

Tijdens mijn collegejaren had ik een voorliefde ontwikkeld voor *Aphrodite*, de Griekse godin der liefde, schoonheid, seksualiteit en vruchtbaarheid. Omdat ik geslaagd was in mijn bisjaar en als compensatie voor de geleden wiskundige kwellingen, vatte ik het plan op om op het schiereiland Anatolië in Turkije de archeologische site van Aphrodisias te bezoeken. Het deed me herinneren aan de opdracht een Latijnse verhandeling op te stellen in de retorica:

> *"Toen Gaius op reis was, bedaarde zijn woede ['Gaii, cum iter fecerit, ira cecidit']."*

Met rugzak en slaapzak werd de reis naar Zuid-Europa aangevat. Maar mijn wegen bleken toen al ondoorgrondelijk. Via trein, autostop en boot was ik eindelijk vanuit Italië in de streek van Korinthe aanbeland, maar het was veel te laat om nog het kanaal over te steken richting Athene. Op 't strand zocht ik een veilige plaats om te slapen. Het was een zwoele zondagavond en de inktzwarte hemel hing vol sterren.

Nooit had ik me kunnen inbeelden plots oog in oog te staan met twee ware heiligen. In de verte naderde een lichtje in mijn richting. Twee Griekse nonnen duwden met al hun kracht op de pedalen van hun tandem. Ze waren doodop en wellicht belemmerden zwarte haarlussen hun zicht. Hun habijt vertoonde grote zweetvlekken. Het koord hing niet langer strak aan hun zij, maar in het midden tussen hun benen. Hun koperbruine slanke armen en gespierde kuiten blonken van het zweet. Toen ze wat verder afstapten, zag ik hoe hun parelwitte tanden schitterden tussen hun roze lippen. Met smaragdgroene ogen keken ze me onschuldig aan, en lachten me moe en gelukkig toe.

Op het strand zou ik hen naast hun tent wel bewaken. In het lommer van hun zijden bidkapel dacht ik slechts nog aan een gezamenlijke maaltijd. Het werd nog smakelijker! Je kan er als adolescent slechts van dromen. Er is niet veel verbeeldingskracht nodig om zich voor te stellen hoe men zich met zijn drieën op een intense manier de hemel in kan bidden. Het was de *Summer of 1971*. Hoe raar en gek het ook mocht lijken, het viel allemaal uitstekend mee. Zoals *Michel Fugain* (1942-) het in *La Belle Histoire* zo mooi verwoordde:

> *"Ils se sont trouvés au bord du chemin, sur l'autoroute des vacances. C'était sans doute un jour de chance. Elles avaient le ciel à portée de main. Un cadeau de la providence … Alors pourquoi penser au lendemain?"*

Wat ze in deze *middle of nowhere* nog zo laat op hun zwaarbeladen fiets deden, was niet onmiddellijk duidelijk. Uit hun verhaal meende ik te begrijpen dat ze een drietal jaar geleden uit liefdesverdriet tot een kloosterorde waren toegetreden. Hun geliefden hadden hen gedumpt en blijkbaar was hun hele wereld aan diggelen geslagen. Voor de begane zonden had moeder overste hen een paar jaar intens doen bidden en nu geordonneerd samen een fysiek zware boetetocht te ondernemen. Vasten had geen effect gehad.

Ik zette hun tent op terwijl ze zich in zee verfristen. Hun schamele spullen vielen op, maar ik had meer bewondering voor hun blote ruggen. De zee gaf hen hun frisheid en rust terug. Hun lichamen bedekten ze opnieuw met blauwlinnen chemises die ik in het verleden ooit op een spullenmarkt had zien liggen. Ik wist met zekerheid dat ze hun gelofte van armoede reeds afgelegd hadden. Gelukkig omsloot een reservehabijt het geheel. Op struikbladeren werden de andere indrukwekkende, in zee gewassen kledingstukken te drogen gelegd. Ik wist zelfs niet van het bestaan ervan. Ze giechelden toen ik me zonder schaamte ontdeed van mijn hippie sporthemdje en korte broek, en mijn lichaam, goed zichtbaar, op dezelfde plaats in zee ging verfrissen. Ik nam de vrijheid mijn uitgespoelde maar kleuriger kledij tussen de hunne op de struik te leggen. Mijn christelijke wellevendheid gebood me een deel van mijn jong en gespierd sportief lichaam te bedekken. Mijn korte zwembroek en hemd met de leuze *make love not war* moeten een bevreemdend effect op hen gehad hebben. Na enkele jaren van versterving waarin ze alleen God welgevallig mochten zijn door zichzelf van alles te ontzeggen, vonden beiden het nu heel leuk deze ontspanningsavond van Hem aangeboden te krijgen. En ik was eveneens tevreden dat Hij me toeliet de maaltijd met twee van zijn mooiste haremvrouwen te delen. We aten dezelfde abrikozen, bananen, perziken, tomaten en gedroogd druivenvlees. Hun stemming werd vrolijker door chocolade als dessert. Maar sterke kruidenthee hield onze geesten helder.

Er heerste een aangename spanning, een gevoel van welbehagen, tevredenheid, blijheid en toenemende vrijpostigheid. De gestrengheid van het christelijke kloosterleven woog voor even niet op hen. Achter ons stilzwijgen verborgen zich onze verlangens. We bekeken elkaar. Ook ik had reeds ervaren dat, om liefdesverdriet te verwerken, het zoeken naar een plaatsvervanger de beste remedie was. Ik insinueerde dat het tijdens de nacht wel wat frisser zou kunnen worden. Ze begrepen het. Om de nacht ook rustig te kunnen doorbrengen, beslisten ze snel dat ik de warmte van hun tent mocht delen. Schopenhauer omschreef het ooit zo:

"De natuur maakt gebruik van sluwe truken om van de liefde te genieten."

Mijn ervaringen in cabines aan een andere zee lieten me vermoeden dat ook deze vrouwen geïnteresseerd konden zijn in de gewone geneugtes van het aardse bestaan.

De ene zuster droogde haar voeten af vooraleer de tent binnen te gaan. Op haar knieën bracht ze de ruimte op orde. De andere nonnie ruimde de plaats op vóór de tent en zorgde wat verder voor een privéplekje om discreet lichaamsinhouden te ledigen. Daarna kroop ze eveneens op handen en voeten naar binnen. Ze wachtte zo nog een tijdje tot ook mijn slaapmatras vooraan een definitieve plaats toegekend kreeg. De gordijntjes bleven wagenwijd openhangen. Op hun wenken veegde ik mijn voeten proper, drong de tent binnen, maar bleef beleefd en afwachtend rechtstaan tot verdere instructies volgden. Binnen in de tent waande ik me even in het begin van de 17de eeuw. Maar ik bevond me niet in een nonnenklooster. Het was een gewoon nonnententje. Wel deed het me denken aan *Hamlets uitroep* in de tragedie met dezelfde naam van *William Shakespeare* (1564-1616):

"Go into the nunnery."

Ik was ooit maar één uurtje effectief misdienaar geweest, maar toch ervaarde ik mijn aanwezigheid in hun tent als een vorm van sacrale dienstverlening. Hoewel het reeds lang geleden was dat ik nog gebiecht had, was het zeker niet de bedoeling om weesgegroetjes en paternosters te prevelen. Ik voelde me als *Masetto di Lamporecchio* in een van de liefdesverhalen in de *Decamerone van Boccacio* (1313-1375). Om de verdoken aspiraties van de nonnen en moederoverste te achterhalen, veinsde Masetto doofstomheid. Hierdoor kon hij met de regelmaat van een klok zijn seksuele driften op hen botvieren.

Het zag er ook niet naar uit dat beide nonnetjes veel voldoening beleefden aan de geloften die ze afgelegd hadden. In dat tentje mochten ze voor even hun gedweeheid en kuisheid vergeten. Omdat ze konden zondigen, verdrong de tentsfeer de christelijke moraal. Geen van beide nonnen dacht eraan de eeuwenoude vrouwentruc toe te passen en geen van hen viel in zwijm om het greintje weerstand dat me nog restte, te breken. De twee aardse nonnetjes mochten hun amoureuze pijlen op mij afvuren. Ik zou hun seksuele handelingen niet als immoreel, verachtelijk en vervloekt beschouwen. Ze mochten zich tijdens de heilige rites met hart en ziel overgeven aan de geneugten van het mannelijke vlees. Ik zou die jonge vrouwen aantonen dat de principes van de Arabische sekshandleiding uit de 15de eeuw ook heilig waren. Eventjes gingen mijn gedachten naar de priesterleraar uit het laatste jaar middelbaar aan wie ik had verkondigd dat seks een geschenk uit de hemel was.

Mijn beide religieuzen stelden zich zeer zichtbaar op. Beiden kenden elkaar blijkbaar goed en vonkten van lesbische verliefdheid. Nog steeds deels aangekleed, waren ze elkaar zo hard aan het opwarmen dat ze door de grote wrijving steeds meer aan elkaar vastplakten. Ik begreep niet onmiddellijk of ik alleen maar zou mogen blijven toekijken of erin zou slagen die Maagdenburgse bol te scheiden. Stiekem hoopte ik op *two girls for one boy*. Twee vrouwen tegelijk liefhebben leek me niet echt moeilijk. Hechte vriendinnen verlangen er zelfs naar. Op hetzelfde moment trokken beide nonnen hun donker habijt uit. Ik schrok opnieuw toen ik hun identiek, donkerblauw en licht doorzichtig onderkleed van zo nabij kon zien. Hemden kon je dat niet noemen. Het waren een soort jurkjes zonder al te diepe halsuitsnijding. Het mocht niet dieper van moederoverste. Ideaal dus ter afwering van elke sensualiteit. Hun boezems waren bedekt door min of meer identieke bustehouders waarvan de ene cup meer versleten was dan de andere. Onder hun onaantrekkelijk ondergoed ontwaarde ik duidelijk hun stevige borsten en harde tepels. Hun benen hadden ze na de wasbeurt omhuld met zwarte kousen.

Beiden bleven neergeknield zitten. Hun loshangende, zwarte lange haren wonden me steeds meer op. Met blikken en handgebaren verzochten ze me om recht vóór hen dezelfde houding aan te nemen. Ik werd overweldigd door hun prikkelende lichaamsgeuren. Mijn lichaam werd door opwinding doorzinderd hoewel ik me nog van mijn hemd en zwemslip moest ontdoen. Mijn behoefte aan onmiddellijke actie groeide, terwijl mijn verstand nog een tijdje de onrust in mijn twintigjarig onderlichaam wist te bedwingen. Het kostte me geen enkele moeite de nonnetjes ertoe te overhalen het negende en vooral het zesde gebod heel even vaarwel te zeggen. Met verlangende blik betastten en streelden ze zachtjes de huid van mijn nu ontblote borst. Ze kleedden zich uit tot ze in hun blootje stonden. De ene had enorm donkergekleurde tepelhoven, vermoedelijk ten gevolge van een abortus om een ongewenste zwangerschap te onderbreken. Omdat ik verlangde toen ze mijn gespannen gulp aanraakten, strekte ik mijn armen uit, greep hen zachtjes bij de haren en trok beiden dichter naar me toe. Geen van beiden spartelde tegen. Hun verlangende gewilligheid leidde hen als vanzelf naar de juiste zone. Er ontstond een wederzijdse, stilzwijgende toestemming. Ik hielp hun onhandige vingertjes mijn sacramentshuis te ontzegelen, maar liet hen nog niet toe mijn Messias te aanbidden. Ze bleken ook niet gehaast om de sfeer van de Zevende Hemel op te snuiven.

Door het strelen, knuffelen en kussen creëerden we een hechtere emotionele band. Oxytocines, dopamines, oestrogenen en testosteron deden het vertrouwen en de hartstocht tussen ons toenemen. Mijn handen klommen langs hun lichamen omhoog. Mijn vingers cirkelden rond hun tepels. Mijn nonnetjes omsloten mijn bruingebrande rug in hun armen, zoenden me achter mijn oren en in mijn hals, en beroerden mijn oorlelletjes. Mijn handen daalden terug neer om hun krullende venushaartjes te strelen, hun behaarde muisjes en liefdesknobbeltjes te betasten. Met groeiende wellust krabden hun zachte handen mijn gevoelige en gladde huid. Ik legde mijn handen op mijn billen en liet ze daar een tijdje rusten. Zij streelden mijn lenden. Nooit hielden ze hun adem in, maar zuchtten vrijelijk. Van diepe ontroering stotterden ze onverstaanbare geluiden. Samen deden we dingen waardoor we elkaars wederzijdse geheime verlangens vervulden. Onze lichamen werden gulziger. Ongeremd leefden ze zich op mij uit. Ze bleven zichzelf ophitsen met kussen, sabbelen, bijten, likken, proeven, betasten, strelen en verkennen. Ik woelde tussen hen en wilde beiden aan de voorzijde en dan weer aan de achterzijde blijven ontdekken. Hun wensen geschiedden, de mijne eveneens. Ik kon hun verlangen naar mijn gespannen, maar nog verborgen opgerichte lans niet meer tegenhouden. Gefascineerd bevoelden ze de behaarde beurs en zachtjes kneedden ze de wonderlijke inhoud. Ze genoten van het schouwspel van mijn opgericht lid. De wederzijdse aantrekkingskracht werd intenser. Ons bewustzijn schakelde over naar een lagere versnelling. Hun gewilligheid en mijn verlangen kostten geen moeite. Opnieuw ervaarde ik hoe dames mij gelukkig konden maken. Ik werd gekust en gezoend, en hoopte dat het altijd zo zou gebeuren. Ik dacht aan een citaat van dr. Galant, geciteerd door *Sigmund Freud* (1856-1939):

"Tous les baisers ne donnent pas la joie que donne la sucette. Non, non, loin de là. On ne peut pas décrire la sensation de bien-être qui parcourt tout le corps d'un homme lorsqu'on suce quelque chose. C'est un sentiment extraordinaire. C'est indiciblement beau: on ne sent aucune douleur, aucun mal, et l'on est comme transporté dans un autre monde."

Hun hemelse wellust nam steeds verder toe. De poort des Hemels en het Aards Paradijs stonden wagenwijd open. Ik vlijde me op mijn rug tussen hen neer, hief mijn bekken omhoog en droogde me af. De hele nacht bleven we bij elkaar, zoekend, strelend, betastend, op zoek naar nieuwe natuurlijke prikkelingen. Hun armen en benen omarmden me nog intenser. Soms waande ik me missionaris en soms pollepel. Ik hield van Russische en Franse gerechten. De nonnetjes sidderden van verlangen om mij te ontvangen en niet meer los te laten. De openingen naar hun sacrale holtes waren niet echt wijd. Het stelde me gerust. Liever grotjes van Han dan het Georgische Satapliacomplex.

Op deze momenten mocht God mijn ziel nog niet komen halen. Ik voelde me veilig in de godvruchtige warmte die me omringde. Verzadigd en gelukkig lag Adam naast zijn Eva's. In elkaar verstrengeld vielen we voldaan in slaap. En toch waren we minder uitgeput dan op het moment van de blijde intrede in de tent. In de vroege ochtend bedankten we elkaar. Zonder woorden. Het afscheid was pijnlijk. Wij huilden zachtjes. Maar ook dat gaat voorbij. Of ze ooit naar het klooster zijn teruggekeerd? Ik weet het niet. Wat er verder met hen gebeurde, weet ik niet:

'Dominique, nique, nique, s'en allait tout simplement.'

Ik ervaarde opnieuw dat contact met volslagen vreemden best opwindend kon zijn. Een korte tijd waren we onschuldig verliefd op elkaar geweest. We hadden de wereld vergeten. We kenden elkaars taal niet, maar begrepen elkaar. Over niets werd nagedacht. We begrepen elkaars onuitgesproken woorden. Niets kreeg een dubbele betekenis. Er waren geen beledigingen, verwijten of vernederingen. Nergens was er de schaamte die het genot kon bederven. We hadden geen angst om te zondigen. Ik parafraseer *Supertramp's Goodbye Stranger* (1979):

"We really enjoyed our stay. But we had to move on. Like queens without a throne. Like a king without a castle. We had to have things our own way to keep us in our youth. Like ships without an anchor. Like slaves without a chain. We felt no shame and no sorrow. It sent shivers through our veins. I would like to go on shining."

1972-76

'CLUB VAN 13'

Nooit voelde ik me aangetrokken tot studentikoze ad fundums, cantussen en dopen. Maar na een week intensief cursus volgen, wilden we af en toe op vrijdagavond zonder drankmisbruik onze ballast weghenneppen. Samen met zeven medestudenten en vijf studentinnen richtten we onze *Club 13* op. We wisten dat het effect van een goed gedoseerd psychoactief cannabissigaretje vergelijkbaar was met een slok alcoholische cocktail, maar dan zonder de negatieve neveneffecten ervan. Patricia en Kristien hadden dankzij cocabladeren reeds de 2700 m hoge Peruaanse Machu Picchu kunnen beklimmen. Sindsdien behaalden ze allebei ieder jaar grote onderscheidingen. Nu gingen ze op zoek naar andere duizelingwekkende hoogtes.

We beschouwden ons als *bad boys and girls* met klasse die voor korte periodes *high* wilden zijn. Door de *chems* bereikten onze dopamine- en serotonineniveaus extreme hoogtes en ervaarden we extatische gevoelens. De sfeer bleef steeds uitstekend en we onthielden ons van hersenloze liedjes. We gierden van het lachen. Niemand hoefde zich verloren of nutteloos te voelen, niemand werd genegeerd of in de hoek geduwd, en niemand diende een ander slaafs te volgen. We creëerden een immorele sfeer waar meningen en handelingen mochten choqueren, uitdagen en ophitsen. Er heerste een soort *carpe-diem-cultuur*, waarin het *nu* intens beleefd werd. We nestelden ons veilig in elkaar en bleven straffeloos onvoorzichtig. Achteraf ervaarde niemand lichamelijke of geestelijke gezondheidsschade, en onze studie, ons geheugen en onze kennis kwamen op geen enkel moment in het gedrang. Vier jaar lang kwamen we regelmatig tezamen. Door het stagejaar in ziekenhuizen en nu wel serieuze liefdesrelaties met anderen die niet tot de *Club 13* behoorden, kwam voor iedereen een einde aan de zorgeloze, psychedelische genoegens. De omerta van *Club 13* werd blijvend gerespecteerd, en iedereen nestelde zich in zijn huwelijkskasteel.

Omdat ze regelmatig terugdachten aan de *Club 13* drongen mijn gepensioneerde collega-specialisten veertig jaar later opnieuw aan op een reünie. Ze wilden de ballast die ze een leven lang opgespaard hadden weghenneppen. Inmiddels hadden voodoopriesteressen mij gedurende een driejarig verblijf op de Caraïben het veelzijdig gebruik van de cocaplant aangeleerd. Als arts had ik een ruime praktische ervaring opgedaan met kleine dosissen cannabinoïden om tal van ongemakken te helpen onderdrukken: pijn wegnemen, hoest stillen, ademhalingsritme herstellen, extrasystolen verminderen, maagdarmsysteem beter regelen, epilepsieaanvallen voorkomen, het seksueel verlangen op peil houden, en euforie opwekken. Maar ik weigerde de reünie bij te wonen omdat ik geen behoefte had de plaatsvervangende vrienden en vriendinnen, eega's, exen, maîtresses en loverboys te ontmoeten.

sweet child in time

YOU'LL SEE THE LINE

THE LINE THAT'S DRAWN BETWEEN, GOOD AND THE BAD

See the blind man shooting at

THE WORLD

But angie, angie, AIN'T IT GOOD TO BE ALIVE?

angie angie

THEY CAN'T SAY WE NEVER TRIED

1976-1978

MIJN GROOTSTE LEVENSBLUNDER

Ook ik wilde weg uit de vele onzekerheden van Aphrodites lief-deswereld. Uit het niets groeide een meer dan kameraadschappelijke relatie met de latere moeder van mijn oudste dochter. Blindelings vertrouwde ik die éne en huwde vooraleer het juiste moment gekomen was: de eerste kolossale flater in mijn leven! In mijn dagboek schreef ik dat '*ik van mijn leven een kunstwerk wilde maken vanuit het idee dat we met zijn tweeën maar één keer zouden leven*'. Maar onze kameraadschap bleek broos en onvoldoende flexibel. Zij had haar idealen en ambities, ik de mijne. Mijn professioneel leven behoorde mij toe en was belangrijker dan de vreugdes van het samenzijn. Twee jaar bleef ik bij de moeder van mijn oudste dochter. Een sociaal assistent concludeerde in zijn verslag dat ik onmogelijk als vaderfiguur kon dienen. Ik ging akkoord met het vonnis van de rechtbank dat ik mijn dochter om de twee weken gedurende twee uren mocht zien. Haar moeder was een andere mening toegedaan. Had ik haar smoezen aanvaard, dan was mijn dochter nu een zuurstoftherapiepatiënte omwille van chronisch obstructief longlijden (COLL). Om verdere zinloze discussies te vermijden, besliste ik uiteindelijk af te zien van het bezoekrecht, betaalde zonder problemen de overeengekomen sommen, en trok de wijde wereld in. Eénmaal volwassen zou mijn dochter wel zelf proberen uit te vissen waar haar DNA vandaan kwam. Slechts toen tv-beelden de wereld rondgegaan waren over mijn interventie om een potentiële verlamming van een judoatlete te voorkomen, kon een eerste rechtstreeks contact geregeld worden. Het was zeventien jaar geleden. De ontmoeting werd geregeld in aanwezigheid van haar moeder. Ondanks de opgestapelde verwijten bleek mijn dochter te begrijpen dat de vergelijking met *Cesare Borgia* (1475-1507), de zoon van Paus Alexander de Zesde, niet klopte. Maar nooit heb ik berouw of spijt getoond, en nooit mijn verontschuldigingen aangeboden. Desondanks houd ik aan dit eerste kortstondig samenzijn een paar prachtige herinneringen over.

MAMA'S GELIJK IN VERBAND MET HUWEN

Mama doorliep *de universiteit van het leven* vóór, tijdens en na Wereldoorlog II en was een wijze vrouw geworden. Ze toonde niet langer interesse voor de traditionele, brave levensbeschouwingen, en heeft me steeds willen beschermen tegen mijn idealistische stellingen in verband met het huwelijk. Naïef bleef ik geloven dat iedere vader de man was met wie de moeder van zijn kinderen gehuwd was. Ik dacht dat een huwelijk een uniek levenskader was waar plaats is voor plagen, flirten en elkaar aan het lachen brengen. Ik was zelfs de mening toegedaan dat men in een huwelijksrelatie op een correcte manier kan discussiëren over de verscheidene inzichten van socio-economische, educatieve, filosofisch-religieuze, politieke, intellectuele en culturele aard die partners thuis hadden meegekregen. Nochtans had mijn grootvader me verwittigd:

"Weet dat een huwelijk perfect in stand gehouden kan worden zonder gemeenschappelijke interesses, zonder uitwisseling van kennis en zonder verdere kansen eigen ideeën te ontwikkelen. Maar het is dan wel lijden en niet meer leiden!"

Tijdens mijn adolescentie had mijn mama me meermaals de gevaren van een huwelijk uitgelegd.

"Oestrogenen zijn zo verschillend van testosteron. Nu weet je dat de wederzijdse lokroep niet veel meer is dan een uitnodiging om te vrijen. Vergeet nu nooit meer dat de maat-

staf voor een huwelijk zelden romantiek en liefde is, maar een heimelijke drang naar bescherming en zekerheid door middel van financiële en materiële welstand. Veel vrouwen raken verstrikt in die bedrieglijke glinstering van hun dromen. Voor velen onder hen, is het onweerstaanbare lokaas niet de illusie begeerd te worden, maar de illusie dat hen via hun partner rijkdom, luister en roem ten deel zal vallen. Seks is dan niet meer dan de inzet van machtsspelletjes. Een huwelijk kan zelfs je natuurlijke ambitieuze drijfveren vernietigen. De steen die je met veel moeite en helemaal alleen omhoog zal voortduwen, zullen ze maar al te graag juist vóór de top met een welgemikte schop opnieuw naar beneden doen rollen zodat je kunt herbeginnen. En wanneer ze zich niet aan je mogelijk succes kunnen optrekken, voldoe je gewoon niet aan hun wensen en ambities. Daarom ervaren velen in het begin de liefde als zoet, maar bitter pijnlijk op het einde."

"En dan zijn er al die huwelijksregels die tal van dingen opleggen die mogen en niet mogen, moeten en niet moeten. Zo moet je op hetzelfde adres wonen, maar zijn de partners niet verplicht samen te slapen. Als je toch opnieuw huwt, neem dan zeker je éénpersoonsbed mee. Maar een zolder, kelder, tuinhuis of hondenhok kan tijdelijk soelaas brengen. Ook moet je alle keukengerei met je partner delen. Maar och wee als je er opnieuw de brui aan geeft. Neem je een pot mee, dan word je aangeklaagd! Gelukkig verplicht de wet je niet om voor je professionele bezigheden beroep te doen op je partner, zelfs niet in bijberoep. Je mag verdienen wat je wilt, maar je moet je partner toelaten mee over je schouder te kijken. Toch zegt de wet dat je niet van elkaar kunt stelen. Je kan dus één en ander laten verdwijnen en elkaar zelfs plunderen. Omdat er veel gestolen wordt, mag elk wel zijn persoonlijke brandkast hebben. Steek er vanaf nu slechts je overlijdenswensen in. Je testament geef je aan je notaris, anders viert men na *je overlijden nog een bacchanaaltje als bedanking voor je groot hart en welwillendheid. Mocht je tijdens je huwelijk uit seksuele noodzaak opnieuw ingaan op een verzoek van één van je vriendinnen, hou er dan rekening mee dat er bij haar evenmin waarborgen zijn. Buitenshuis zijn er steeds de lusten, maar geen lasten meer. Vergeet ook niet dat Lord Chesterfield (1694-1773) ooit schreef dat:*

"… het plezier kortstondig is, de positie belachelijk, en de kosten hoog kunnen oplopen."

Liegen blijft ook moeilijk en weet dat advocaten en notarissen sowieso medeplichtig zijn door hun leugens!"

Deze wijsheid had ik nochtans ook reeds gelezen in het boek *'Satyricon'* van *Petronius* (27-66 n.Chr.), een wijze Romein ten tijde van keizer Nero:

"Wat halen wetten uit waar alleen geld regeert, waar armoe nimmer zegevieren zal. De rechtbank is dus weinig anders dan een markt, waar het vonnis wordt bepaald door wie betaalt."

Toch sloeg ik mama's raad opnieuw in de wind. Ik wist alles altijd beter, maar betaalde er een hoge prijs voor, letterlijk en figuurlijk. Zelf maakte ik opnieuw de grote fout niet achterdochtig te zijn en me niet eerst zoals Odysseus in een oude bedelaar te vermommen. Ik dacht ook dat ik moeilijk in de luren gelegd kon worden. Veel te laat realiseerde ik me dat het niet goed is iemand of iets blindelings te bewonderen. Ik geloofde opnieuw in eeuwige verliefdheid en romantiek met fijne vakanties. Maar *'pluk de dag (Carpe diem)'* staat haaks op de gelofte van eeuwige trouw en de *'liefde voor je lot (Amor fati)'*.

1978

KEUZE VOOR ORTHOPAEDISCHE CHIRURGIE

Plato (427-347 v.Chr.) schreef in zijn Alcibiades dat: "... wie zichzelf wil kennen, de anderen tot spiegel moet nemen."

Maar ik bleef onzeker over de raadgevingen van sommige medestudenten die me probeerden te overtuigen dat ik best huisarts zou worden. Verder studeren was een vorm van zelfoverschatting. Ik zou te hoog grijpen en uiteindelijk falen omdat ik het onmogelijke nastreefde. Anderen omschreven me als een uiterst ambitieus iemand die niets of niemand zou ontzien, rechtdoorzee, enkel charmerend met een bepaald doel voor ogen, indien nodig compleet onverschillig, en in staat om tot het uiterste te gaan.

Tijdens de heelkundige stages ontdekte mijn verborgen *fingerspitzengefühl* om in diepere ruimtes van de borstkas en buikholte het normale van het abnormale te onderscheiden. Sinds jaar en dag genoot ik ervan konijnenskeletjes opnieuw in elkaar te puzzelen. Nooit had ik opgehouden me vragen te stellen bij de rugproblemen van Marinée en Stanislas, het rare spiergedoe van Jean-Pierre, en de valpartijen van mijn onderwijzer, mijn vriend Louis, en in het paterscollege. Ook het ruggenmerg bleef een mysterieus gegeven. De optie orthopedische chirurgie lag dus voor de hand.

Uiteindelijk maakte ik van de drive in mijn leven een niet-aflatende passie. Ik ambieerde ook nooit een goed georganiseerde negen-tot-vijfjob en had absoluut geen zin om dan te moeten nadenken hoe ik mijn vrije tijd zou moeten invullen. Ik besliste vrij snel om *heel veel dingen nooit meer te doen*. Een mysterieuze innerlijke kracht deed me geloven dat ik iets uitzonderlijks kon bereiken, maar had geen idee in welke richting ik zou evolueren.

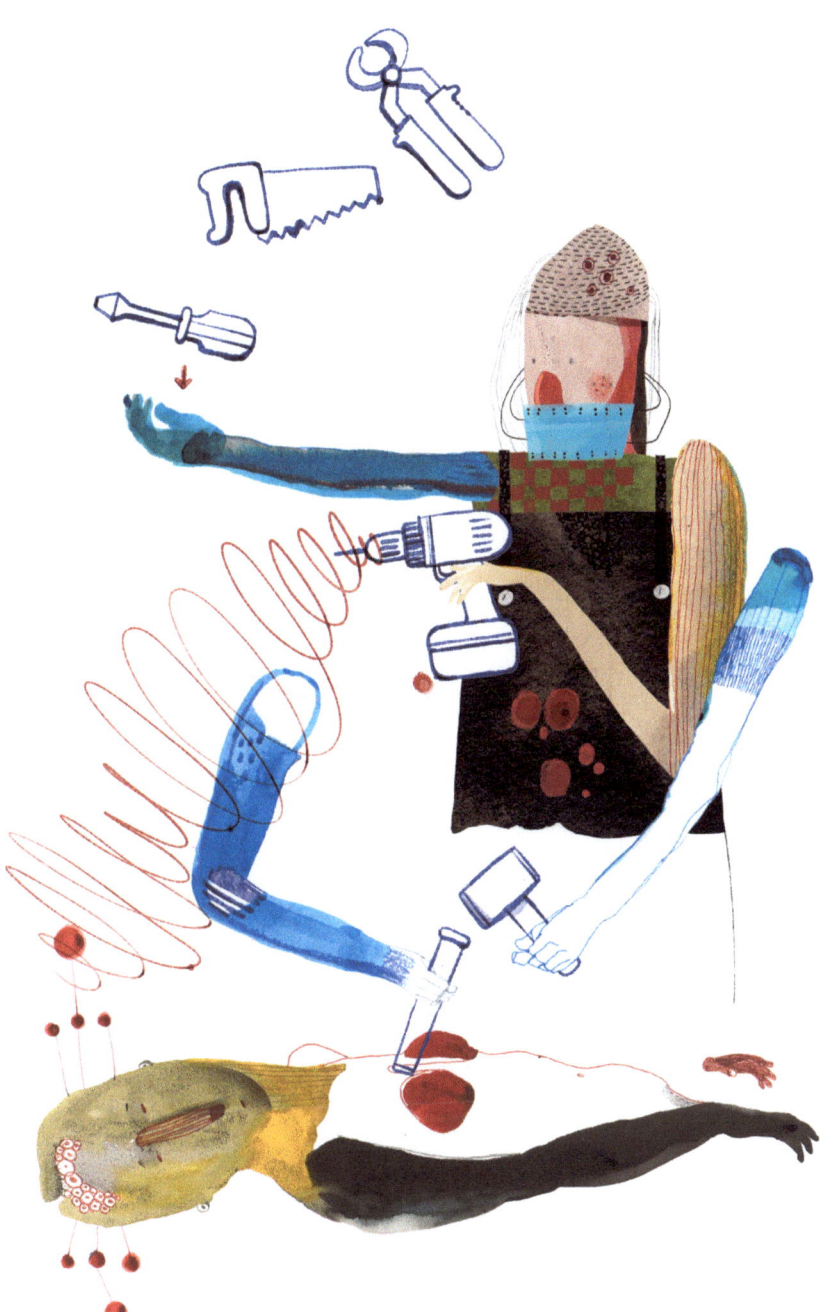

1983

GEEN MILITAIRE AMBITIES

In onze discussies kon mijn grootvader mijn groeiend antimilitarisme aanvaarden. Hij had me uitgebreid verteld over de gruwelen tijdens de Eerste Wereldoorlog en zijn ervaringen als gijzelaar in de Tweede Wereldoorlog. Maar ook op school werden we geïndoctrineerd alsof we in een soort tweede Heilig Land woonden. Bij de start van mijn universitaire studies had mijn grootvader me het quasi-verboden boek *The King Incorporated. Leopold II in the age of trust* van *Neal Ascherson* (1932-) geschonken alsook fragmenten uit het *1904 Casement Report*. Ik walgde van de vele amputaties van handen, penissen en borsten in Congo Vrijstaat. Het verzwijgen van de ware geschiedenis van België had me diep getroffen. Veel later, als zestigjarige, werd de geleden realiteit opnieuw in detail beschreven. Ik las dat zowel *Daniël Vangroenweghe* (1938) als *Adam Hochschild (1942)* er in hun respectievelijke boeken *Rood Rubber – Leopold II en zijn Kongo* en *De Geest van Koning Leopold II en de Plundering van de Congo* er geen doekjes rondwonden. Het koloniaal verleden van België werd zelfs in 2012 door Nobelprijswinnaar *Mario Vargas Loosa* (1936) gedramatiseerd in zijn roman *De Droom van de Ier*.

Alles in mijn levenshouding liet dus uitschijnen dat ik nooit bereid zou zijn als soldaat te dienen. De steeds maar terugkerende tv-beelden van kapotgeschoten en gemartelde jonge Amerikaanse soldaten van mijn leeftijd hadden mijn aversie voor het leger duidelijk gemaakt. Door de novelle *Slaughterhouse-Five* waarin *Kurt Vonnegut* (1922-2007) heftig reageerde tegen die oorlog werd mijn onverschilligheid nog groter. Bovendien dacht ik toen reeds dat een land minder gediend is met een dode soldaat dan met een levende belastingplichtige.

Mijn naïef idealisme deed me geloven dat ik door mijn inzet als jonge chirurg het lot kon verbeteren van diegenen die geen toegang hadden tot adequate medische zorg. Ik wist echter nog niet dat vrijwilligerswerk in het buitenland ook door de onzichtbare internationale politiek gecontroleerd werd. Ik dacht dat het mogelijk was me voor anderen in te zetten zonder persoonlijke schade te lijden. Evenmin was ik me bewust van mijn onvermogen mezelf in bedwang te houden wanneer ik op een pijnlijke manier gemanipuleerd zou worden. Ik was er nog altijd van overtuigd dat het vrij moeilijk moest zijn iemand een kopje kleiner te maken.

Toen ik als vrijwilliger vertrok, geloofde ik slechts wat ik mezelf had wijsgemaakt en schermde mijn oren af voor de realiteit. Inmiddels weet ik dat de werkelijkheid steeds gecompliceerder is dan wat ik er me kan van voorstellen. Gelukkig beschikte ik over de gave toe te geven dat mijn destijds idealisme verkeerd was. Mijn vreemde hersenkronkels hebben inmiddels de juiste plooi aangenomen.

>*"Zou je je opnieuw als vrijwilliger inzetten voor de Derde Wereld?"* vroeg mijn grootvader toen hij me na drie jaar terugzag.
>*"Nooit meer! Maar er was geen alternatief. Ik had absoluut geen zin om mijn tijd te verspillen in het leger. Maar de Derde Wereld had ook voordelen. Ik verleerde er mijn naïviteit en nog van iets of iemand schrik te hebben."*

Ondanks alles spijt het me geenszins geen militaire functie vervuld te hebben. Ik heb geen behoefte aan om het even welke medaille. Ik erfde trouwens de volledige collectie van mijn grootvader. In een plastieken emmer in mijn garage bewaarde ik lange tijd al zijn erkenningen met en zonder palm, met en zonder zwaarden, met gouden, zilveren strepen of sterren, vuurkruis, oorlogskruis, overwinningskruis en ijzeren kruis. Ze hangen nu in een museum van zijn dorp.

1984-87

EEN KLEIN CARAÏBISCH EILAND

Nooit was ik bang voor het onbekende. Eilanden spraken tot mijn verbeelding en hadden op mij een onweerstaanbare aantrekkingskracht. Ik droomde van een idyllische kleine spikkel aarde midden in zee. Ik hoopte er voor een tijdje anders te kunnen leven, beleven, handelen, en er ongestoord mezelf te zijn. Ik hoopte op nieuwe ervaringen ver weg van de maatschappelijke beperkingen die ik tot dan toe had ervaren. Misschien zou ik er wel blijven wonen.

Het was, is en blijft een spectaculair eiland. Twee uur volstaan om er met een jeep helemaal omheen te rijden. Evenals de taal, het Creools, gaf het eiland me een mysterieuze indruk. De pracht van de oude hoofdstad ontroerde me, maar had tegelijk ook een bevreemdend effect. Je vond er van alles: twee leuke nachtclubs, enkele bordelen, gammele vissersbootjes naast luxejachts met goedbewapende lui van allerlei allooi, een grote winkel met weinig koopwaar, een voetbalveld zonder gras en te veel sporters, een gymzaal met buizen en stenen als trainingstoestellen, een bibliotheek met zeven boeken waarin bladen mankeerden, een postkantoor met continu gebrek aan legale postzegels, een kapelachtige kerk met aanhoudend zingend geroezemoes, iets meer dan honderdduizend donkergekleurde inwoners waarvan veel sterkgespierde mannen, maar vooral aantrekkelijke vrouwen met uitgeholde ruggen en geweldige rondingen boven- en achteraan. Maar er was ook verse vis in overvloed, en elke dag levende krabben en kreeften. Vlees was niet voorhanden, maar je kon er kippen stelen. Opvallend, er waren maar een drietal blanken.

Ik voelde me onmiddellijk thuis op het eiland. Dit hemelse paradijs was een verzamelplaats van alles wat niet mocht, afweek en verdrongen werd. De confrontatie met exotische, romantische taferelen oversteeg zelfs mijn ruimdenkendheid. Overal op het eiland hoorde je een soort muziek die me voorheen onbekend was. Alleen al de klanksterkte van het opgewonden hete geluid getuigde van een uiterst losse moraal. De geïmproviseerde klanken waren spontaan, multiraciaal, sensueel en openlijk erotisch. Ze ontwikkelden een swinggevoel. Er was het mengsel van gospel, blues en ragtime. Was ik in de buurt, dan nodigden gewillige vrouwen me steevast uit om lekker mee te dansen. Maar ze hielden niet van mijn aangeleerde stereotiepe danspasjes. Hier diende ik me anders te amuseren dan op het thuisfront. Bij deze natuurlijke, sensuele bewegingen pasten geen houterige en robotachtige danstaferelen. Sierlijk zwaaiden ze hun armen, heupen en dijen. Telkens werd ik uitgedaagd. Dansen op het strand was een openbaring. Een prachtige vrouw kon plots naast me opduiken, poedelnaakt, nat van het baden en met de haren plakkend aan haar donkere huid. Om haar testosteronniveau en libido te verhogen, vroeg ze gejaagd om een glas sterke rum. Het maakte haar vrijer. Wanneer ze daarna opnieuw in de schemering verdween, keek ze me nog lang en verlangend na. Nooit heb ik aan die voluptueuze naaktheid kunnen wennen. Nooit had ik me het bestaan van zoveel ongedwongenheid kunnen indenken. Constant waren deze vrouwen op zoek naar een gelegenheid hun lichaam aan te bieden. Hier werd niet berekend met lichaamskunsten, maar men genoot van elkaars kunsten.

Zo goed ik kon, paste ik ook mijn gewoonten aan die van de bewoners aan, althans wat betreft het niet-medische. Mijn aanpassingsvermogen werkte uitstekend. Maar in ruige situaties vervagen alle remmingen. Het eiland met zijn weelderige, paradijselijke schoonheid was helemaal geen ongerept Hof van Eden. Destijds was het reeds een beruchte strafkolonie van het Britse overzeese rijk. Naar het schijnt was het een hel waar mensen afschuwelijk werden gefolterd, gewurgd, verkracht en overboord gegooid.

En dit soort lol zou er ergens ver verborgen van de buitenwereld nog steeds bedreven worden. Ik ervaarde snel dat het veeleer een kwestie van overleven zou worden dan binnentreden in wat ik me van het hemelrijk kon voorstellen. Om me op het eiland thuis te voelen en zo lang mogelijk in veiligheid te kunnen rondlopen, had ik geen andere keuze dan mijn aangeboren talent te perfectioneren me als een kameleon te gedragen. Ik heb me hierdoor veel schade en schaamte bespaard. Ik herinnerde me nog de wijze woorden die mijn mama zo dikwijls had herhaald:

> *"Als je je later wil beschermen tegen je hypocriete omgeving, zorg er dan voor dat je te allen tijd ondoorgrondelijk blijft. Slechts dan maak je kans gerespecteerd en misschien gevreesd te worden."*

Mijn natuurlijke reactie was intellectueel terug te vechten, niet op te geven en zeker te winnen. Na enkele weken werken in het ziekenhuis had ik reeds de beklemmende angst voor de dood van me afgezet. Snel verloor ik mijn maagdelijke onwetendheid over folteringen. De dood erotiseerde mijn zinnen maar erodeerde mijn normen. Mijn intuïtieve behoefte aan wijsgerige en morele overwegingen verdween hier in de diepte van de omringende oceaan. Hier was geen plaats voor medelijden. In mijn idealisme had ik me nooit kunnen inbeelden in een koloniale wereld van hebzucht terecht te komen.

1984-87

ONMIDDELLIJK EEN WARM ONTHAAL

Door mijn niet aflatende nieuwsgierigheid naar de geschiedenis van het eiland, ontmoette ik de eerste week Katharina. Op het eiland was ze consul voor Duitsland en de Benelux.

> *"Noem me maar Kath,"* klonk de melodieuze stem van de diplomate.

Vanaf het allereerste moment heerste tussen ons een beleefd wederzijds respect. De twintig jaar oudere, slanke en vitale Germaanse Walkure was van nature begiftigd met een uiterlijke schoonheid en intelligentie. Haar rimpelloos gezicht was dermate fris en vrouwelijk dat ze niet de minste nood had aan aanvullende make-up. Ze meldde dat ze, op een jointje na, nooit gerookt of alcohol genuttigd had. Haar universitaire vorming, talenkennis, leergierigheid, kunstzinnige interesses en culturele bagage overrompelden me. Ze verstond de kunst haar hoogstaande persoonlijkheid op de meest eenvoudige en spontane manier tot uitdrukking te brengen. Ze beweerde dat ze haar hele leven lang omringd was geweest door voorname vrienden met looks, brains, lef, en gevoel voor stijl. Haar woordkeuze getuigde van macht, kracht en dominantie. Zelfs zonder enige medische scholing luisterde ze zeer geboeid naar mijn professionele ambities op het eiland. We leken mensen met dezelfde interesses, en hetzelfde type humor. We begrepen elkaar zonder al te veel vragen te moeten stellen.

Ik besefte op dat moment geenszins wat voor een dame ik had ontmoet. Hoewel haar zelfstandigheid, zelfbewustzijn en zelfbeheersing me fascineerden, wilde ik niet onmiddellijk ingaan op haar uitnodigingen bij haar thuis te komen lunchen. Ik maakte me weliswaar geen zorgen over eventuele verplichtingen die Katharina's verzoeken met zich mee zouden brengen. Nooit vroeg ze iets, maar ze probeerde wel mijn intenties aan te voelen en spaarde geen moeite om haar administratieve en legale diensten aan te bieden. Ze leek mij te willen beschermen en wilde vooral vermijden dat ik door mijn idealisme en enthousiasme als arts halsoverkop in netelige situaties zou terechtkomen. Ze wou er ook alles aan doen om te vermijden dat ik plots gedesillusioneerd het eiland zou verlaten. Misschien kon ze als diplomate ook instaan voor mijn veiligheid, mocht dit nodig blijken. Deze zelfverzekerdheid versterkte haar mysterieuze aantrekkingskracht. Ze leek ook iets heel waardevols te willen aanbieden, maar ik had het raden naar haar innerlijke werkelijkheid. Misschien wilde ze gewoon een tijdje gebruik maken van die zeldzame witte vis die hier in de zwarte vijver aangespoeld was. Ik interpreteerde haar kordate houding veeleer als een uiting van een vrijblijvende kameraadschap dan als poging me aan zich te binden. Evenmin had ik de indruk dat ze gevangen zat in haar verleden en meerdere facetten van zichzelf diende te verbergen. *Kath* dobberde liever rond op de golven van het leven. Ze leek trouwens geen vrouw te zijn die het hoofd kon verliezen door zich hartstochtelijk aan één bepaalde persoon te binden.

Na enkele ontmoetingen maakte Katharina me wegwijs in de verborgen paden van het paradijselijke eiland. Grotten gevormd door exotische struiken gaven de plaats aan waar zich goed verscholen invalswegen bevonden.

> "*Daarachter bevinden zich prachtige, maar geheime plantages. Alleen zorgvuldig geselecteerde mannen en vrouwen mogen er binnen. Ik zie wel of je je aan het eiland kunt aanpassen en dan vertel ik je er alles over. Maar zwijgplicht is absolute noodzaak, anders word je gelyncht,*" lachte ze ernstig en blies de rook van een jointje voorzichtig in mijn gezicht.

Ik voelde me niet geërgerd toen *Kath* me ook nadrukkelijk waarschuwde om op het eiland zo weinig mogelijk sociale kameraadschappen aan te knopen met intellectuelen, elitepersonen en gefortuneerden. Ik kon nog niet begrijpen waarom ze zo intens aandrong, maar ik wees er haar op dat materiële welstand me weinig kon bekoren en dat hofmakerij niet aan mij besteed was. Ik reflecteerde op een uitspraak van de stoïcijn *Seneca* (4 v.Chr.-65 n.Chr.) dat:

> *"... bezit de grootste bron van zorgen is en dat een wijs man daarom zijn rijkdom niet in zijn hart sluit, maar wel verbergt in zijn kluis."*

Ik heb me nooit geïnteresseerd in mensen en dingen die ik niet kan bereiken. Maar ik minacht ze ook niet. Ik laat gewoon aanvoelen dat ik zonder kan, en geniet hierom van hun eventuele irritatie.

> *"Je moet nooit jaloers worden op mensen die op een hogere financiële trede staan. Wanneer iemand het welstandsniveau bereikt heeft dat hem voldoening schenkt, zal hij zijn levenskwaliteit niet meer verhogen door extra rijkdom. Soms lijken ze dan wel de top, maar tuimelen gemakkelijk over de rand de afgrond in,"* had ik van mijn grootvader geleerd.

Zijn stellingname was voor mij geen onoverkomelijk probleem. Me in kringen van de high society, of pseudo-high society laten opnemen, ware dom of zelfs gevaarlijk geweest. Ze hadden me wellicht tot alles toe kunnen dwingen vooraleer me te verslinden.

1984-87

CHIRURGISCH OEFENTERREIN

In hoogontwikkelde landen hebben strikt hygiënische voorschriften de medische vooruitgang op revolutionaire wijze bevorderd. Tijdens mijn opleiding kon ik constant gebruik maken van een breed gamma medische onderzoeksfaciliteiten waardoor diagnoses en oplossingen mij als het ware op een gouden bordje aangereikt werden. Er moest ook niet teveel nagedacht worden over de aangeleerde en te volgen wettelijk opgelegde, goed afgelijnde en gestandaardiseerde verzorgings- en voorzorgsconsignes. Maar van flexibiliteit en improvisatie kon geen sprake zijn. En medisch falen betekende gerechtelijke vervolging, maar geenszins de dood. Maar op zo'n eiland was het anders. Omdat medisch falen hier wel tot weerwraak en moord kon leiden, diende ik er voor te zorgen dat mijn aanwezigheid noodzakelijk was, en vooral dat ik de enige was die kon wat ik kon. Ik leerde ook snel geen slaaf te zijn van emoties, maar dat de menselijke miserie op een uiterst rationele wijze moest aangepakt worden.

Op het eiland waren het de stand van de zon, buitentemperaturen en windrichtingen die bepaalden of er in het ziekenhuis al dan niet een anesthesist en voldoende personeel kon aanwezig zijn. Maar ook in deze wereld regeert de noodzaak en zijn buitenlandse chirurgische vingers onmisbaar. Om uit mijn tussenkomsten een blijvende voldoening te halen, was het dus essentieel mijn fingerspitzengefühl tot in het extreme te verfijnen. Geleidelijk aan werd ik me bewust van mijn nog onontgonnen talenten om creatieve oplossingen te vinden. In slechts enkele maanden tijd ontwikkelde ik een allround chirurgische expertise die uitgebreider was dan hetgeen ik tijdens mijn nochtans doorgedreven gespecialiseerde opleiding had opgestoken. Tevens schaamde ik me niet te rade te gaan bij de voodoopriesteressen. Ze wisten wat ik niet wist, maar ook wat de natuur aan heilzame remedies te bieden had.

Naast de klassieke orthopedische problemen en allerlei complexe breuken, werd het al snel duidelijk dat ik regelmatig zou geconfronteerd worden met de onvoorstelbaar criminele en gewelddadige realiteit. Het was de periode van VS-president Reagans *War on Drugs*. Twee door hun huidskleur sterk van elkaar verschillende bendes vochten om de controle van de winstgevende haven waar de cocaïnehandel tussen Zuid- en Noord-Amerika de hoofdactiviteit uitmaakte. Omdat het moeilijk was na te gaan wie er aan de winnende hand was, bleef het steeds oppassen geblazen. Hoewel ik er lange tijd in geslaagd was neutraal te blijven, werd ik uiteindelijk gedwongen te kiezen. Niemand kon me waarschuwen, maar de misdadige realiteit zou ik eveneens aan den lijve ervaren. Om me tegen alle eventualiteiten te beschermen, raadde Katharina me aan twee revolvers aan te schaffen met elk zes patronen. De pistolen redden mijn leven. Eén schot kon fataal zijn, maar als orthopedisch chirurg mikte ik steeds op het dij-of scheenbeen. De voodoopriesteres kon de wonden niet repareren, maar de onmisbare coca verlichtte de pijn. Wat later diende ikzelf de beendestructie te repareren met toch blijvende restverschijnselen, of te amputeren. Toen ik op het einde van mijn verblijf zelf voor cocaïnedealing in de gevangenis werd opgesloten, bevatte het tweede afgenomen schiettuig nog drie kogels.

In de operatiekamer waar de oceaanwinden continu zorgden voor verfrissing van de lucht, moest er bijzonder clean en vooral snel gewerkt worden. Er mochten geen *infecterende beestjes* in de wonden geraken. Efficiënte antibiotica waren niet voorhanden. Toch kon een banale wonde de voorbode zijn van happig Pietje de Dood. Ik herinner me nog die drie arme, weerzinwekkende lepramannen met hun gezicht en lichaam vol bultige verminkingen. Hun voetmisvormingen waren compleet gevoelloos. Ze

hadden een bloedvergiftiging opgelopen omdat ze teenwond-
jes niet hadden opgemerkt. De lepromateuze lichaamsdelen
werden zonder enig chirurgisch instrument of anesthesie door
eenvoudige draaibewegingen verwijderd en de droge wonden
afgedekt met beschermende papayaverbanden. Ik heb ze nooit
meer teruggezien. Verstoten door hun omgeving en de overheid,
trokken ze zich terug in hun eigen verborgen lepragemeenschap
waar de hoge koorts hun einde zou inluiden.

De vetes tussen beide vernoemde bendes leidden tot afgrijse-
lijke verwondingen. Meermaals moest ik vishaken verwijderen
uit zwaar toegetakelde armen. Noch de arm noch de vishaak
waren verder bruikbaar. Ook aarzelde men niet een mes in iemands rug te planten. Het overlijdensdocument werd 's anderendaags door de politie opgehaald. Zelden werd een onderzoek
geopend zodat ik een uitgebreide verzameling aan gevarieer-
de steekwerktuigen bezat. Een steekwonde aan de linkerzijde
van de borstkas was telkens een chirurgische uitdaging. Werd
de getroffene tijdig binnengebracht, dan waren er twee mogelijkheden. Ofwel drukte het teveel aan lucht de long plat, ofwel
verminderde de hartpompfunctie door een teveel aan vloeistof
in het hartzakje. Ik hechtte niet het minste belang aan het onderscheid want er was maar één dringende oplossing. Enkelen
kon ik van de verstikkingsdood redden door met een schaar
hun borstkas tussen de ribben open te knippen en zo de bloedingen te stelpen. Cocaïne en advies van de voodoopriesteres
hielpen de pijn te verbijten. Zodra het slachtoffer minder naar
lucht moest happen, bedacht ik een creatieve oplossing. Om het
resterende vocht uit de borstkas te verwijderen, fabriceerde ik
met een reeds gebruikte maar via koken gesteriliseerde urineka-
theter een tube die via een ander klein sneetje in de borstruimte
werd ingebracht. Aan het andere uiteinde werd de opvangfles
met een kapstok stevig aan het bed vastgesjord om diefstal te
vermijden. Toch gebeurde het dat de volgende morgen zowel
patiënt als fles verdwenen waren. Ik heb nooit gevraagd waarheen, maar ik was wel mijn fles en kapstok kwijt!

Niets verbaasde me nog na verloop van tijd, zoals die keren toen een buik was opengereten met een gebroken fles of slagersmes. Reparatie van de uitpuilende anatomie bleek niet meer mogelijk. Had men nog harder op elkaar ingebeukt, dan kon ik een deel van de ingewanden in de borstkas terugvinden. Terugduwen kon ook niet en ademhalen werd onmogelijk. Soms kwamen anderen binnengewandeld met letsels in het aangezicht. Meestal was het te laat om het gelaat ooit nog opnieuw te doen lachen of voldoende aantrekkelijk te maken om opnieuw gekust te worden. Het gebeurde eveneens dat men in een afgelegen cocaveld een comateuze persoon vond met een afgehakte arm. De arm was onvindbaar. Ik kreeg dus geen kans om te oefenen het afgehakte orgaan terug aan het geheel te herbevestigen. Maar de verbanden met gekookte cocaïnebladeren neutraliseerden de fantoompijnen. Bij sommigen kon ik een shock door ernstig bloedverlies opvangen door grote hoeveelheden vocht toe te dienen via de dikke darm. Gebeurde het dat iemand korte tijd na een slag op het hoofd bewusteloos gevallen was, dan aarzelde ik nooit om met een doordeweekse handboor enkele gaten in de schedel te boren. Het meest spectaculaire was toen ik af en toe verwittigd werd dat een naakte man uit een kokospalm zou vallen. Al een tijdlang was hij in de top dreigend met een hakmes aan het zwaaien. Normaal neerdalen kon niet. Zijn lot was bezegeld. Beneden stond een groepje dronken mannen van de andere bende hem op te wachten en dus bleef ik omringd door enkele politiemannen op een veilige afstand de snel evoluerende situatie volgen. Overleefde zo'n acrobaat zijn val uit een twintig à dertig meter hoge boom, dan waren mijn elastieken knelverbanden om bloedingen te stelpen initieel veel belangrijker dan luchtwegintubaties, borstkasdrains en luchtpijpinsnijdingen om er een buisje in te brengen. De verlammende wervelbreuken waren onbehandelbaar. Voodoopriesteressen en cocablaadjes uit mijn tuin zorgden voor een pijnloos overlijden.

"Dank voor de steun, doc", zeiden zijn kompanen die de voorbije uren vanop een heuvel naar de acrobaat waren blijven kijken. Ik knikte, maar heb nooit begrepen wat ze bedoelden.

Het ergste waren de met opzet uitgevoerde genitale mutilaties bij mannen en vrouwen. Op geen enkel moment van mijn leven heb ik me zo machteloos en kwetsbaar gevoeld. Telkens was ik van streek toen ik zoiets moest aanzien. Slechts op zo'n momenten voelde ik zelf de pijn die hen werd aangedaan. Ik kon niets uitvoeren behalve vaststellen hoe anussen op onnatuurlijke wijze waren gescheurd en ingewanden er doorheen uitpuilden. Ik wist nu wat me kon overkomen wanneer ik voor de verkeerde partij opteerde. In die omstandigheden waren mijn gevoelens van frustratie, tekortkoming en mislukking overweldigend. Ik verloor mijn idealisme, maar een marihuanasigaretje verlichtte mijn gemoed. Met die betrouwbare vrienden rookte ik levenslang nog regelmatig een jointje.

Soms werd ik als expert opgeroepen bij processen. Ik heb nooit goed begrepen waarom mijn aanwezigheid vereist was, want er werden geen autopsies uitgevoerd. Bovendien had ik het niet op advocatenkostuums en was ik evenmin een goed acteur. Corruptie en onrechtvaardigheid heersten alom. Het werd overduidelijk dat *Marcus Cicero* (106-43 v.Chr.) reeds gelijk had toen hij stelde dat met geld alles te koop was: macht en aanzien, advocaten en recht, leugen, bedrog en waarheid, en ook iemands leven. De gerechtszittingen hadden veel weg van een *commedia dell'arte*. Of men nu cocaïne in iemands bloed had gevonden, in een condoom of in zijn stoelgang, het had weinig belang. Rechterlijke beslissingen vielen na veel retoriek, maar zonder reëel bewijs. Het scheelde niet veel of men danste de samba in de gerechtszaal. Merkwaardig was wel dat er tegen de enkele bevoorrechten van de elite nooit aangifte werd gedaan. Ook hier was macht geconcentreerd in kleine superrijke en verborgen groepen die later in staat bleken ook mijn leven op mysterieuze wijze te beïnvloeden. Gefortuneerde familieleden openbaarden hun geheimen liever niet in de gerechtszaal. Velen die deel uitmaakten van de georganiseerde misdaad, hadden strikte zwijgplicht. De machtigste mannen ontmoetten elkaar vrij regelmatig in saloons die volledig bezet waren met spiegels. Wie het aandurfde te verklappen wie met een prostituee gezien was of als fetisjist aan orgiastische spektakels deelgenomen had, werd later via een amateuristische procedure de tong uitgerukt of een paar vingers afgeknipt. Ik vermoed dat ze dan terecht kwamen bij een voodoopriesteres.

1984-87

VOODOOPRIESTERESSEN

Op het eiland raakte ik geïntrigeerd door de medische aspecten van de voodooreligie. De populariteit van de voodoopriesteressen was dermate groot dat het levensgevaarlijk was zich tegen hen te verzetten. Naarmate hun omgeving meer geloof schonk aan hun opgevoerde rituelen, raakten de priesteressen zelf ook meer en meer overtuigd van hun magische krachten. Evenals hun slachtoffers waren ze bijgelovig. Sommigen waren nochtans wel te goeder trouw, maar ze behaalden niet wat ze beweerden te willen behalen. Niet iedere priesteres had de bedoeling haar slachtoffers te bedotten, maar dit was precies wat ze in de praktijk deed. Toch kon ik hen niet vergelijken met onze huidige kwakzalvers.

Ik had een speciale voorkeur voor die ene voodoopriesteres in lange witte gewaden en tulband. Steeds bracht ze offers aan haar voorvaderen. Ze verkocht religie gebaseerd op een mengsel van christelijk geloof en West-Afrikaans spiritisme. Kaarsen, crucifixen en wijwater werden gecombineerd met Afrikaanse en Caraïbische talismans, vervloekingsrituelen, giftdrankjes en amuletten. Ze combineerde de functies van magiër, genezeres, koningin, businessvrouw en verkoopster. Ze kende ook alle machtige kopstukken uit beide bendes. Net zoals in de klassieke geneeskunde had ze voor elk soort klacht en nood een remedie. Maar die ruilde ze dan wel in voor informatie. Zij wist maar al te goed dat bijna ieder mens behept is met dezelfde soort klachten.

Haar openbare rituelen werden met veel lawaai opgevoerd. Tijdens de luidruchtige ceremonies werd honing in een glazen pot gemengd met organisch zwavel en doornappel. Daarna werd het mengsel tegen een zwarte kat aangewreven. De katten kwamen nooit meer terug. Om klachten te onderdrukken, kreeg de patiënt een slokje van dit brouwsel. Tijdens mijn verblijf op dat eiland voelde ik me lichamelijk perfect gezond en had ook geen enkele klacht. Toch verzekerde de statige voodoopriesteres mij dat er ergens iets niet klopte. Gedreven door mijn ingeboren nieuwsgierigheid, maar ook door de hoop het ongekende tekort aan te vullen, besloot ik haar krachtig mengsel uit te testen. Echter, iets te enthousiast. Naderhand deelde men me mee dat ik hallucineerde. Ik had wild gezoend en gedanst. Ik had ook gepoogd met een korte aanloop het wereldrecord verspringen over gloeiende as te verbreken. Toen ik in het ziekenhuis onder de lachende ogen van mijn getrouwe non-nachtverpleegster opnieuw tot normaal bewustzijn kwam, werd me duidelijk dat mijn trip het resultaat was van een magisch mengsel, samengesteld uit de *hallucinogene alkaloïden scopolamine, hyoscyamine* en *sporen van atropine*. De minimale brandwondjes genazen snel door lokale applicatie van onrijp papajavruchtenvlees. Een gynaecoloog van het eiland had me erop gewezen dat kleine ulceraties in de baarmoederhals vlekkeloos konden genezen door introductie van dit groene fruitvlees in de vrouwelijke flamoes. Maar het mengsel had me niet genezen van hetgeen aan me schortte. De klacht is zelfs erger geworden. Mijn soms uitgelaten en niet te stuiten hyperactieve stemmingen zijn nog steeds niet verdwenen.

De voodoopriesteres was een geslepen businessvrouw die dealde in cocaïne, alcohol en erotiek. Ze verschafte prostituees hun uitgebreid vermaak in bordelen. Door haar liet ik me ertoe verleiden als tussenpersoon te fungeren in haar lucratieve heroïne- en cocaïnehandel. Te laat zag ik in dat alles waar snel veel geld mee te verdienen valt, vatbaar is voor verraad. Het werd me bijna fataal.

Maar ik stond wantrouwig tegenover haar truc met het voodoopopje. De pop werd met mos, duivelsdrek en zwavel opgevuld. Op een stukje papier schreef een vrouw de naam van een persoon die moest uitgeschakeld worden. Vervolgens werd het berichtje met een naald op de pop gespeld. Soms vreesde ik het doelwit te zijn. Maar het waren vooral vrouwen die hun concurrentes in de liefde voor eenzelfde man wilden liquideren. Ook hier werd het duidelijk dat mannen het rechtstreekse voorwerp konden uitmaken van wedijverende vrouwenliefde. Omdat het popje uiteindelijk op een vuilnisbelt of in de riool werd geworpen, vond ik het toch raadzamer mijn nieuwsgierigheid voor dergelijke voodooceremonies in te tomen.

1984-87

ELK KRIJGT ZIJN DEEL EN SPEELT ZIJN ROL

Tijdens mijn jeugdjaren had ik ervaren dat het beter was mijn schelmenstreken zoveel mogelijk toe te dekken. Braaf en eerlijk de waarheid bekennen, leidde tot jolijt ofwel tot woede, en liet me niet toe vrij te blijven denken en handelen. Om ongestraft kattenkwaad te kunnen uithalen, moesten mijn drijfveren dus mysterieus blijven. Zolang er twijfel bestond omtrent mijn uitleg, kon men me ook niet met een rammeling belonen. Het kwam er dus op neer harten en geesten te veroveren door mijn activiteiten, die onlogisch leken, als onmogelijk voor te stellen. Het kon me destijds trouwens geen knijt schelen dat ik oneerlijk overkwam. Kwam ik soms hartelijk en oprecht over, dan was dat slechts om de aandacht af te leiden van de ware toedracht van mijn bedoelingen.

Wanneer het me op het eiland duidelijk werd dat een chirurgische situatie ernstig was, gaf ik ook een raadselachtige indruk. Om de verplegenden te overtuigen moest ik als vreemdeling hun curiositeit opwekken. Maar omdat ikzelf ook niet steeds voldoende zekerheid had betreffende een of andere medische situatie, ontwikkelde ik argumenten waarbij het voor hen moeilijk was er iets tegenin te brengen. Geheimen waren er niet, maar ik deed me geheimzinnig voor. Had ik onmiddellijk te veel vertrouwen uitgestraald, dan zouden ze me het leven nutteloos moeilijk gemaakt hebben. Soms kon ik dus niets anders dan me wat naïever voor te doen dan ik in feite was om te achterhalen wat zij dachten en wilden. Ik liet hen de indruk dat ze intellectueel superieur waren. De zekerheid dat het tegendeel waar was, streelde mijn ijdelheid.

Hoewel het niet mijn bedoeling was op het eiland de tradities met de voeten te treden, stuitte de manier waarop zwaargekwetsten verzorgd werden tegen mijn aangeleerde medisch-chirurgische en hygiënische logica. De verplegenden voelden zich veilig in het comfort van hun gewoonten. Aanvankelijk deed ik dan maar alsof ik hun systeem van verouderde protocollen respecteerde. Het had trouwens niet de minste zin hun diepgewortelde overtuigingen te bekritiseren of te weerleggen. Hun ijdelheid verhinderde hen in te zien dat ze onbezonnen te werk gingen. Hun arrogantie en zelfverzekerdheid maskeerden hun onwetendheid. Maar vrij snel had ik door wat ze in die medische situaties zouden doen en werd het steeds makkelijker het waarom van hun onsamenhangende en eigenzinnige gewoonten te ontwarren. Als jonge maniakale chirurg kon ik me geenszins baseren op hun systeem en ideeën. Hun handelingen stonden diametraal tegenover het doel dat ik me stelde. Om uiteindelijk voldoende controle te krijgen over de dagelijkse gang van zaken en bevredigende resultaten te boeken, had ik geen andere keuze dan sommige van hun methodes radicaal te veranderen. Het lag helemaal niet in mijn aard slechts een vuurtje zonder vlam te zijn en evenmin hield ik van pyrrusoverwinningen. Van hen verlangde ik handelingen die ze blijkbaar niet kenden, maar waarvan ik wist dat ze ervan zouden houden omdat het tot optimale resultaten zou leiden.

Het heeft me bloed, zweet en tranen gekost. Van Machiavelli had ik onthouden dat mensen zich gewoonlijk hard verzetten tegen nieuwe opgelegde gewoontes. Ik wist dat ze initieel misschien met alles konden lachen, maar er daarna zouden over nadenken om uiteindelijk het geheel te omarmen. Mijn aanpak mocht dus geen onrust veroorzaken en hun vermogen om zelf na te denken niet verlammen. Het had dan ook geen zin over mijn manier van denken en handelen te vergaderen, te palaveren en te argumenteren. Het zou extreem moeilijk geweest zijn hen slechts met woorden te overtuigen van het tegenovergestelde van hun inzichten. Had ik hen een gedetailleerde wetenschappelijke uitleg gegeven, dan zou ik niet alleen mijn tijd en energie verkwist hebben. Hun weerstand tegen mijn handelen zou nog groter geworden zijn. Om dus veel ellende te vermijden, hield ik mijn bedoelingen vaag, maar bleef bijzonder kritisch tegenover mijn eigen handelen. Maar om spanningen en conflicten te vermijden, aarzelde ik niet de schijn op te houden veel meer te weten dan zijzelf. Dit gaf hen een ongemakkelijk gevoel en daarom bleven ze mee doordenken en aandringen op oplossingen voor een probleem. Naarmate ik slaagde in mijn planmatige aanpak, nam ook hun weerstand zienderogen af. Mijn kennis en onze resultaten leverden steeds meer respect op. Geleidelijk aan bewees ik dat toegebrachte verminkingen niet steeds fataal dienden af te lopen. Leverde een chirurgische ingreep een minder fraai resultaat op, dan leek men bereid me te willen vergeven.

Nadat ik aan drie verpleegsters meer specifieke chirurgische training had gegeven, werd ik stilaan ook meer geliefd dan gevreesd. De sfeer werd steeds leuker, gemoedelijker en aangenamer. Het was mijn betrachting hen op elk moment te vriend te houden. Iedereen mocht wel zijn mening uiten, maar ik had het laatste woord. Ik maakte hen duidelijk dat ze zelfstandiger konden werken en tal van problemen zelf konden oplossen zodat ik me kon concentreren op de ernstigere gevallen. Hun vertrouwen kreeg een steeds grotere boost toen ik elk van hen aanleerde hoe ze kleinere operaties eigenhandig konden uitvoeren. Plots leek anatomie een aantrekkelijk vak. Uiteindelijk beheersten ze de vaardigheid diverse types wonden te verzorgen en correct te hechten. Ze vonden het geweldig allerlei vreemde voorwerpen zonder complicaties te kunnen verwijderen. Ook bleken ze al snel in staat breuken correct te immobiliseren. Ook voor hen werd de diversiteit van het aanbod een boeiende leerschool.

Toch werd ik nog geconfronteerd met grijpgrage handjes. Alhoewel ik niet beschikte over alle noodzakelijke operatie-instrumenten, leken de blinkende orthopedische fixatiematerialen een bijzondere aantrekkingskracht uit te stralen. Toevallig trof ik een groot deel van het gestolen chirurgisch materiaal terug aan in een afgelegen brasserie, opgetrokken uit bamboestokken en bananenbladeren. Normaliter dienen de platen en vijzen uit zo'n meccanodoos om gebroken beenderen opnieuw aan elkaar te bevestigen. In dit geval was het de bedoeling zich een soort luxueus comfort toe te eigenen door de poten van stoelen, tafels en kasten op decoratieve wijze te repareren.

Slechts twee door het thuisfront opgestuurde kisten farmaceutische middelen zijn ooit in het ziekenhuis toegekomen. De medicatie die normaal onvindbaar was op het eiland, trof ik aan in badkamers van gefortuneerde hooggeplaatsten bij wie ik af en toe verantwoording moest afleggen voor mijn prestaties. Na verloop van tijd vond ik deze uitnodigingen door een hoge functionaris of minister allerminst nog een privilege. Het kwam zelfs niet meer bij me op de gepaste nederigheid ten toon te spreiden, en ging nog uitermate zelden in op hun uitnodiging samen de lunch te gebruiken. Ik was hen geen enkele dank verschuldigd.

Toen een Europese minister van ontwikkelingshulp, vergezeld van drie nonnen, het voor tien miljoen euro gesponsorde ziekenhuis kwam inspecteren, mocht ik er niet bij zijn. Ik had me te kritisch geuit over de chirurgische benodigdheden, en men achtte het raadzaam dat ik enkele dagen van het toneel verdween. Spijtig, want ik had een zwak voor nonnen. Het kwartet mocht met chique wagens op het eiland rondtoeren en naakt zonnen op een verder gelegen luxe-eilandje van amper zes vierkante kilometer. Er woonden superrijke beroemdheden die jaarlijks ettelijke miljoenen dollars neertelden om het eiland naar hun maatstaven te runnen. De eigenaars hielden de koolstofdioxideproductie op peil door elektriciteit aan te maken met dieselmotoren. Water uit de oceaan ontzilten ze. Oceaanwinden zorgden voor continu lawaai. Het was er prachtig om te leven, ook al omdat de geldende normen door henzelf ingesteld werden. Genodigden werden slechts binnengelaten nadat ze door bodybuilders grondig gescreend werden. In mijn functie van chirurg dacht ik het eilandje af en toe eens te kunnen bezoe-

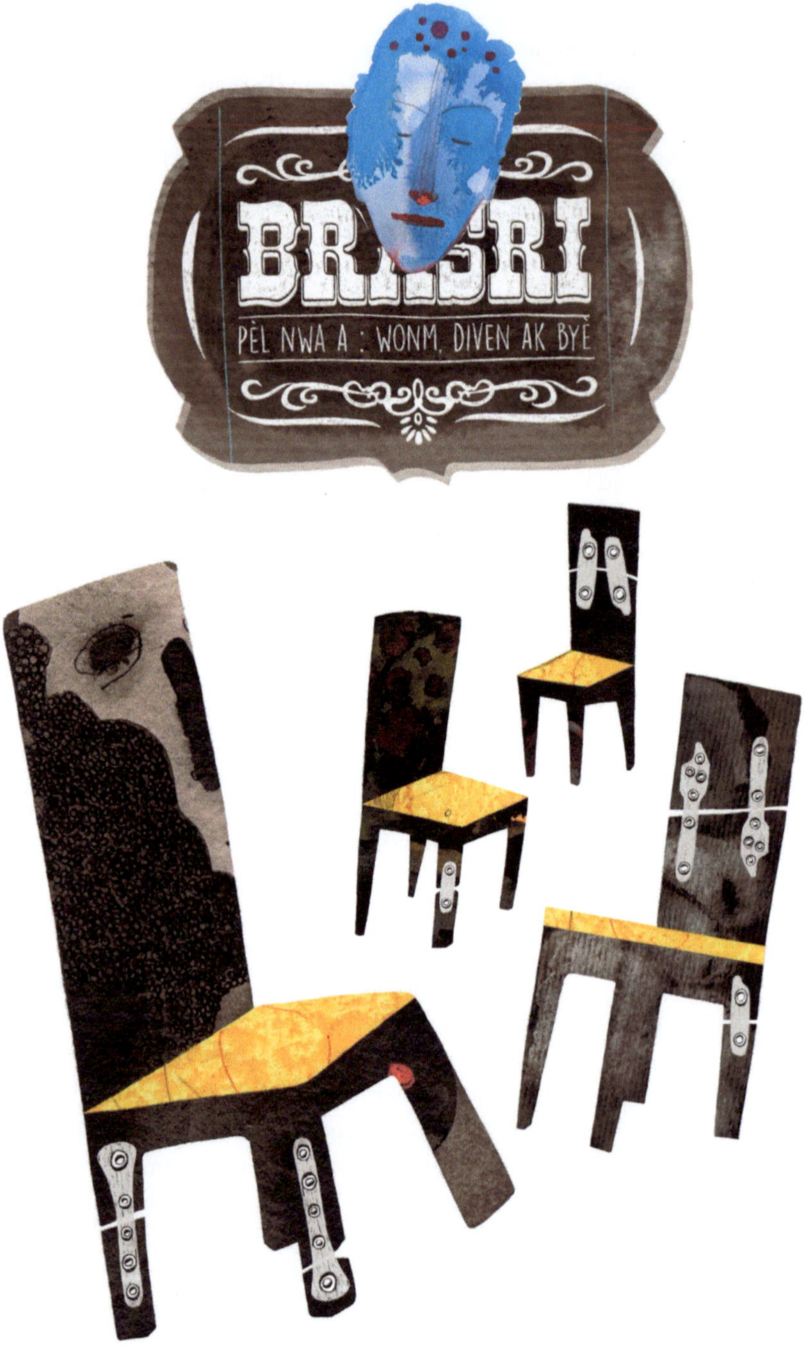
BRASRI
PÈL NWA A : WONM, DIVEN AK BYÈ

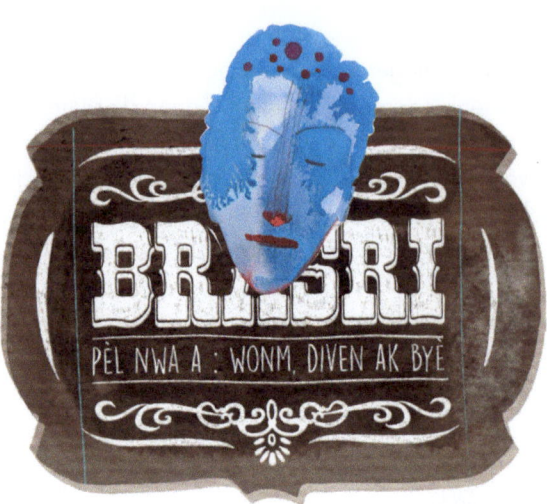

ken. Maar *mijnheer den doktoor* was te petieterig en *quantité négligeable* werd niet toegelaten. Beroemde mensen gaan niet zelf naar een arts. De arts wordt ontboden wanneer en waar zij het bepalen. Toch was ik door hen geliefd omdat ik steeds wel een oplossing vond voor hun medische kwalen. Ik had nooit een probleem met hun afstandelijke houding. De Griekse geschiedschrijver *Thucydides* (ca. 460-404 v.Chr.) schreef in zijn *Medische Dialoog* dat:

> *"... de sterken alles doen wat ze kunnen en de zwakken slechts kunnen ondergaan wat ze moeten."*

1984-87

AMPUTATIEDOC

Ik heb nooit begrepen waarom men zelfs in primitieve omstandigheden zo lang kon wachten wanneer zich complicaties voordeden als gevolg van onderbeenletsels. Een abnormale hoeveelheid huid-, been- en spierweefsel was vernietigd, kapotgeschoten of reeds afgestorven. Ook geniepige letseltjes konden ontaarden in uitermate complexe situaties met lugubere ellende tot gevolg. Soms merkte ik sporen van folteringen en kettingen. Maar het liet me koud via welke methodes men persoonlijke rekeningen had vereffend. Niemand was trouwens geïnteresseerd in een juridisch onderzoek. In andere gevallen lagen suikerziekte of bloedcirculatiestoornissen aan de basis van stinkende gangreneuze wonden. Voodoodokters hadden hen te lang en te intensief behandeld. In de reeds afgestorven delen smulden larven van het rottende vlees. Waar het een kwestie was van leven of dood twijfelde ik er nooit aan terug te grijpen naar een duizend jaar oude techniek. Wie niet akkoord ging, stierf sowieso. Men kon slechts van zijn infecties en pijn verlost worden door zelf aan het leven te verzaken. Door het grote aanbod maakten mijn getrainde verpleegsters er een erezaak van een efficiënte amputatietechniek te ontwikkelen en perfecte amputatiestompen af te leveren. Tegelijkertijd wilde ik experimenteren met de magische eigenschappen van coca en marihuana.

In een kleine ruimte naast de operatiezaal werd in één liter water telkens een handvol cocaïnebladeren gekookt. Geen enkele buitenstaander bekommerde zich om de zeer onaangename geur van de gekookte cocabrij die trouwens altijd beter rook dan het rottend lichaamsdeel. Het resterende cocavocht bewaarden we in flessen op een geheime plaats. Ondanks de hoge markt-waarde, werden de flessen nooit gestolen.

We negeerden de anesthesist. Deze slaapexpert was een avond- en nachtmens, was 's ochtends moeilijk te wekken, en sliep ge-woonlijk een gat in de dag. Ik had geen andere keuze dan zelf de slachtoffers in slaap te brengen want er moest snel gehan-deld worden. Een grote hoeveelheid van het goedkope anes-thesiemiddel ketamine was voorhanden. Toegediend via een bloedvat in de voorarm, werkte het verdovend, pijnstillend en achteraf soms euforiserend. Het middel werkte snel, maar de effecten waren van korte duur. Een te hoge dosis was fataal. Met elastische banden werd het bloed uit het been geperst en wer-den de bloedvaten hoog in de lies afgekneld. Na ontsmetting werd het onderbeen systematisch een tiental centimeter onder of boven de knie verwijderd en de stomp klaargemaakt voor af-werking na 24 uren. Omdat ik tijdens de kortdurende ketamine-verdoving het ademhalingsritme in het oog moest houden van de patiënt die doorgaans niet al te diep sliep, zorgde mijn ver-trouwde verpleegster-non voor uitstekend zaag- en boorwerk om de fabricatie van de toekomstige bedekkende spierflap mo-gelijk te maken. Haar uitzonderlijke vingervaardigheid zorgde ook voor een snelle en perfecte bloedstelping. De wonde werd niet gesloten, maar bedekt met de gekookte cocabrij en papa-javerbanden. 's Anderendaags werd de wonde gewassen met het gekookte cocawater uit de verborgen fles, en de spierflap als een kussen over de amputatiestomp gespannen en vastge-hecht. Door het marihuanasigaretje vond de geamputeerde zijn verzorging pijnloos en zelfs aangenaam. Een tweede en hoge-re amputatie kon meestal vermeden worden. In een latere ge-nezingsfase konden andere handige vingers uit mahoniehout een eenvoudige maar functionele prothese kappen waarvan de binnenbekleding bestond uit resten van autobinnenban-den. Na een paar weken konden de meesten opnieuw dansen op het voodooritme.

De combinatie van cocaïne en ketamine leek ideaal om de vereiste pijnstillende en ontstekingswerende effecten te bekomen. Achteraf volstond nog af en toe het marihuanasigaretje. Nadeel was evenwel dat sommigen na de ingreep hallucineerden en onaangename nachtmerries ervaarden. De ketamine deed hen ofwel *stikken in een tunnel* of *verdrinken in een rivier. Intensieve zorgen* geschieden met een emmer koud water en een harde rechterhandmep op hun kaak. Iedereen werd gered uit zijn dromerige bijna-doodervaring. Daarna neuriede ik iets zoals *Sweet Dreams* van de *Eurythmics*:

> *"Sweet dreams are made of this. Who am I to disagree? Everybody's looking for something. Some of them want to get used by you. Hold your head up, doc! Keep your head up, doc! Just move on!"*

Wanneer de ketamine volledig uit hun lichaam was verdwenen, was de *Sweet Lord-chirurg* bijzonder tevreden dat ook de spookpijnen doorgaans minimale restverschijnselen waren of compleet achterwege bleven. In drie jaar tijd had mijn amputatieteam 248 ledematen ingekort. In een minimum van tijd en zonder enig gesofisticeerd zaaginstrument, werden we experten in snelle amputaties en het koken van cocabladeren. Mijn plan was gelukt en er werden nog weinig vragen gesteld over uitstel van de dood.

Ik vatte deze chirurgische coca-amputatie-expertise samen in een artikeltje voor enkele wetenschappelijke tijdschriften. Niet eenmaal kreeg ik een reactie! Vermoedelijk werd ik zelf ook als een gevaarlijke kwakzalver-voodoopriester aanzien. Maar de ervaring via de vele amputaties leverde me een diepgaande kennis op van de nog vele onbekende cocaeigenschappen. In esoterische termen hadden enkele professoren ons destijds de ingewikkelde hypothetische verklaring gegeven dat er na amputaties veranderingen optreden in diverse delen van de hersenen. Dit zou dan ook de reden zijn voor het ontstaan en aanhouden van fantoompijnen. Maar de hypothese werd nog nooit door objectieve vaststellingen gedocumenteerd. Inmiddels had ik ook al vastgesteld dat veel hypothesen die op een ingewikkelde en dubbelzinnige manier voorgesteld werden, uiteindelijk slechts veronderstellingen bleven. Er is trouwens weinig nieuws onder de zon. In het Oude Rome en Griekenland gebruikte men reeds cocaïne, marihuana en cannabis om pijn en andere aandoeningen onder controle te krijgen. Van de Griekse historicus *Herodotus* (ca. 484-425 v.Chr.) wist ik dat hennep een elitair genotsmiddel was. Daarom aarzelde ik ook nooit om zelf af en toe deze heilzame plant in kleine hoeveelheden te nuttigen om me in een euforische toestand te verplaatsen. Nooit ondervond ik er enig nadeel van. Integendeel. Het gaf een goed gevoel de grenzen van mijn mogelijkheden te kunnen verleggen. En mijn brein functioneert nog steeds opperbest. Ook de toepassing van cocabladeren door de voodoopriesteressen was degelijk efficiënt bij de behandeling van aanhoudende pijnen, al veranderde dit niets aan de onderliggende aandoening. In mijn latere carrière stuurde ik kankerpatiënten naar Nederland om het natuurlijke wondermiddel te bemachtigen. Hierdoor konden ze hun metastatische beenpijnen veel beter onder controle krijgen en op een waardige wijze sterven. Mijn laatste ademstoot zal ook de walm van een jointje uitstoten.

1984-87

DE IDEALE GASTVROUW

Ik hield van de frequente diplomatieke gelegenheidsbezoekjes. De alleenstaande vijftigjarige *Kath* had er behoefte aan een medisch geschoold iemand als gelegenheidskameraad te kennen, maar vond het een getikt idee mij slechts voor de koffie-met-koekjes uit te nodigen. In haar idyllisch gelegen huis-van-de-staat met zicht op de blauwe oceaan en een tuin vol vanilleorchideeën, gaf consul Katharina me steeds een warme welkomskus, maar nooit een glas alcohol. Het samenzijn met haar verliep even ongecompliceerd als wanneer ik alleen was, maar het was veel prettiger. Nooit bezorgde ze me emotionele constipatie. Het fenomenale jointje garandeerde dat alle remmingen in rook opgingen. Onder haar donkere wimpers liet ze haar blauwe ogen langdurig op mij rusten. Zelden richtte een vorsende blik zich zo intens op mij. Haar vragen waren doortastend. Ze toonde interesse in de evolutie van mijn werk, maar vond het vreemd dat ik als arts niet met mijn hoofd in de wolken liep. Ze waardeerde mijn ambitie, gedurfd denken en oordelen en ik was verwonderd dat ze bewondering voor me had. Duizend dingen wilde ze weten. Maar Katharina's weetgierigheid was niks vergeleken met haar onweerstaanbare warme charmes. Haar vragen waren onderdeel van haar spel. Uitdagend bleef ik dan ook herhalen dat snijden in iemands lichaam me dagelijks een ultieme chirurgische voldoening gaf, maar dat ik evenzeer tevreden was bij haar rust te kunnen vinden.

Katharina was een voorname dame die waarachtig vrouw wilde blijven. Ze was geenszins behept met de drang zich aan haar omgeving aan te passen om zich dan als een andere persoon voor te doen. Ze had geen nood aan een decolleté om haar vrouwelijkheid bloot te geven. Haar lange, gladde lichaam was tenger, haar kont slank, en haar borsten nog spits en stevig. Toch kon ze zich tijdens haar sensueel solodansen uitdagend laten achteroverhellen en hadden haar fijne danspasjes het effect van een geheimzinnig levenselixer. Ze glimlachte bij de gedachte me lief te willen hebben en hoefde zich slechts eventjes dominerend tegen mij aan te drukken om mijn verlangen naar haar aan te wakkeren. Ik vermoedde dat ze de werken van *Markies de Sade* (1740-1814) gelezen had:

> *"De mens kan niet dwazer handelen dan zich te schamen voor de driften die de natuur hem schonk. Zelfs wanneer je iemand graag ziet, moet je leren met elkaar omgaan en je dromen, verlangens en fantasieën te allen prijze vervullen."*

Als *gentlewoman* kon ze zich eveneens als patiënte aanbieden om haar lichaam nog een tijdje te verhullen achter een resem ingebeelde klachten. Snel probeerde ik dan de betekenis van haar klachten te achterhalen. In het buitenland hadden uitgebreide onderzoeken en laboratoriumtests geen afwijkingen aan het licht gebracht. Het stelde me gerust dat ze nooit advies had gevraagd aan een voodoopriesteres. Ook mijn gladde, onderzoekende handen die haar zachte huid beroerden, konden evenmin een verdachte, pijnlijke zone ontdekken. Maar de grondige speurtocht prikkelde haar verlangens. Ze lachte wanneer ik me stoïcijns begon op te stellen en nog intenser wanneer ik luidop fantaseerde om de waarheid te omzeilen. Haar ongemakken verdwenen zienderogen.

Haar lusten werden sterker dan mijn verlangens, maar ze beheerste de kunst om mijn sluimerende waakvlam in een steekvlam om te toveren. Onverwacht kon ze me plots kussen en wilde snel weten of ik ook bandeloos zou zijn, ofwel aan banden wilde liggen. Ik twijfelde nooit. Ze sloeg haar armen om me heen en neuriede *I got you, babe*. In dit exotische klimaat zocht ze naar de andere ontbrekende warmte en streefde ernaar passioneel begeerd te worden. Ze liet zich ontvallen dat ze bijzonder grote zorg besteedde aan het microbioom van haar flamoes. Om de binnenzijde levendig te houden, maakte ze gul gebruik van glijstimulerende papaja-oliën. Ze wilde niet dat haar hof van Eden een doosje bleef waarvan het dekseltje slechts door een gynaecoloog kon geopend worden. In mij leek ze een tijdelijk geschikte partner te vinden met wie ze zich in haar verlangen naar intimiteit en diepe verbondenheid kon verenigen. Steeds gaf ze me het gevoel haar iets verschuldigd te zijn. Maar in haar beleving wilde ze geen onzekerheden noch belemmeringen, en wenste slechts dingen te ervaren die we ons achteraf nooit zouden hoeven te beklagen. Steeds beoogde ze zich hartstochtelijk te uiten wanneer ze zich zowel boven- als onderaan vrouw voelde. Toch gebeurde het dat we slechts eenvoudig vrijden.

Geïnteresseerd in cultuur en geschiedenis, was Katharina op de hoogte van de passie waarmee *Veneria, Myrtis en Lahis* in Pompeï de fellatio bedreven. Ze kende ook het Egyptische verhaal van de godin *Isis* die er vreugde in schiep een lichaamsdeel van haar geliefde *Anubis* met haar mond te bevredigen. Als passionele dame was ze, zoals beschreven in *De Geurige Tuin* van schrijver sjeik *Nefzaoui* (15de eeuw n.Chr.) en in *Les Belles Gourmandes* van *Pauline Barnet* (20ste eeuw), ernaar op zoek mij kortstondig naar de tuin van Eden te sturen. Zoals de hetaire *Aspasia*, de hoogbegaafde levensgezellin van de Atheense staatsman *Pericles* (ca. 495-429 v.Chr.), verlangde Katharina naar het liefdessap van mijn buidelvormige *Lady Slipper orchids* om mij na een kort moment van zinnelijke vervoering *de kleine dood* te laten sterven.

In de heerlijke warmte van de namiddagzon lagen we meestal uitgestrekt op de mat voor een grote schuin overhellende spiegel met roosgroengekleurd glas. Op een dun vloerkleed waarop kussens verspreid lagen, genoten we van de weerspiegeling van onze bewegende lichamen. Katharina had haar lichaam onthaard op alle plekken van verlangen. Haar lange benen strekte ze uit naast de mijne en haar billen vormden de dubbele weg naar onze wellust. Haar frisse heerlijke lichaamsgeur maakte het gebruik van bodylotion overbodig. Ze was zoals de Griekse godin *Aphrodite*, aan beide zijden geflankeerd door Liefde en Begeerte. Voor haar voelde het aan als een privilege te kunnen flirten, verleiden, misleiden, volop te genieten, en haar tederheid, warmte en liefde aan te bieden. Ze droeg geen pantser en voelde niet de minste schaamte om me liefdevol te zoenen. Alhoewel ik geen weerstand kon bieden aan haar zachte handen en dominerende liefkozingen, harmoniseerde ze mijn verlangens vooraleer ik me in extase kon verliezen. Ze verborg niets, maar wilde eerst dat haar lichaam gezien en intens gesmaakt werd.

Evenals de kunstschilder *René Magritte* (1898-1967) wist ze dat mijn mannelijk juweel geen pijp was. Ze wist dat het zo lief kon zijn, zo nobel, zo waardig en zo genereus. Met intense vreugde en fiere gulheid genoot ze van haar talent en passie. In haar zalige blik las ik dat ze nooit moe zou worden me te domineren.

"Ik wil je helemaal in me opnemen," zei ze opeens.

Haar manuele en orale vaardigheden deden mijn lichaam trillen. Mijn handen gleden door haar hoofdharen om haar nog meer strelingen te ontlokken. Haar sensuele, volle lippen omspanden passievol mijn fallus en het naakte huis van de volle orchissen. Omdat ze deel wenste uit te maken van mijn fantasiewereld genoot ze ervan mijn kostbaar juweel te strelen, ermee te spelen en het voluit onder handen te nemen. Ze wist precies waar het minuscule verticaal magisch gevoelige membraantje onder het kroontje zich bevond. Ik hield niet op haar haren te strelen. Wanneer ik te vroeg dreigde te exploderen, wist *Kath* precies hoe ze mijn big bang kon uitstellen vooraleer opnieuw hartstochtelijk te herbeginnen. Zij besliste zelf wanneer mijn vitale sluizen zich konden openen om van mijn liefdesnectar te nippen. De tip van haar fluwelen tong gleed zachtjes heen en weer over de volledige lengte en van de ene vene naar de andere tot net voor de eikel. Met kleine slagen van haar tong richtte de verbredende fallus zich nog rigider op vooraleer ze een invasie toeliet. Haar handen vormden het verlengstuk van haar mond. Bij elke lik van haar lippen onderzocht ze de koppende hardheid. Ze voedde de indringer en verslond hem. Door hun toenemende gewicht voelde ze de hoogdringendheid aan van mijn orchissen. Ze rolde de gedweeë zachte noten behendig tussen de ijverige vingers van haar linkerhand. Ze betastte, knuffelde, streelde en schudde zorgvuldig de beurs, waardoor mijn lust en begeerte steeds intenser werden. Haar rechterhand greep de lans stevig vast en bewoog hem op en neer op het ritme van haar pijpinspanningen. Ze smaakte het voorvocht. Haar tanden verwittigden me dat bewegen gevaarlijk kon zijn. Ik sloot mijn ogen en concentreerde mijn gedachten om haar overwinning zo lang mogelijk uit te stellen. Ze deed me duizelen en ik paaide haar met uitzinnige vreugdekreten. Mijn rug kromde zich. Ze duwde haar tong harder tegen mijn kloppende levensboom en zou meegenieten. Op het ritme van de zeevloed voltrok zich het heftige wonder. Een vloed van sterke golven stortte zich in haar mond tegen haar kaakwanden uit. De jus stroomde overvloedig. Haar speeksel en mijn vruchtensap bevochtigden de harde schaft waarop ze verder sabbelde. Met vochtige mond bleef ze nagenieten. Voor een moment ervaarde ik de *kleine dood,* maar mijn gezicht straalde unieke gelukzaligheid uit. Na mijn verrijzenis keerde *Kath* haar billen naar mijn juweel toe en hield ze uiteen terwijl ze haar rug vooroverboog. Als teken van haar dominantie zocht ze nu haar eigen genot.

1984-87

REGULIERE ASPECIFIEKE
BRONCHIALE SPASMEN OF RABS

Mijn lang en breedgeschouderd lichaam vereiste onderhoud van borst-, arm- en beenspieren. Katharina had me met aandrang aangeraden lid te worden van de boksclub. Steeds waren het dezelfde sparringpartners die me enkele gemene, agressieve verdedigingstrucs aanleerden om mijn latente agressiviteit te stimuleren. Hoewel ik geenszins de sportieve ambitie koesterde meppen te leren uitdelen, was ik snel overtuigd dat het op dit gevaarlijke eiland beter was me via de bokslessen op het ergste voor te bereiden. Tevens deed ik twee- à driemaal per week een rustige duurloop over de heuvelachtige paden. Door de regelmatige trainingen namen niet alleen mijn spierkracht en uithoudingsvermogen toe, maar ook mijn mentale weerbaarheid. Maar op het einde van mijn driejarig verblijf verging het hollen me plots niet meer zo goed. Mijn longen dienden geleidelijk aan dieper naar adem te happen. De voodoopriesteres was er na grondige analyse van overtuigd dat ik in de droge hitte mijn longen verbrand had, maar ik kon niet akkoord gaan dat ze het mengsel van honing, zwavel en doornappel aan mijn lijf wreef.

Twintig jaar later concludeerde een longarts dat ik leed aan 'Reguliere Aspecifieke Bronchiale Spasmen'. 'RABS' klonk in elk geval beter dan AIDS of SOA, maar niemand kon me uitleggen wat de oorzaak was voor het ontstaan van RABS. Omdat er steeds een geheimzinnig geurtje hangt rond een medisch gegeven dat niet in eenvoudige termen kan uitgelegd worden, betwijfelde ik deze diagnose, maar dankzij regelmatige adempuffers met wat cortisone ervaarde ik minder last van astmatische luchthapmoeilijkheden. Enkele maanden later werd onder anesthesie een correctie uitgevoerd van vernauwingen in de luchtpijpen. Zonder dat iemand het weet of merkt, rook ik sindsdien omwille van de reguliere pijnopstoten af en toe een verlichtend jointje.

De precieze reden van mijn longproblemen werd nooit achterhaald. Een Chinese longspecialist beweerde dat mijn longen een kleine hoeveelheid eigenaardige *neuro-endocriene cellen* bevatten die tureluurs draaien wanneer ze in rechtstreeks contact komen met ingeademde stofdeeltjes in de hete lucht. Zelfs in de medische wereld is er voor elk wat wils!

1984-87

COCAÏNEBUSINESS

Omdat ik uit interesse meermaals de behandelingssessies van de voodoopriesteres had bijgewoond, kreeg ik tijdens mijn openluchtconsultaties onder een zonnescherm plots regelmatig bezoek van enkele van haar gespierde handlangers. 's Morgens leverden de donkergekleurde mannen in maatpak theezakjes af met daarin een wit poeder. Later in de namiddag kwamen straatjongens in vodden de zakjes ophalen. Voor mijn medewerking in die cocahandel ontving ik telkens een geopend envelopje met honderd lokale dollars. Initieel beschouwde ik mijn medewerking als compleet ongevaarlijk. Naarmate echter de einddatum van mijn verblijf op het eiland naderde, werd ik aangemaand tot groter enthousiasme. Welke Godfathers mij onder druk zetten, zal ik nooit te weten komen. Maar ik volhardde in mijn beslissing. Ik ambieerde geen promotie in hun netwerk en weigerde verdere en intensere medewerking. Nu beklaag ik me dat ten zeerste. *In deze maffioze onderwereld was mij zonder twijfel een veel intenser, plezieriger, liederlijker, maar waarschijnlijk ook korter leven beschoren geweest.* Maar in die toren van verderf en zondigheid is weerstand bieden levensgevaarlijk en weerwraak de normaalste zaak ter wereld.

Volgens de Financial Times was en is deze kleine plek in de oceaan nog steeds een van 's werelds bekendste eilanden voor financiële offshore. Iedere vreemdeling kan er probleemloos een hoop centen parkeren op meerdere bankrekeningen. Maar anderzijds is het, behalve voor lokaal exuberant gebruik, quasi-onmogelijk je dollars terug te halen. Katharina had me verwittigd:

"Verberg je cocadollars naast de uitgedoofde vulkaan. Steek ze in een metalen doos en verberg ze in het meest ondoordringbare gedeelte tussen de bamboestengels. Je moet me niet zeggen waar, maar weet dat vrouwen op langere termijn verliefd worden op de portemonnee van hun echtgenoot. Geheime beleggingen zijn dus interessant want het is steeds beter meer te verdienen dan vrouwen kunnen uitgeven," flikflooide ze lonkend.

Mijn grootvader had me nooit gewezen op dit belangrijke aspect in het aardse leven van een mens, maar het idee van Katharina was geniaal. Toch moet ik ooit in een passionele bui het bestaan van die doos geopenbaard hebben.

Omwille van mijn cocahandel werd ik voor een periode van 25 jaar de toegang tot het verdoemde eiland ontzegd. Tot in de kleinste details waren internationale inlichtingendiensten in de Europese hoofdstad op de hoogte van alles wat zich in mijn leven had afgespeeld en afspeelde. Maar ik hoefde niet te liegen. Uiteindelijk aanvaardden de speurders dat ik in de drugstransit tussen Zuid- en Noord-Amerika slechts een kleine tussenpion was, maar als arts op het eiland wel het reilen en zeilen kende van de cocaïnehandel.

In mei 2015 kon de verroeste, maar goed bewaarde doos gerecupereerd worden. De door mij verraden Whiter, eilandadvocaat van de cocadealers, werd jarenlang in de gaten gehouden. Ook de op een kaart aangeduide geheime toegangswegen naar de goed verscholen drugsvelden bleken te kloppen. Na een geheime fysieke en mentale voorbereiding op een nieuw avontuur naar het eiland, werden in een blitzactie door een overzeese Amerikaanse antidrugbrigade de cocavelden met vlammenwerpers vernietigd. De geheime zijweg werd gespaard alsook mijn sacrale dollarzone tussen de bamboestengels. De opgepakte advocaat verklapte dat enkele maanden eerder andere zones naast de vulkaan intens bezocht en uitgepluisd werden, maar het doosje was niet gevonden. Het werd nu op mijn aanduiden met machetes vrijgekapt. Bij onze terugkomst overhandigden de inlichtingendiensten de verwrongen doos met een heel pak drugsdollars, een revolver met mijn vingerafdrukken, een wit zakje en mijn maffioze sigaar, aan officiële binnenlandse financiële diensten. Als beloning voor mijn jarenlange eerlijke medewerking en verraad, werden aan de inhoud van de slapende rekening-in-de-doos alle achterstallige offshore-intresten van 1988 tot 2015 toegevoegd. Voor de overheidsinstanties was het een gouden doos. Toch strafte de overheid me wel nog supplementair door de officieel erkende jaren die ik aan ontwikkelingshulp spendeerde, uit mijn identiteitsgegevens te schrappen. Voor die jaren werd ik door de staat beschouwd als *persona non grata* en werd mij mijn rechtmatig *ambtenarenpensioen* voor die eilandjaren volledig ontnomen. Iemand beloofde mij ooit deze zaak grondig uit te spitten en recht te zetten. Het is bij beloven gebleven.

"Wiens motivatie niet tot prestaties leidt, moet niet beloond worden," had mijn oude filosoof me ooit duidelijk gemaakt. Maar iedere dag genoot ik van de overblijvende cocadollars.

1987

TE GROTE MENINGSVERSCHILLEN

Na drie jaar zou mijn verblijfsvergunning op het eiland ingetrokken worden. Ook Katharina werd op de hoogte gebracht dat ik niet langer dan gepland zou blijven.

"Ik heb een gelukzalige tijd met je doorgebracht," zei ze oprecht.

Ik moest dus logischerwijze terug naar de modernere en niet-exotische wereld, eentje van de Kafkaiaanse administratieve gebruiken en kip met appelmoes.

Maar op het eiland werden mede door de toenemende internationale druk op de cocaïnekartels, ook de intriges, hebzucht, dwang, tirannie, misbruik, verkrachting, foltering en moord steeds meer schering en inslag. Door dagelijks geconfronteerd te worden met extreme menselijke onverschilligheid, boosaardigheid, wraak, vernederingen, wreedheid en meedogenloosheid werd ik zelf ook almaar onverschilliger. Ik zag, maar keek niet meer naar de aan polsen vastgebonden vrouwen en mannen die bewusteloos en verwond met vreemde tuigen in 't ziekenhuis werden binnengebracht. Ik vroeg me niet meer af waarom iemand gemarteld was. Ik keek er gewoon naar, aanschouwde de verzameling letsels, en maakte de triage vooraleer met de chirurgische herstellingen te starten. Kon ik hen nog redden, dan aanzag ik dat puur als een uitvloeisel van mijn toegenomen chirurgische vaardigheden. Overleden ze, dan had hun dood niet langer iets schrikbarends. Hun rustige gelaatsuitdrukking vertoonde niet langer hun uitgestane doodsangsten. Ik bezag hen, bracht een laatste groet, ondertekende hetgeen men mij vroeg te ondertekenen, maar nam nooit foto's. Ik keek rond, haalde mijn schouders op en ging weg. Niemand had interesse voor de eventueel binnengebrachte snijtuigen. Ik verzamelde de scherpste mede omdat ze wellicht ook nog voor mijn verdediging konden gebruikt worden.

Het onverschilligste individu blijft koning in een land van onverschilligen. Maar door die aanhoudende, extreme omstandigheden had ik niet alleen een extreme overlevingsdrang ontwikkeld, maar werd ergens in mijn brein ook een *killers instinct* geprogrammeerd. Misschien zouden de door de bokstrainingen verkregen armspierkracht en agressieve verdedigingstrucs toch nog nuttig blijken. Wie mij in zijn poging niet tijdig vermoordde, zou ik zonder aarzelen en meedogenloos eerder naar de hel van Hades sturen.

Mijn koppige persoonlijkheid moet aanstekelijk gewerkt hebben. Alle onredelijke regels bleef ik aan mijn laars lappen. Mijn minachting voor de heersende corrupte officiële instanties was gestaag toegenomen. Niemand van de ebbenhoutkleurige bewakers aan de poorten van het ziekenhuis bleek ook maar enige interesse te vertonen in mijn wettelijke, medische verplichtingen. Ze weigerden als koerier te fungeren om belangrijke documenten betreffende abnormale verwondingen of verdachte overlijdens aan de politie door te geven. De liquidaties waren nochtans professioneel uitgevoerd. Een eerste ebbenhouten man-met-kepie en rimpelig litteken als gevolg van een gespleten wenkbrauw vond de situatie nooit ernstig genoeg. Zijn collega-met-soms-een-kepie boven zijn volumineus bandietenhoofd reageerde steeds angstig. De derde collega-met-veel-te-grote-kepie die de helft van zijn gezicht verborg, keek scheel en kende het verschil niet tussen links en rechts. Officiële documenten werden achteloos weggegooid in een bak naast de poort. Ik wist dat achter hun handelingen andere verantwoordelijken schuilden. Ook op dit paradijselijk eiland liepen kafkaiaanse idioten rond.

Hoe langer ik op het eiland verbleef, hoe meer meningsverschillen ik met iedereen kreeg over hoe het verder moest, en hoe ongevoeliger ik bleef voor de bemerkingen van hogere instanties. Ik voelde me fysiek, mentaal en intellectueel sterk, en dacht, ten onrechte, dat men op dit eiland niet zonder chirurg kon. Mijn opmerkingen waren hard, weliswaar oprecht en rechtvaardig, maar juist daarom naïef. Ik kon me niet neerleggen bij de overmacht van overheden die niet konden of niet wilden ingrijpen, maar ik voelde niet de minste angst voor hen. Ik vergat zelfs hypocriet te zijn. Beide zwarte communes had ik medisch-chirurgisch correct geholpen, maar had toch ietwat meer aandacht en belangstelling aan de dag gelegd voor hen met een lichtdonkere huidskleur. De andere ebbenhouten commune vond dat de blanke chirurg een onuitstaanbaar probleem was geworden. Door mijn niet-aflatende eigenzinnige houding was ik voor hen van geen enkel nut meer, zeker vervangbaar en misschien zelfs beter uit de weg te ruimen. Maar ook op dit eiland lagen de begraafplaatsen vol met de stoffelijke resten van onvervangbare personen. Het pistoollood lag op mij te wachten.

Tegenover het misdaadmilieu had ik geen eed gezworen en ik stopte mijn job als tussenpersoon in de cocaïnehandel. Nu wilde men de volledige som drugsgeld terug, maar de straatjongens hadden meer dan de helft uit de dagelijks aangeboden enveloppes gepikt. Om risico's te vermijden, wenste ik te onderhandelen, maar wist niet met wie. Als chirurg-met-witte-huid had ik weinig ebbenhouten kameraden, maar wel twee lichtgebruinde aanbidsters. Vermoedelijk was het ook door hun tussenkomst dat ik kon ontsnappen uit wraakzuchtige handen.

Mijn familie had reeds enkele verwittigingen gekregen. Compleet onverwacht werd op de exotische markt mijn zoontje uit de handen van zijn moeder gerukt. Nochtans hadden we de indruk dat ze geliefd waren, mede omdat ze gewoon waren met hun zwarthuidige vriendjes te spelen. De voodoopriesteres wist precies waar men hem had verborgen. Ik had van het oord gehoord en bracht Katharina op de hoogte. Ze informeerde hogere instanties en politie over mijn hachelijke beslissing de plaats van mijn zoon in te nemen. Toen ik toekwam, was hij aan het spelen met kameraadjes, lachte me toe, en speelde verder. Ik werd uitgedaagd, wilde me verdedigen, maar na wat tegenspartelen bleken hun spieren sterker dan de mijne. Vastgebonden aan een palmboom werd mijn naakte lichaam blootgesteld aan hete zonnestralen. Terwijl ze zich volgoten met rum en bier, bedachten ze met wat en hoe ze mijn pezig lichaam zouden slaan en inkerven. Maar de ebbenhouten stamhoofden zopen iets te veel en discussieerden te lang. Onder escorte van dezelfde tien bodybuilders die mij in de bokszaal trainden, kwam Katharina me bevrijden. De politie heb ik niet gezien en de overheid maakte zich nooit zorgen. Toenemende onveiligheid verplichtte me mijn gezin met spoed naar het thuisland terug te sturen.

Daarna werd ik op een nacht weer eens opgeroepen voor een zoveelste chirurgische urgentie. Toen ik in mijn ziekenhuiswagentje stapte, voelde ik plots een revolver tegen mijn slaap aangedrukt en moest mijn pand opnieuw binnen. De mij bekende, maar nu zwaarbewapende mannen van de poortbewakingsdienst haalden mijn leeskamer leeg. Gelukkig had ik alle belangrijke paperassen reeds verbrand. Via een suggestief gebaar gaf ik te kennen dat ik dringend naar het groot toilet moest en één van hen begeleidde me naar het kleinste kamertje. Mijn gezonde darmbacteriën veroorzaakten een hevig flatulerend ontlastingslawaai zodat mijn oppasser door de walmen even afstand moest nemen. Ik zag de kans schoon om een van mijn verborgen plastieken cilinders-met-cocabladeren in mijn aars te stoppen. Prettig was anders. Een gemaskerde man in vuile ziekenhuiskleding zwaaide met een injectiespuit. Ik herinner me nog levendig de injectie doorheen mijn hemd.

"Je ging niet in op onze eis. Je hebt je eigen lot bezegeld," verklaarde hij doodgemoedereerd. Ik viel in slaap.

Niemand had iets gezien en niemand was op de hoogte van het gebeuren. Hun bedoeling was mij in het niets te laten verdwijnen zoals zoveel anderen vóór mij. Niemand zou het ooit geweten hebben en niemand zou ooit mijn verdwijning onderzocht hebben en ook de thuisbasis zou in het ongewisse gelaten worden.

Wat ik echter in al mijn voorbereidingen op dit driejarig verblijf nooit voorzien had, was dat mijn leven in de gevangenis kon eindigen. Ik zou voor de allerlaatste maal iets beleven wat onmogelijk leek. Het stond vast dat de ebbenhouten smeerlappen me zouden laten afzien, maar het was onduidelijk hoe ze zich eerst een tijdlang met mij zouden amuseren. Het was angstaanjagend omdat ik wist dat ik zou afzien en uiteindelijk de tijd zijn werk zou doen. Ik was niet wanhopig, wel onzeker, maar realiseerde me dat ik het laatste greintje idealisme over boord moest gooien wilde ik een kans maken om te overleven. Van onderhandelen was geen sprake meer. *Het zou ik zijn of zij*, maar had geen idee hoe ik zou kunnen ontsnappen. Ergens hoopte ik dat ik niet aan mijn lot zou overgelaten worden. Ik hoopte nog op de tussenkomsten van mijn non-nachtverpleegster en Katharina, maar was me er ook ten zeerste van bewust dat ik niet mocht vergeten wie ik tot dan geworden was. Mijn grootvader had destijds geprobeerd me iets duidelijk te maken wat ik op dat ogenblik daadwerkelijk ervaarde.

"Reken uitsluitend op jezelf. Of het nu in gezinsverband zal zijn of in groep, tijdens je studies of in de liefde, of zelfs in extreme omstandigheden, je beste vriend is en blijft alleen jezelf. Hij is de énige op wie je altijd kan en moet rekenen. Steeds zal men je de zegeningen van het gezinsleven verkondigen en steeds de deugden van het sociale samenzijn. Maar niemand zal je er ooit de frustrerende aspecten van uitleggen. Stem je leven dan ook nooit af op de levenswijze van anderen. Zoals een leeuw moet je vooral meester blijven van je tijd en doen wat je zelf wil."

1987

EERSTE DAGEN IN DE GEVANGENIS

De tijd ging ongemerkt aan me voorbij en ik wist niet of het dag of nacht was. Mijn blinddoek werd losgeknoopt. Half-naakt lag ik in een donkere ruimte op een hoopje gedroogde bananenbladeren. De handboeien rond mijn polsen sneden in mijn huid. Ik was alles verloren. Maar *behalve mijn kennis bezat ik nooit iets wat het verliezen waard was*. In deze gevangenis had ik geen rechten meer, alleen plichten. Overtrad ik één regel, dan ging ik dood. Brak ik er geen, dan was sterven een zekerheid. Een grote, goed gebouwde ebbenhouten man keek me aan. Hij gebood, stak zijn hand uit, en overhandigde me een tandenborstel met weinig haren. Uit een kraan droop zeewater. Ik poetste mijn tanden. Daarna dwong hij me op een draagbaar hurktoilet. Op zijn T-shirt stond zijn levensmotto:

> *'I beg you to fuck me'.*

Ik had geen zin. Luidruchtig liet ik een gasophoping uit mijn darmen vrij.

De eerste twee dagen werd ik herhaaldelijk naar het verhoor-kwartier voortgeduwd of voortgetrokken. Vijf bewakers hadden zopas als gladiatoren een extreem agressieve maar zeer angsti-ge gevangene met bamboestokken bewerkt en hem met een visnet gevangen en vastgesjord. Ik kende die scène. Tijdens mijn opleiding werd ik af en toe opgeroepen om een drugver-slaafde of CO_2-geïntoxiceerde te kalmeren omdat hij zijn daar-toe voorziene ziekenkamer kort en klein sloeg. Onvervaard ving ik hem op met een net. Daarna loste de situatie zich spontaan op. Wanneer hij uitgeraasd was en tot rust was gekomen, ging soms het licht vanzelf uit. De zwetende geëxciteerde patiënt kon sterven als gevolg van een veel te hoge hartslag, bloeddruk, pols en ademhaling.

In het ondervragingskwartier dansten keer op keer de onaantastbare geesten van gemaskerde en kortgerokte ebbenhoutkleurige bewaaksters moordzuchtig in een cirkeltje rondom mij. Ze leken helse wraakgodinnen met dierlijke trekken. Enkele cipiers leken ervan te genieten wanneer ik gedwongen werd op bamboestengels te knielen. Met dezelfde soort stengels sloegen de bewaaksters op mijn rug. Een emmer zout water deed de rest. Mijn sterke dijspieren hielden vol. Minuten verstreken tot de stengels wonden sneden in de harde huid die de kniepezen beschermden. Dan trokken ze me weer recht. Voortdurend herhaalde ik mijn verhaal. Op dit eiland had ik een verantwoordelijke functie vervuld en was met alle lagen van de bevolking in contact gekomen, maar niet met die ene elitaire groep en evenmin met de druglords. Mijn houding werd niet geapprecieerd. De ondervraagsters bleven zich op dezelfde manier gedragen alsof ze niets gehoord hadden. Hoewel ze alles wisten, werd de waarheid niet aanvaard. De omstandigheden boden hen ook alle mogelijkheden om door te gaan met hun krankzinnige verwijten. Er was geen bescherming mogelijk tegen hun aureool van arrogantie, zelfoverschatting en weerwraak. Het werd duidelijk dat ze op die plek hun bittere nijd konden uitleven zoals zij het wilden. Dronken van bier of rum in combinatie met hennep konden de bewaaksters hier hun slachtoffers mentaal en lichamelijk breken. Achter de muren van deze ondoordringbare gevangenis zou ik mogen roepen en tieren van de pijn zoveel ik wou. Het zou ook snel fout gaan indien ik probeerde hen voor mij te winnen. Veiligheidshalve toonde ik toch valse bescheidenheid. Ook hier liet ik doorschijnen dat ze intelligenter waren dan ik. Werden ze hierdoor zelfgenoegzaam, dan zouden ze wellicht minder snel agressief reageren. Het zou me ook wat tijd geven om van deze vernedering te herstellen en mogelijks om verwoestend terug te kunnen slaan. Misschien kon zich een situatie voordoen om dit stinkend hok te overleven. In ieder geval had ik helemaal geen zin om als hun martelaar te sterven en zelf zou ik hierbij ook op geen enkele manier gebaat zijn. Mijn volledige dagtaak bestond er dus in te blijven mijmeren, en iets te bedenken om uit deze hel te ontsnappen.

Ook in mijn hoofd zitten hersencellen die gewelddadigheid kunnen opwekken wanneer de gelegenheid of de plicht zich voordoet. Ook bij mij zit het kwaad ergens opgeborgen in een duister hoekje van mijn onderbewustzijn. En wanneer ik als enige moet instaan voor de redding van mijn leven, zal ik geen goden aanroepen, maar zelf beslissen en zonder aarzelen toeslaan. Ook vandaag laten mijn hersenen me niet toe ondoordachte raadgevingen opgedrongen te krijgen of als hond voor anderen te moeten kruipen. Zij die menen zich een morele superioriteit te moeten aanmeten, moeten niet wagen mij respectloos als een ordinaire schotelvod te benaderen. Genadeloos maak ik hun arrogantie af. Het voelt zelfs beter aan dan rustig van hen afstand te nemen. Mijn reacties zijn niet goed te praten, maar ik keer uitermate zelden terug op een goed doordachte beslissing.

Tot nu toe had ik op het eiland alles overleefd. Mijn oermoeder Ursula had me haar DNA en natuurlijke overlevingsdrang doorgegeven. In deze hel zou ik, zoals zovelen die ik in het hospitaal had gezien, ook als een beest behandeld worden. Hier liepen alleen bewaaksters rond die als katten op mij zouden springen. Kon ik hun sprongen overleven, dan was ik gehard om voor de rest van mijn leven opdringerige aanvallen te doorstaan. Maar hier wilde ik als een hongerige rat overleven. Mijn brein moest dus destructief blijven denken. Het heeft trouwens geen enkele zin om tegenover leeuwen plots liefdevol te worden. Ze hebben je zo snel door dat ze je verslinden met een grijns van genot. Ook hier zou men geen toegeeflijkheid of medelijden tonen. Ik kon niet anders dan me omhoog te trekken aan een wankele ladder van mogelijkheden. De revolterende maar koelbloedige opstandeling in mij moest zo lang mogelijk wakker blijven. Ik had trouwens ook nog nooit geambieerd om braaf te zijn.

Vóór mijn periode op het exotische eiland vertoefde ik zes maanden in een olierijk gebied van het Midden-Oosten. De zweepslagen had ik goed verteerd. Mijn pijndrempel lag hoog. In ijdele onoplettendheid was ik gaan winkelen in korte broek en hemd-zonder-mouwen. Mijn slanke, blanke ledematen en toen nog fonkelende blauwe ogen bleken een zinnelijke prikkeling voor twee in chador gehulde en lichtgetinte, obese vrouwen. Ze boden massa's riyals. Voor vele jaren zouden mijn schaapjes op het droge zijn. Maar toen was ik nog niet in staat die verleiding te weerstaan en wist ik niet dat anderen hiervoor reeds vermoord waren. In een limousine met alle luxe aan boord reden we naar het oudere en ommuurde deel van de hoofdstad. Ik weigerde de champagne uit een speciale dure fles met losse kurk. Op de tweede verdieping van hun paleis met binnentuin vol struiken en een fontein bevonden zich kamers die de nodige privacy garandeerden. De muren waren versierd met tapijten, mozaïeken en erotische kalligrafieën. Maar in hun afgezonderde, gesofisticeerde donjon had ik geen zin mij aan hun dominerende en mogelijk sadistisch-erotische lusten over te leveren. Mijn vlucht naar het gelijkvloers werd tegengehouden door twee poortwachters tegen wie ik niet op kon. Mijn riyals werden me afgenomen. Geblinddoekt voerden ze me weg. Na verplichte mondspoeling met de speciale champagne verdween snel de smaak ervan. Ik werd wakker in een smerige ruimte die naar uitwerpselen rook. Mijn enkels waren aan elkaar vastgebonden. De kettingen rond mijn polsen waren met zware hangsloten aan het plafond vastgemaakt. De ketens werden zo aangespannen dat de toppen van mijn tenen de grond nog raakten. Als een opgeknoopte hing ik daar machteloos, maar nog steeds met rechte hals. Mijn kleren werden als schotelvodden van mijn lichaam afgescheurd. Gelukkig bleef het andere foltertuig ongebruikt vasthangen aan de oude zwarte muren. Blijkbaar mocht ik niet verdwijnen, wel intens lijden. De beulen deden hun plicht. Mijn lichaam bleek moeilijk stuk te krijgen, maar de pijnen waren hels. Ik had geen cocabladeren kunnen kauwen. Omzwachteld in een smerige en gescheurde, zwarte abaya werd ik 's anderendaags uit een wagen geduwd. De lege champagnefles kreeg ik niet mee als herinnering. Bebloed liep ik waggelend als een carnavalist door het centrum van de hoofdstad op zoek naar een ambassade. Mijn verzoek om hennep met fruitsmaak werd ingewilligd. Zachte blanke handen van een obese administratieve medewerkster zonder chador verzorgden mijn wonden. De pijn verdween. Daarna werd ze vervangen door een lelijke, witgekleurde ambtenaar met col en kravat die me liever kwijt dan rijk was. Zonder riyals werd ik het land uitgewezen. Een paar weken later waren de wonden genezen.

1987

GEVANGENISSFEER

Tot op zekere hoogte kende ik het gevangenisgebouw waar ik via een geheime gang was binnengebracht. Regelmatig moest ik er samen met mijn slanke non-hoofdverpleegster half-dode gevangenen gaan verzorgen. Soms leken hun lichamen nog warm te zijn of zelfs nog te ademen. Maar ik zag niet goed in waarom deze creaturen nog verder dienden te lijden. In hun leven hadden ze geniaal bedachte maffioze rooftochten geleid, aan euforisch libertijnse seksorgieën deelgenomen en mes-scherpe moorden uitgevoerd. Ze hadden geproefd van de he-mel op aarde, maar zich nooit geïnteresseerd voor gouden le-peltjes. Rijstebrij zou hen weerhouden hebben ontspannend te genieten van hun P-spot om zich fysiek en mentaal top man te voelen. En wellicht waren ze op de hoogte van de beperkingen die hen in de hemel zouden opgelegd worden. Samen met *mijn non* gaf ik deze zwaar toegetakelde patiënten de absolutie voor al hun zonden. Ik knipoogde hen toe met mijn linkeroog. Met haar rechteroog knipoogde de non eerst naar mij en dan naar hen. Terwijl ze nog een kneepje in het gezicht ontvingen, deden mijn euthanaserende injecties feilloos hun effect. Daarna werden hun lijken in de oceaan gedropt als voer voor vissen en haaien.

De gevangenis was geen vredig zomerkamp, wel een vreemde wereld waar verdoemden hun leven nog een poos mochten rek-ken. Aan al diegenen die er binnenkwamen werd met een glim-lach meegedeeld dat er bijzonder weinig kans bestond dat zij er levend of ongeschonden zouden uitkomen. In de ogen van mijn bewaaksters had ik een zware fout begaan en daarmee was de kous af. Ik was betrokken geweest in een duister proces van cocaïnesmokkel en moest boeten, liefst zo gewelddadig mogelijk. Zij waren geen sociaal bewogen ambtenaren of sociaal assistenten die iemand opnieuw op de rechte weg wilden helpen. Het waren psychopaten die genoten van marteltechnieken, verkrachtingen en moorden. Hun wraaklust was te hevig opdat ze zelfs maar een greintje medelijden zouden betonen.

Familiebezoek was hier evenmin aan de orde. De resultaten van de ongekende praktijken mochten immers geen ruchtbaarheid krijgen. De tot beesten gedegradeerde veroordeelden hadden niet de minste inspraak wat hun lot betrof. Toch bleven de meeste verdoemden liegen om de bewakers te overtuigen van hun dwaze gelijk. Bandieten werden plots nederig en verloren al hun zelfzekerheid om toch nog vergiffenis te bekomen. Sommigen klampten zich hopeloos vast aan hun allerlaatste restje menselijke waardigheid. Anderen kropen als een pier weg in een holletje. Allen waren ze verloren. In deze ontmenselijkte samenleving werden ze door anderen geleefd.

Op een vuile matras van bananenbladeren lag recht tegenover mij een naakte jonge man. Hij droeg sporen van mishandeling en foltering. Hij rilde van de koorts en huilde van de pijn. De zweepslagen hadden zijn lichaam overdekt met bloedende en etterende wonden. In het ziekenhuis konden we dergelijke gapende letsels toedekken met een mix van cocabladerenpuree en geraspte groene papajavruchten. *Wonden genazen hier veel sneller met natuurlijke middelen dan op het thuisfront met dure synthetische farmacologische crèmes.* Hij staarde me aan en leek mij te herkennen. Ik herkende hem aan zijn linker dropvoet. Ik had hem ooit in het bovenste deel van zijn kuitbeen geschoten en wat later *deskundig gerepareerd.* Hij was één van de drie smeerlappen die mijn woning was binnengedrongen en geprobeerd had de moeder van mijn kinderen te verkrachten. Zij had geluk gehad. Ik kwam toevallig thuis op het moment dat ze victorie zouden kraaien. Koud stinkend angstzweet bedekte haar naakte lichaam. Haar gespreide armen en benen waren met vuile brede henneptouwen aan de beduiteinden vastgesjord. Uit haar mond verwijderde ik de prop marihuanabladeren. Twee van de drie rotzakken hadden geen geluk. Beiden schoot ik in het scheenbeen, de ene links en de andere rechts. In het ziekenhuis hadden we nog slechts één linker en één rechter implantaat om de beenstukken terug aan elkaar te lappen. Door de schotwonden kraaiden ze niet langer. Ze probeerden nog wat te kruipen, maar ik wist met medische zekerheid dat ze al strompelend niet ver zou geraken. Ook hier klappertanden mannen sneller wanneer ze een beetje pijn hebben. Ik kon dus mijn energie richten op de derde die via het kamervenster gevlucht was. Ik riep hem nog na terug te komen om zijn kameraden te helpen verzorgen. Eens te meer stelde ik vast dat niemand moet rekenen op zijn kompanen wanneer men in de rats zit. Maar vermoedelijk had hij gemerkt dat mijn handen niet beefden. Er zijn nu eenmaal momenten waar ik elke vorm van barmhartigheid vergeet. Was hij teruggekomen dan had ik niet geaarzeld hem ook neer te knallen. Ik zou niet op zijn been gericht hebben want ik had geen andere chirurgische platen en schroeven meer. Ergens anders versierden deze edelmetalen stoelen en tafels. Vermoedelijk had ik met mijn schot op de middenlijn gemikt. Later werd ik regelmatig aan dit derde gemiste schot herinnerd toen ik van mijn kinderen verloor bij het spel drie-op-een-rij.

De grote en sterk gespierde ruwe bonk van weleer lag hier nu, afgepeigerd, op sterven na dood, en met valse hoop aan de grond vastgekluisterd. Ik observeerde hem een moment, maar hij kon me niet meer boeien. Hij stak zijn hand uit en zwaaide hallo. Mijn hersencellen dachten er anders over. Ik zwaaide niet terug en knipoogde ook niet. Omdat de stank voor niemand te harden was, werd twee dagen na zijn overlijden het ontbindend lijk op een kar gezouten vis naar de pier gebracht en in de oceaan gestort. Ik zong iets van *bye bye loneliness, bye bye emptiness*.

Het drong tot me door wie uiteindelijk verantwoordelijk was voor het feit dat ik 's nachts zo vaak uit mijn slaap gehouden werd om te proberen die uitgebreide letsels te repareren. De gevangeniskelders waren uitroeiingskampen voor ongewenste elementen, maar tegelijk ook oorden van sadistisch vertier en plezier. Geen enkele overlevende mishandelde had ooit uit de biecht durven klappen. Nooit kon ik achterhalen hoe precies de lichamen verminkt werden en wie de echte daders waren. Degenen die ik had kunnen redden, bleven doodsbang zwijgen. Er heerste een strenge geheimhoudingsplicht. Gelukkig dat de meesten het gebeurde niet meer konden navertellen. Geen enkele officiële instantie wilde uitleg geven. Ook voor hen bleef hardnekkig stilzwijgen de enige redding.

In deze gevangenis boden de omstandigheden diegenen die aan het hoofd stonden, de mogelijkheid beestachtig tewerk te gaan. Ze hadden de knowhow in huis om iemand te doen praten en daarna voor eeuwig te doen zwijgen. Ze beheersten marteltechnieken waarbij juist zover gegaan werd dat er altijd nog een sprankeltje hoop overbleef. De afstraffingssessies konden wat verlengd worden, niet om verdere informatie te bekomen, maar om nog wat extra angst te creëren en sadistischer toe te slaan. Er bestond geen enkele mogelijkheid zich te verzetten.

Het kwam me voor dat twee van de drie obese gevangenisbewaaksters van middelbare leeftijd ooit mijn patiënten waren geweest. Een vermaarde Parijse orthopedist had me een eenvoudige truc aangeleerd om niet-genezende scheenbeenfracturen toch aaneen te laten groeien vooraleer amputatie te moeten overwegen. Onder korte ketamineverdoving en een kleine lokale verdoving werd met een dikke naald ongeveer twintig centiliter beenmerg uit de heupkammen in een spuit opgezogen. Na centrifuge in iets wat op een kleine metalen slazwierder leek, werd het resterende sediment via dezelfde spuit in de breukhaard ingespoten. Ontstond er geen infectie, dan hadden die sukkelaars geluk. Het moeilijkste was echter hen ervan te overtuigen dat het genezende been toch een paar maanden moest geïmmobiliseerd worden. Bij enkelen constateerde ik een zeer eigenaardig tropisch fenomeen en ik blijf geloven dat de aanhoudende snikhete UV-zonnestralen vanaf hun geboorte aan de basis lagen van het zogenaamd *sun-burned-brain syndroom (SBBS)*. Hadden ze wat Neanderthaler-DNA geërfd, dan zouden ze niet zelf uit eigen beweging de metalen pinnen vroeger dan vereist uit hun vastgroeiend been verwijderd hebben. Ze hadden gehoord dat die bijzonder harde metaalstructuren een keukenkast, stoel of tafelpoot konden herstellen. Omdat ook de voodoopriesteres niets meer vermocht om het been te redden, voerde mijn amputatieteam het noodzakelijke werk uit. Ik vermoed dat dat de reden was waarom die gevangenisbewaaksters mij niet gunstig gezind waren.

1987

DAGELIJKSE GEVANGENISROUTINE

Ik beleefde het summum van horror. In de martelkelders van de kelderverdiepingen stond een oud en vuil, piramidevormig marteltuig. Het had gediend om er de veroordeelden te laten opzitten tot lichaamsopeningen scheurden. Maar allen waren we door God en klein Pierke verlaten en dienden als proefkonijn voor hun sadistische experimenten. Bij iedereen werden het hoofd en de geslachtsorganen kaal geschoren. Luizen en ander ongedierte kregen geen kans. Hygiëne bleek dan toch nog belangrijk te zijn. Na de indringende verhoren werd sommigen wier lichamelijke conditie nog redelijk was, mescaline toegediend. Wat later uitten de hallucinogene effecten zich in uitzinnige angsten en uren aan een stuk hevig braken. Ze ondervonden ademnood en konden vele uren lang de slaap niet meer vatten. Daarna voelden ze zich triomfantelijke overwinnaars, terwijl ze in werkelijkheid slechts zielige verliezers waren. Ik had ooit gelezen dat *Jean-Paul Sartre* (1905-1980) in zijn mescaline-extase door de hel moest, en *Aldous Huxley* (1894-1963) daarentegen in een paradijselijke wereld van verruimd bewustzijn tripte. Andere gevangenen die deze extase reeds hadden doorstaan, dienden nog dagenlang rechtop te staan in krappe kooien die uitgaven op een gemeenschappelijke lange gang. Iedereen urineerde, ontlastte zich en braakte waar hij stond. Een continu traag stromend watersysteem zorgde ervoor dat de excrementen in een geul midden in de gang belandden en uiteindelijk wegdreven in de richting van een donkere riool. In de martelkamers verdwenen deze riolen in één grotere muuropening die met zware rasters goed afgesloten was maar zich onzichtbaar in de vrije natuur ledigde. Veel gekooiden werden 's morgens verplicht op hun lege maag een stevig glas rum te drinken. In een roes konden ze het gevecht met zichzelf verder aangaan. Zij die na enkele dagen nog in leven waren in hun kooi, leken op lijken. De nachtbewaaksters hingen met hen verder het beest uit. De afgetakelde maar vermoedelijk nog spartelende lichamen werden met elektrische schokken en zweepslagen beloond. Nog net werd niemand de huid van het lijf gestroopt. Kreten weergalmden nog een poos doorheen het gebouw. Na de lynchpartijen werden de verminkte lijken op de brancard naar de open oceaan versleept. Soms priemden de maden reeds uit hun rottend vlees.

Blijkbaar mocht ik langer leven. Het was me niet duidelijk waarom, maar overdag besteedden de cipiers wat meer aandacht aan mij. Het gebeurde zelden dat ze een naakt wit lichaam konden zien of aanraken en wilden er toch zo lang mogelijk van genieten. Mijn door pijn verkrampt gezicht werd getooid met een uilenmasker, symbool voor de dood. In het plafond van mijn kooi bevonden zich haken waaraan een horizontale staaf en ringen bevestigd waren. De haken waren zo hoog geplaatst dat ik er slechts op mijn tenen en met haast volledig gestrekte armen bij kon. Mijn polsen en enkels werden met metalen kettingen aan die ringen vastgemaakt. Twaalf uur per dag moest ik dit naakt en rechtopstaand volhouden. Bewoog ik teveel, dan pijnigde ik mezelf nog meer omdat het harde metaal dieper in mijn huid doordrong.

De overige uren lieten ze me rusten op een ondervlak van bamboestengels. Niet alleen de hete en vochtige temperaturen, maar vooral de stank weerhielden me door te slapen. De stank drong door tot in mijn onderhuid. Als student geneeskunde had ik ooit tijdens een examen darmziekten tekst en uitleg moeten geven bij de verschillende geuren en kleuren van stront. Zonder moeite slaagde ik voor dat examen, maar over de combinatie van strontgeuren had de professor ons nooit iets verteld. Vermoedelijk had de geleerde man nog nooit in een dergelijke gevangenis rondgehangen.

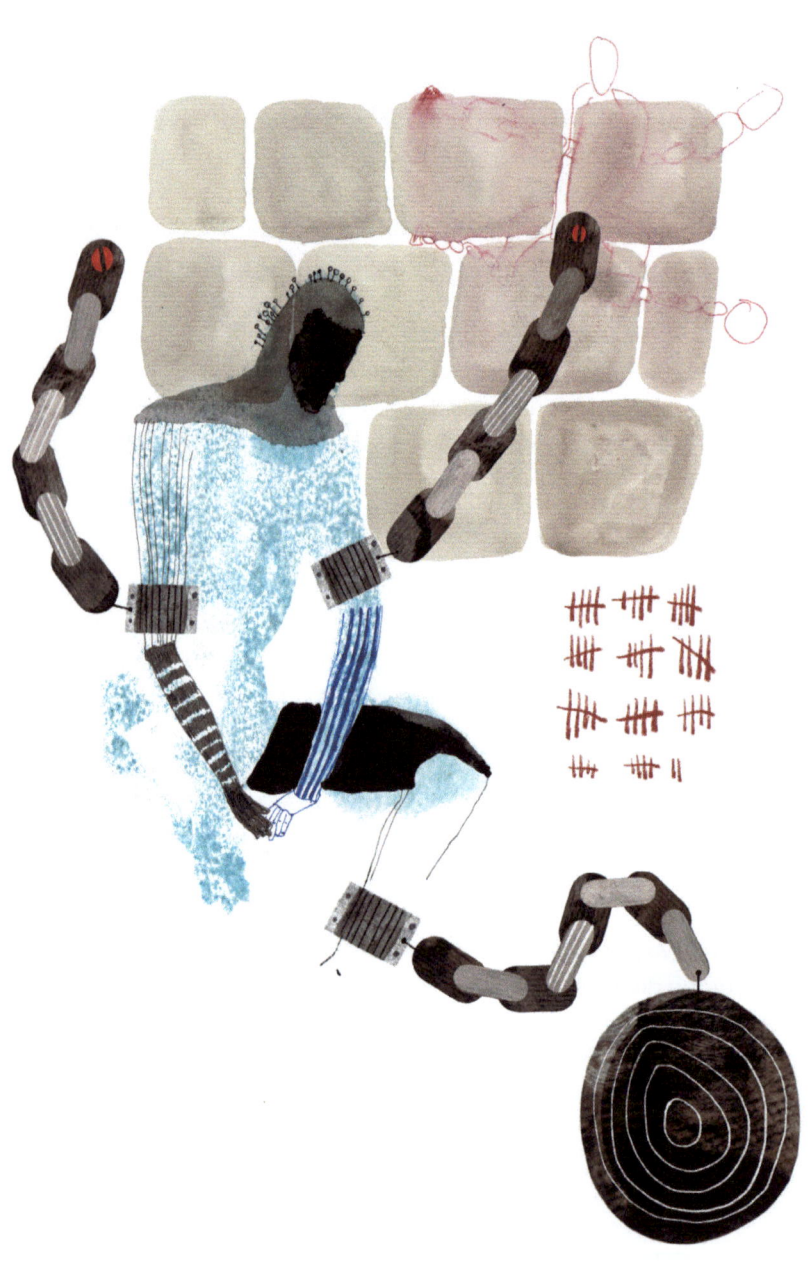

Elke dag werd ik vóór zonsopgang wakker en wreef de insecten van mijn lichaam af. We deelden hetzelfde universum. Hadden de bewaaksters eraan gedacht mij af te zonderen, mijn polsen op de rug te boeien, en mijn gezicht afzonderlijk in te smeren met melk en honing, dan kregen insecten de luxe mijn hoofd aan te vreten. Terwijl de anderen nog horizontaal lagen, probeerde ik mijn spieren sterk te houden door ter plekke te trippelen. Al snel kwamen er push-ups en wat schaduwboksen bij. De cipiers sloegen me ietwat verbijsterd gade. Niettemin staken ze de duim omhoog. Ik glimlachte terug, en liet uitschijnen dat ik hen mijn toestand vergaf. Mijn lichaam camoufleerde de toenemende fysieke uitputting. Ik vermagerde zienderogen, maar met helderheid van geest bleef ik elke ongewone beweging in mijn omgeving nauwgezet observeren. In mijn geteisterd lichaam hield de overlevingsvlam nukkig stand. Hoewel ik direct getuige was van het lijden van anderen, drong hun onaards gejammer niet echt tot me door. Ik bleef me op mezelf concentreren. Af en toe hield een aangeboden cocablad mijn uithoudingsvermogen in stand.

De enige die me toch mocht bezoeken was *mijn* non-hoofdverpleegster. Ze was blijkbaar de enige die wist waar ik was, maar werd het stilzwijgen opgelegd. Ze bleek ook gemoedelijk met de cipiers en bewaaksters te kunnen omgaan. Dagelijks kwam ze in de vroege namiddag en mocht me wat banaan, mango of kokosnoot en gedroogde vis in mijn mond stoppen Ik likte haar vingers. Het was haar verboden met me te spreken, maar ze kreeg voldoende tijd om me te verfrissen. Ze poetste mijn tanden en tong. Een kam was sowieso niet nodig. Haar handen masseerden mijn nek en rug. Ik voelde dat ze nog geenszins gedesinteresseerd was terwijl ze met beide handen mijn lichaamswonden, genitaliën en anale zone met cannabis- en kokosolie inwreef. De pijn verdween haast helemaal. Achter haar volle lippen zat een verlangende glimlach verdoken, maar haar verwachtingen zouden nooit meer vervuld worden. De cipiers keken niet toe wanneer haar verzorgende handen iets in mijn anus inbrachten. Ze lieten de strelingen toe en genoten tussen hun dijen. Ik kon de reden van haar dagelijkse verzorging niet doorgronden, en evenmin was het me duidelijk waarom haar dit werd toegelaten of opgedrongen. Ik kende haar bijzonder goed. Steeds had ze bewondering gekoesterd voor mijn professionele kunde. Ze had haar liefde voor me nooit verborgen. Tijdens mijn avondlijke bezoeken aan patiënten kenden we regelmatig korte intieme momenten. Ze kon haar christelijke gedachten opzijschuiven en het kwam bij haar niet op dat zoiets zondig was. De godsdienstige gloed die we ervaarden was tropisch van aard. Maar vromer ben ik door haar niet geworden.

Omdat de cipiers veel dronken en regelmatig overmand werden door de hitte, constateerde ik meer dan eens dat ze steken lieten vallen in hun dagelijkse routine. Hun rituelen lieten me toe bepaalde patronen te doorzien. Mijn angst werd minder hevig en mijn werkelijkheid minder vervormd. Naarmate de dag vorderde, werden ze onrustiger en maakten me duidelijk dat het voor mij ook niet meer zo lang zou duren. Ze vroegen ze zich ook af waarom ik nog niet op gelijkaardige sadistische hardhandigheid werd aangepakt. Sommigen onder hen keken ernaar uit de brutale lichamelijke sessies met de nachtbewaaksters bij te wonen om zich te kunnen opwinden wanneer de veroordeelden als onderworpen lustobjecten gebruikt werden.

1987

REGELMATIGE NACHTELIJKE FOLTERINGEN

Overdag had ik geen andere keuze dan angstvallig af te wachten hoe de vier gemaskerde nachtbewaaksters me opnieuw zouden aanpakken. Zij rekenden steeds minder, maar ik berekende steeds meer mijn slaagkansen om aan die hel te kunnen ontkomen. Om de twee dagen kwamen ze mij 's avonds ophalen. Drie van hen waren zwaar obees en hinkten. Twee droegen een mahoniehouten onderbeenprothese. Alle drie maakten ze deel uit van een speciale sectie die haar functie uitsluitend tijdens de nachturen uitvoerde. Ze hoestten, maar op grond van dit geluid kon ik de stemmen niet thuiswijzen. Toch was ik er bijna zeker van de hinkende gang van twee van hen te herkennen. Een was vrij klein. Ooit had zo'n type via de lokale advocaat Whiter dreigementen geuit omdat ik niet in staat was gebleken een complexe fractuur van haar onderbeen perfect te herstellen. Ze was uit een boom gevallen bij het stelen van mango's. Het onderbeen had haar volle lichaamsgewicht opgevangen, en tegelijkertijd de lading fruit. Omdat ze permanent veel pijn ervaarde en niet op het been kon doorsteunen, had ze zelfs het lucratieve plukken van cocabladeren moeten opgeven. Haar rabiate haat tegenover mij was recht evenredig met haar overgewicht en omgekeerd evenredig met haar sterk gedaald inkomen. Ik was er bijna zeker van dat het die Mariella was bij wie mijn amputatieteam had moeten ingrijpen. De andere massieve, maar veel grotere bewaakster was ooit door een bende ebbenhouten mannen aangevallen en verkracht. Het moet er erg aan toegegaan zijn. Samen met mijn verpleegteam had ik haar gebroken heupgewricht vrij goed in de natuurlijke vorm kunnen herstellen. Maar haar relatie was op de klippen gelopen, en geen enkele man bleek nog interesse te vertonen in haar nochtans welgevormde zones. Uiteraard waren niet de verkrachters schuldig aan haar definitieve hinkstap, maar de witte chirurg. Ik meende me te herinneren dat ze Georgina heette. De derde zwaargebouwde figuur was me niet bekend. Ze genoot ervan haar prothese te verwijderen en ermee in de lucht te zwaaien.

Verkleed als hoeren droegen ze alle drie ook een beugel met revolver en messen. Hun lange hoofdkap reikte tot over hun volumineuze borsten. Hun hangende boezems waren te groot om aantrekkelijk te zijn. De brede tepels staken sterk vooruit en waren bij enkelen zichtbaar aan de onderrand van de zwarte gezichtskappen. Op de voorzijde van hun hoofddoek stond de creoolse tekst *alles is mooi en niets doet pijn*. Ik had reeds ervaring en kon me hierbij een en ander voorstellen. Alle drie liepen blootvoets, maar droegen groene kousen en korte zwarte rokken-met-spleet-vooraan. Hun moment was aangebroken. Ik wist dat hun emoties hoog konden oplopen. Hun wraak moest blijven smaken zoals chocolade. Vanaf de eerste sessies ervaarde ik hoe ze de grauwheid van hun bestaan door perverse fantasieën probeerden te verlichten.

De vierde was een mysterieuze, slanke figuur verkleed in een lang purperen religieuze kazuifel. Onder haar supervisie werd ik telkens als een stuk vee doorheen een complex labyrint van donkere gangen geleid naar een sas in de kelders. Het sas was een soort ontsmettingsruimte waar ik tot op borsthoogte ondergedompeld werd in stromend water. Het water was lauw, proper, maar niet drinkbaar. Na deze grondige wasbeurt werd ik naar een benedenverdieping gebracht waar aan het plafond enkele flikkerende rode lampen en hoog aan de muren enkele kaarsen brandden. Aanvankelijk ging mijn aandacht naar het graveerwerk op de celmuren. Vorige folterslachtoffers hadden nog gepoogd met een ring van hun ketting een boodschap na te laten. Ik begreep er de emotionele waarde niet van. Ik ervaarde het als nonsens die vermoedelijk in een finale fase ingekrast werd en waarvoor niemand ter wereld zich mogelijks nog zou interesseren. Aan de muren waren ook enkele ringen bevestigd. Allerlei riemen waren voorhanden om slachtoffers aan polsen, armen, benen of enkels vast te binden. De bewaaksters dwongen hun vastgesjorde prooien in bepaalde houdingen, zodat ze comfortabel hun pervers-erotische neigingen op hen konden uitleven.

De enige manier om hun afschuwelijk spel te overleven, was hen de indruk te geven dat ik toegaf met mijn witte lichaam. Ondanks de intensiteit van de foltering was mijn uithoudingslimiet nog niet overschreden. Ik kon overleven door me aan hen weg te schenken. Gelukkig domineerde mijn ratio mijn emoties. Voorlopig zou ik nog niet kraken, maar met die intensiteit kon ik de sessies niet volhouden. Draaide het toeval niet in mijn voordeel uit, dan kon het onvermijdelijke niet uitblijven. Mocht mijn lichamelijke, maar vooral mentale ineenstorting intreden, dan zou Pietje de Dood snel op mijn schouder komen tikken: een, twee, drie. Gezien! De beelden van afgepeigerde lichamen op de spoedgevallendienst flitsten door mijn geest. Toch begon het me meer en meer te dagen dat hun gebrek aan intellectueel vernuft in mijn voordeel zou spelen.

Tijdens de nachtelijke folteringen viel het me steeds op hoe de vierde, gekazuifelde bewaakster telkens rustig post vatte in de deuropening van de martelkamer. Het masker dat haar gelaat verhulde, stelde een gezicht van een verstijfd lijk voor. Ik heb nooit kunnen achterhalen wie ze was, maar ze leek geenszins op de drie anderen. Kende ze me? Had ik haar ooit ontmoet? Wilde zij me beschermen? Vanop afstand dirigeerde en limiteerde ze kordaat de acties en hield haar vingers gekruist, misschien als herkenningsteken. Ik kon niet achterhalen of ze om louter persoonlijke redenen verhinderde dat de andere bewaaksters zich ongelimiteerd aan me vergrepen. Had ze misschien van de cocaïnebazen de opdracht gekregen het spel niet te snel uit de hand te laten lopen om me langer te laten afzien? Was de mysterieuze maar dominante toezichtster soms de non-verpleegster? Was zij het die al die tijd geweigerd had om haar lusten eveneens op me bot te vieren? Was zij het die de drie anderen gebood me niet terminaal af te beulen? Was zij het die ervoor zorgde dat ik na de fysieke mishandelingen achteraf tijdelijk op een zachter bed mocht herstellen? Was zij het die me de mysterieuze injectie gaf om sneller te recupereren? Was zij het die onmiddellijk na de sessies mijn verwondingen verzorgde? Was zij het ook die de afrasteringen van de strontriool steeds meer en meer opzijschoof?

1987

DE VERLOSSENDE NEGENTIENDE DAG

Het was de negentiende dag van mijn opsluiting. Op het lange, purperen kleed van de mysterieuze vrouw-in-de-hoek stond op borsthoogte *Albert Einstein* (1879-1955) afgebeeld met de niet mis te verstane tekst:

> *"Ik doe alles zo simpel mogelijk, maar het is daarom niet eenvoudiger."*

Dit was een duidelijk signaal. Alleen wist ik nog niet wat het kon betekenen. Ze deed me denken aan de dirigerende vrouwe Fortunata, echtgenote van de steenrijke Trimalchio, die aan het hof van keizer Nero *maîtresse des plaisirs* was. Maar in deze kelder heerste welvaart noch vrede. In een afwachtende houding streelde deze mysterieuze vrouw haar hals met de linkerhand, terwijl ze met de bamboezweep in haar rechterhand zachtjes over haar dijen wreef. In de deuropening bleef ze de masochistische handelingen van haar collega-nachtbewaaksters controleren. De drie leken steeds beter op elkaar afgestemd en perfectioneerden hun kunsten alsof die de gewoonste zaak ter wereld waren. Doorheen hun kap verraadden hun ogen hun ware aard. Bij eentje fonkelde seksuele lust. In de zelfverzekerde ogen van de twee anderen registreerde ik hooghartigheid en afgunst.

Nooit had ik eraan getwijfeld dat een vrouw wreed kon zijn, en zelfs tuk op geweld. Op dit eiland had ik reeds gezien hoe velen in een permanente staat van woede door hun leven baggerden. Het had hun dieperliggende primitieve instincten opgerakeld. Het waren verbitterde wezens die troost zochten in drank om hun levenslange frustraties te vergeten. Maar in deze kelder konden ze een heel eind verder komen dan in de werkelijkheid van hun normale leven. Ver van alle regels en wetten, en ver van alle bekenden, konden ze hier in teamverband hun lustgevoelens op één persoon botvieren. Hun pervers gedrag had de allures aangenomen van extreem egoïsme. Het kwam bij mij zelfs niet op dat hun handelingen in feite een uiting waren van een soort rechtvaardigheidsgevoel. Dat ze corrupt waren stond als een paal boven water. De druglords hadden hen geïnformeerd zonder al te zeer in detail te treden. Alleen moesten ze opletten geen onmiddellijke dodelijke verwondingen toe te brengen. De afmatting en aftakeling van de withuidige chirurg moest langzaam geschieden.

Elke sessie ging op dezelfde wijze van start. Aan het plafond draaide een oude ventilator om de labeurgeur van de deelnemers te verdrijven. Mijn nog pezig lichaam werd met lange kettingen rond mijn polsen aan een muur vastgekluisterd. Naarmate ze meer rum nuttigden, plukten ze de nacht op een intensere manier. Het gebrek aan variatie in de steeds maar dezelfde inleidende slagzinnen irriteerde me, maar ik kon niets bekennen, want ik had ook niets te ontkennen.

"Waar is de koffer? Waar is het geld? Waar zijn de cocaïnezakjes?"

Herhaling is de moeder van de wijsheid, maar hier was de kennis ver zoek. Mijn grootvader had me verwittigd:

"Socrates redeneerde dat er maar één ondeugd is, en dat is onwetendheid. In 1933 argumenteerde Bertrand Russell (1872-1970) dat veel problemen in de wereld veroorzaakt worden door domkoppen die overlopen van zelfverzekerdheid. En ook Stephen Hawking (1942-2018) moeide er zich mee. Deze geniale geest stelde het nog scherper en liet verstaan dat de grootste vijand van kennis niet onwetendheid is maar de illusie van kennis."

Het enige waaraan de volgelingen van Markies de Sade (1740-1814) dachten, was erotisch sadisme. Om hen zeker ter wille te blijven, ontving ik regelmatig een snuifje coca. Door het euforiserende effect was ik tijdelijk onsterfelijk. Het verminderde mijn angst. Ik hoefde niet na te denken, maar slechts te ondergaan. Mijn lichaamstemperatuur nam toe alsook mijn hartslag. Tijdens de vorige sessies had ik reeds ervaren dat ik door zo'n snuifje aandachtiger kon opletten, maar dat het slechts een korte tijd inwerkte. Het leidde ook tot grootse fysieke prestaties.

Hoe zatter de drie werden, hoe meer plezier en genot ze dachten te kunnen ervaren. Plots kwam nu ook de mysterieuze vrouw met haar linkerhand een tikje op mijn linker kaakspieren geven. Ik herkende die handeling. Het was zeker geen voorteken van een *goede dood*. Was het toch die non-nachtverpleegster? Maar op wat diende ik nu te letten? Diende ik me voor iets klaar te houden?

In de hoek van de folterkelder kreeg ik door de anderen nog enkele emmers fris water over me heen gegooid. Mijn lichaam werd grondig ingezeept en deskundig afgedroogd. Zoals dit bij de voodoogemeenschap de gewoonte was, poogden ze mijn geest klaar te stomen om aan hun rituelen een gunstige wending te geven. Ze verhinderden me wel in trance te geraken, zodat ik alles bewust zou ondergaan. Onder niet-aflatend gegrinnik en obscene bemerkingen werd mijn lichaam met kokosolie ingesmeerd. Door het snuiven ervaarde ik niet alleen een groeiend euforisch gevoel, maar werd mijn mond ook kurkdroog. Mijn verlangen naar een glas rum werd niet ingewilligd. Mijn beste vriend richtte zich steeds krachtiger op. Het aanzicht maakte bij hen een gekmakende bezitsdrang los. Door het snuifje voelde ik geen weerstand me tegen hun wil te verzetten. Ik smeekte niet om medelijden. Tegenspartelen, huilen, gillen hadden geen zin. Het zou slechts een averechts effect hebben. Moraal kenden ze niet. In zo'n dreigende situatie kon mijn toegeeflijkheid hen slechts opjutten of zelfs uitputten. Door de signalen van de meesteres-in-de-hoek vertrouwde ik erop slechts te moeten wachten tot de anderen strontzat waren en hun wereld trager begon te draaien.

Geleidelijk aan ging mijn euforische bui voorbij. Mijn observatievermogen verscherpte. Verdwaald als ze waren in hun losbandige genotszucht, vergaten de drie me te doen snuiven. Zelf snoven ze te veel. Ik bleef geïntrigeerd door hetgeen de observerende purperen vrouw reeds tijdens de vorige sessies had uitgericht met de roestige afrastering vóór de rioolpijp. In de opening van één van de muren verdween een ongeveer één meter brede vuilvette buis waardoorheen alle afval, vuil, menselijke excreten en smerigheden naar de buitenwereld geloodst werden. De raadselachtige controleuse had de afsluitende afrastering bijna volledig naar links geschoven. Dit voelde aan als de uitdaging die ik zou dienen te nemen. Soms denk ik nog aan haar en in gedachten blijf ik haar voor eeuwig dankbaar. Eensklaps realiseerde ik me dat ik moest spelen met het kostbaarste dat ik bezat. Mijn overleven zou belangrijker zijn dan hun leven. Maar vluchten zou extreem geweld vereisen. Mislukken was geen optie. Mislukte ik toch, dan zouden hun messen en kettingen mijn lichaam doorboren, verstikken en aan stukken rijten. Het kon mij geen jota schelen of er een God bestond. Evenmin dacht ik aan *Hamlet* uit Shakespeares wraaktragedie (1564-1616), die zich afvroeg of het nobeler zou zijn te berusten in zijn lot ('*to be*') of het te beëindigen ('*not to be*'). Ik dacht slechts aan meedogenloze weerwraak en nooit zou ik nog interesse vertonen in vrouwen die hun identiteit achter carnavaleske maskers verbergen.

Profiterend van hun zekerheid dat ze me in hun macht hadden, vroeg ik de mysterieuze vrouw de spanning van de metalen ringen rond mijn polsen wat te lossen. In de overtuiging dat ik inschikkelijker zou worden, gebood ze haar medewerksters de rechter polsring door een bredere te vervangen en de linker metalen polsketting te verwijderen. Daar deze niet aan de muur bevestigd was, werd de ketting achteloos op de grond gegooid.

Doorgaans werd ook een zachte halsband rond mijn nek aangebracht om beter over mij te kunnen heersen. Terwijl ze me dwongen te knielen als een naakt paard, snoerden ze de band af en toe wat harder aan. De drie werden zodanig geëxciteerd dat ze ervan genoten oude wonden op mijn rug en billen met fijne bamboestengels opnieuw open te rijten en nieuwe te veroorzaken. Daarna smeerden ze deze in met kokosvet maar nu met brandende chili ingrediënten.

De meesteressen waren niet geïnteresseerd in een potje snel verkrachten. Eerst maakten ze de metalen ring rond mijn rechterpols vast aan een van de ringen in de zachte halsband. Mijn linkerarm bleef passief langs mijn lichaam hangen. Ze amuseerden zich met fijne bamboestengels op mijn dijen en genitaliën te slaan. Doormeppen deden ze niet. Verlangend keken ze uit hoe mijn roede zou reageren. Plots werden ze door de mysterieuze meesteres-in-de-hoek geboden de halsband volledig te verwijderen en mij op knieën en ellebogen te duwen. Drie handen wreven afwisselend over mijn hoofd, hals, schouders, rug en prikkelden mijn borsten, tepels en buik. De overige vijftien ervaren vingers aaiden mijn onderrug, billen en anale zone. Mijn leuter werd naar achteren, links of rechts getrokken. Door gekreun te faken, moedigde ik hen aan door te gaan. Hun enthousiasme nam toe in kracht. Vanuit de deuropening lokte het aanschouwen van het tafereel handgeklap uit. Toch liet de controlerende mysterieuze meesteres me af en toe op adem komen. Door al hun sadomasochistische handelingen raakten hun lichamen steeds meer opgewonden. Hun adem jaagde sneller en onrustiger. In hun ogen bemerkte ik geen droefheid, maar naarmate ze steeds meer rum dronken, verdween ook de vernietigende kracht in hun ogen. De bamboestengels lieten zich minder intens voelen. De pijn werd minder en mijn aandacht versterkte. De drang ontstond het langer vol te houden dan zij. Aandachtig bleef ik de vier personen observeren. Lange tijd kon ik niets bedenken tot zich onverwacht, in een glimp, een mogelijkheid aandiende.

Door de alcohol vertraagden hun handelingen. Twee onder hen begonnen te geeuwen. Ik dacht aan een vingerwijzing van mijn grootvader:

> *"Als je vindt dat het tij gunstig voor je is, moet je er zonder verder nadenken gebruik van maken en niet wachten tot het opnieuw eb is."*

Toen ze opnieuw, maar nu veel agressiever, aan hun trekken wilden komen, hield ik me niet meer in. Plots richtte ik me op, stond recht en boog enkele malen door de knieën om mijn dijspieren te ontspannen. Mijn ogen spuwden vuur. Geschrokken door dit onverwachte gebaar bleven ze alle vier als aan de grond genageld staan. In een flits wist ik dat ze de draagwijdte van hun daden beseften. Ik gunde het deze vrouw-beesten niet opnieuw vrouw-mensen te worden. Als een beest sloeg ik toe. Met mijn vrije linkerarm trok ik de zijden kap van het hoofd van de dichtstbijstaande obese meesteres. Het was Mariella! Ik greep haar bij haar dreadlocks en zwierde haar rond mijn lichaamsas. Met volle kracht liet ik het hatelijke wijf plots los zodat ze met haar hoofd tegen de muur gesmakt werd. Ze stortte in elkaar. Schedelboringen hoefden niet meer. Het cocasnuifje was uitgewerkt en mijn hartslag verhoogde. Mijn gespannen rechterarmspieren grepen naar de losliggende ketting op de grond, die ik daarna boven mijn hoofd als een propeller in de lucht rondzwierde en gericht losliet om zo de hals van de tweede doodverbouwereerde obese meesteres te omknellen. Ze viel bewusteloos neer. Om zeker te zijn, rukte ik nog even keihard aan het metaal. De derde had zich sprakeloos tegen de donkere muur geplakt. Door de verbazing was ze op slag nuchter. Met een keiharde rechter mep en een rechtse kniestamp in de onderbuik dook ze ineen. De metalen ring rond mijn pols sloeg haar vermoedelijk de schedel in. In haar deuropening leek de mysterieuze purperen meesteres geschokt door mijn plots agressief gedrag. Toch wees ze in de richting van het gat in de muur. Ik had geen enkele behoefte om de kap van haar hoofd te rukken en haar lippen te kussen. Ik wilde niet weten wie ze was en of ik haar kende. Ik verbeet mijn woede. Mijn pupillen verwijdden en zonder aarzelen sprong ik met de benen vooruit in het gat in de muur. Via een glijbaan van vuil en menselijke excrementen gleed ik naar buiten.

Het was donker zonder maanlicht. Eenmaal in het hoge, drassige en stinkende gras was ik verwonderd dat ik het had overleefd. Om me van de rechter metalen polsring te ontdoen, moest ik met een hefboombeweging mijn spaakbeen breken. Ik hoorde een krak, maar voelde geen pijn. De blijvende polsbochel doet me nog dagelijks denken aan mijn efficiënte niet-chirurgische ingreep.

> *"Een mens is een wezen dat zichzelf kan overtreffen wanneer het zoekt zichzelf te handhaven,"* had mijn oude wijze man me geleerd. *"Je moet je dan laten voorstuwen door je eigen energie en niet wachten tot je tegenstanders je uit woede en frustratie opnieuw onderuit willen halen."*

Het gevaar was niet geweken. Vuil, stinkend en onherkenbaar door de excreties, liep ik naar het huis van Katharina. Ik stond op het punt in tranen uit te barsten, maar kon me bedwingen. Dat de consul zich niet meer om mijn persoon had bekommerd, raakte mij niet; wel dat ze zich als afgezante van enkele Europese landen niet nauwkeurig had geïnformeerd over de verdwijning van de blanke arts.

> *"Vanwaar kom jij? Je ziet er niet goed uit!"* klonk het toch nog oprecht.
> *"Ik heb het overleefd, meisje! Maar help me nog éénmaal! Er zal jacht op me gemaakt worden! Ik word afgeslacht!"*

Ik had maar enkele seconden nodig om haar onverschilligheid vast te stellen en te concluderen dat onze hechte vriendschap slechts oprecht was op het moment dat onze intieme interesses gelijklopend waren. Maar ik was vooral ook haar vriend geworden om op dit eiland mijn veiligheid te garanderen. Ik herinnerde me wat de stoïcijn *Seneca* ooit schreef:

> "Wie aan zichzelf denkt en daarom vriendschap aanknoopt, heeft het verkeerd voor. Hij zoekt slechts een vriend om hem uit de boeien te helpen. Zodra de kettingen los zijn, vertrekt hij. Wat uit berekening wordt aangegaan, blijft plezierig zolang het voordelig is. ['Qui se spectat et propter hoc ad amicitiam venit, male cogitat. Paravit amicum adversum vincula laturum opem; cum primum crepuerit catena, discedet. Quo utilitatis causa assumptum est, tamdiu placebit, quamdiu utile fuerit']."

Het was bijna middernacht. Katharina gaf me enkele vodden. De broek paste niet. Via een mij onbekende weg in haar tuin leidde ze me naar de nabijgelegen haven. Binnen enkele uren vertrok een bananenboot met verborgen cocaïneladingen richting Antwerpen. Op de kaai kende ze iemand die voor haar kleine hoeveelheden smokkelde. Ik dwong mezelf niet meer haar nog een zoen toe te werpen, maar dook het water in. Via de ladder klom ik de boot op.

IK HEB NOOIT ENIGE SPIJT GETOOND

Niemand op het eiland heeft me teruggevonden. Ik was tijdens het zwemmen in de oceaan verdronken of door haaien opgepeuzeld. Later vernam ik dat er een verordening werd uitgevaardigd dat ik, in geval van ontsnapping, nooit het eiland nog mocht betreden. Toch is het me dertig jaar later gelukt. Heel kortstondig!

In wezen was het een arrogant idee om op dit eiland mensen te helpen. Mijn initieel idealisme was de oorzaak van alle problemen. Ik kwam uit een totaal andere wereld waar totaal andere opinies en gewoonten heersten. Nooit heb ik kunnen achter-halen wat de inheemse bevolking dacht en wilde. Misschien was het dan ook beter geweest in te zien hoe ik hen niet kon helpen en het eiland sneller dan verwacht te verlaten. Ook de Romeinen sloegen elkaar reeds de schedel in, en tweeduizend jaar later was het mijn ervaring dat sommigen nog steeds da-gelijks plezier konden scheppen in dit soort handelingen. Met op dit eiland tijd en energie te spenderen en te reflecteren hoe erg het allemaal was, kon ik weinig bereiken. Misdaden kon ik niet ongedaan maken door af en toe iets aardigs te doen en me daar goed bij te voelen. Ik beschik ook niet over het vermogen onrechtvaardigheid te zien zonder dat woede in mij opborrelt. Vele jaren later voelde ik me gesterkt door de filosofische be-merkingen van *Karl Popper* (1902-1994) in zijn *The Open Socie-ty and Its Enemies*:

> *"Tolerance without limits only can result in the disappea-rance of tolerance."*

Het tonen van mijn persoonlijke goedhartigheid was van geen enkel belang, maar ik leerde dat het beter is stenen naar iemand te gooien dan er zelf door verpletterd te worden. Nog steeds ben ik de mening toegedaan dat er voor die landen geen pas-klare oplossing bestaat en dat er slechts verandering kan komen indien de volledige bevolking er zich zelf voor inzet.

Na mijn ontsnapping werd ik ervan overtuigd dat mijn geluk op het eiland eerder te danken was aan toevalligheden dan aan mijn kundigheden. Maar mijn agressie beschouw ik nog steeds als een legitieme vorm van zelfverdediging. De ondergane vernederin-gen maakten de baarlijke duivel in me los. De pissige toorn van de drie bewakingsmeesteressen vervulde me met een drang tot onverzadigbare weerwraak. Hun sadistische talenten werden hun eigen ondergang. Ook Katharina's houding was een verwittiging om oplettender te zijn in toekomstige kameraadschappen met lieve dames. Ik ontmoette geen moordenaressen meer, wel nog velen die me in een opwelling van bewondering met palmtakken toewuifden, maar zich in mijn achtertuin met mijn kruis inlieten. Gelukkig had ik op het eiland geleerd weerstand te bieden tegen tsunami's van achterbaks gedoe, manipulaties en verwijten. Het heeft me als mens, maar vooral als arts voor veel miserie behoed. Inmiddels ben ik introverter en minder tolerant geworden.

"Maar toch moet een deftig mens zich niet geremd voelen tegenover die zeldzame ernstige vriend of vriendin," had mijn grootvader me uitgelegd die zelf weinig vrienden had.

Nooit voelde ik spijt over mijn kordaat optreden. Nooit heb ik me geschaamd om wat ik had uitgericht. Nooit had ik enige last van het posttraumatisch stresssyndroom (PTSS). De herinneringen aan deze incidenten kon ik selectief blokkeren. De dood zat me te dicht op de huid. Negentien dagen lang had ik hun zekerheid van een sadistische moord uitgesteld. Had ik de drie nachtmeesteressen niet uitgeschakeld, had ik mededogen betoond of mogelijks toch nog gehoopt op een onmogelijke verzoening, dan had dit hun bitterheid en vastberadenheid me te liquideren alleen maar gestimuleerd. Hen deskundig liquideren, gaf me rust. Ik had hen vernietigd zoals zij mij zouden gewurgd hebben. Sindsdien valt het me steeds zwaar om minachting, beledigingen en vernederingen vanwege arrogante nietsnutten of omvergevallen aristocraten te verdragen. Ik hou me niet meer in dergelijke personen voor immer te negeren. Maar in de mij nu omringende en schijnbaar meer ontwikkelde wereld heb ik niet langer het recht met kettingen zelfrespect en eigenwaarde af te dwingen. Spijtig! Kettingen dienen nu om mijn fiets vooruit te bewegen.

Ik vat nog steeds niet wat me toen gedreven heeft, maar het was geen sluwheid. Ik vond mijn zelfverdediging zelfs een christelijke daad. Ik herinnerde me de godsdienstlessen op het college en nam later opnieuw enkele stukken uit het Oude Testament door. Mozes had zijn kwaadaardigheid en moordlust van God zelf geleerd. Met de Tien Geboden op zak, liet hij allen afslachten die het Gouden Kalf hadden aanbeden. En voor hij stierf, zei hij tot zijn volgelingen dat ze de stammen van Kanaän geen genade mochten verlenen en hen tot de laatste man moesten verslaan. Volgens de Apocalyps, het boek der Openbaring dat de apostel Johannes van God ingegeven kreeg, zal Deze op het Laatste Oordeel met een groot probleem zitten. Wat Gods wraak tegenover mij zal inhouden, weet ik niet. Maar sinds zijn Eerste Oordeel zit God wel opgescheept met miljarden stapels uit te voeren vonnissen.

Op dit eiland had ik gelukkig ook andere talenten en vaardigheden ontdekt die verscholen zaten achter mijn aangeleerde, professionele knowhow. Het versterkte mijn zelfzekerheid en overtuigingen. Maar *om te overleven waren eerlijkheid, onbaatzuchtigheid en oprechtheid geen essentiële kenmerken* gebleken. Evenmin waren uiterlijkheden zoals opleiding en sociale positie doorslaggevende vereisten.

1987

BESCHOUWINGEN OP DE BANANENBOOT

Aan boord ontdeed ik me van de veel te grote broek en genoot van een wasbeurt met geurige zepen. Het bleke, rauwe vlees lag bloot. Mijn huid was overdekt met een afzichtelijk web van oude en verse striemen. Filipijnse matrozen vonden de wonden en littekens aantrekkelijk. Ook de Braziliaanse kapitein vond de tekeningen fantastisch, maar eiste dat ze verzorgd werden. Door te zweren er met geen woord over te reppen, kreeg ik enkele grammen cannabis. Een paar ruwe handen wreven mijn ontbloot lichaam in met een geelgroene olie.

> *"Tea tree oil. From Australia,"* riep de man enthousiast. *"Thanks to James Cook. Good for everything and kills everything. Not in eyes! Not to drink. Irritates everything inside. Too much? You then need doctors' advice!"*

Tijdens de drie weken durende oceaanreis degusteerde ik een grote variëteit aan maaltijden. Door dagelijkse fitnessoefeningen begonnen de spieren zich terug af tekenen. Alle wonden genazen. Een initieel lichte irritatie in het linkeroog werd behandeld met cortisonedruppels. Bij thuiskomst bleek er een infectie in te woeden en was een chirurgische ingreep vereist.

Deze bananenboot ervaarde ik als een luxecruiseschip. Ik voelde geen verbittering over wat mij was overkomen. Het gevoel een nederlaag geleden te hebben was van korte duur. Al snel vulde mijn hart zich met totale onverschilligheid, zelfs medelijden. Aan den lijve had ik ondervonden dat zelfrespect en zelfwaardering van levensbelang waren en veel belangrijker dan blind vertrouwen in eender welke persoon. Gedurende die drie weken was

ik alleen bezig met mezelf: mijn herinneringen en overpeinzin-
gen over hoe ik mijn toekomst als chirurg wilde gestalte geven.
Ik bleef nadenken over wat ik kon doen om thuis niet in een
orthopedische routine vast te roesten. Niemand kon me mijn
reeds uitgebreide chirurgische ervaring afnemen, maar ik had
wel een verzadigingsgevoel overgehouden aan het routinematige fixeren van beenstukken. Alhoewel ik veel later in de satiri-
sche novelle *The house of the Lord* van professor *Samuel Shem*
(1944) las dat de orthopedist *Gomer* in de medische wereld een
berucht figuur was, had ik helemaal geen zin meer om als een

> *'… gewerveld dier met een inwendig skelet grote zorg te
> besteden aan het beenderskelet van anderen'.*

Dagelijks had ik barbaarse lucht ingeademd en de meest ongewone letsels behandeld. Hoe lucratief fractuurbehandelingen
ook hadden mogen zijn, ik had er genoeg van! Daarenboven
voelde ik me nog veel te jong, had nog teveel ambitie en wilde
een nieuwe uitdaging aangaan.

Ik dacht na over de mensenkennis die ik opgedaan had bij de
voodoopriesteres. Ik had gezien hoe ze inwerkte op het bewustzijn van haar publiek zodat het huiswaarts keerde met een tevreden herinnering aan haar ingrepen. De priesteres zag erop toe
dat de aanwezigen met eigen ogen zagen wat er gebeurde en
haar aankeken. Tevens zorgde ze ervoor dat de betekenis van
haar jargon begrepen werd. Iedereen moest aan haar ingrepen
een aangenaam mystiek gevoel overhouden zodat ze het aan
anderen konden doorvertellen. Wilde het publiek het gehele
gebeuren niet aanhoren of zien, dan was er gewoon geen interesse. Vele jaren later maakte de digitaliserende geneeskunde
aan dit alles een einde.

Ik dacht ook steeds dieper na over het *mysterie van lagerugpijn*
en de *magie van de rugchirurgie*. Het verlangen groeide om me
uitsluitend toe te leggen op de heelkunde van de vele rugaan-

doeningen, maar was daar toen geenszins mee vertrouwd. Iets intellectueel vreemds en rebels bleef in me voortleven. Omdat ik niet kon rekenen op fortuin, had ik geen andere keuze dan opnieuw uitsluitend te geloven in mijn eigen krachten. Dat ik op bijzonder veel weerstand zou botsen, kon mij geen bal schelen. Mijn koppig kopje en beproefde volharding zouden het nodige doen en al de rest was flauwekul.

Om mijn toekomst veilig te stellen en mijn doel te realiseren, stelde ik enkele basisprincipes voorop. *Vooreerst* zou ik alle familiale barrières uit de weg ruimen. *Vervolgens* zou ik tijdens mijn verdere studies over één of twee duidelijk afgelijnde onderwerpen zo veel mogelijk uniek wetenschappelijk materiaal verzamelen om dit later planmatig te publiceren. Complexere zaken zou ik in stukjes onderverdelen om er steeds mijn weg in terug te vinden. *Ten slotte* zou ik uit zekerheid en veiligheid een backup maken van al het verzamelde studiemateriaal en dit voor iedereen verbergen. Ik uitte de wens *op mijn sterfbed te kunnen zeggen dat ik de moed had mijn eigen leven te leiden en niet dat wat anderen van mij verwachtten.* Zoals *Hamlet* in *Shakespeare*'s wraaktragedie werd ik verdrietig door hun kreten, kreten en nog eens kreten (*"words, words, and again words"*). Niemand had mijn agenda te bepalen. Voor mij was het opnieuw *to be, or not to be*, maar ik realiseerde me wel dat er opnieuw periodes zouden aanbreken waarin ik me alleen zou voelen, maar nooit eenzaam. Zoals *Simon and Garfunkel* in *The Boxer* (1969) dichtten, parafraseerde ik dat:

> *"... ik mijn tijd niet zou laten verkwanselen door vage beloftes uit mijn omgeving [Still a man hears what he wants to hear and disregards the rest].*

1987

TERUG IN EIGEN LAND VIA ANTWERPEN

Ik bedankte de kapitein en zijn Filipijnse bemanning. Als aandenken ontving ik nog een klein zakje met poeder, maar weigerde deze blijk van menslievendheid. Ik had trouwens geen pijn meer. Omdat de speurhonden iets geroken hadden en dus voldoende lawaai maakten, hield de Antwerpse douane me tegen. Ik kon geen enkel officieel document voorleggen. Zelfs in beschaafd Nederlands, Frans en Engels kon ik hen niet overtuigen. De witte ambtenaren in kostuum-maar-zonder-pet (een type dat ik in geen drie jaar meer had gezien) sloten me op als drugsverdachte. Ze hadden gelijk, hoewel ze van niets wisten en ook niets zouden te weten komen. Ik was gebonden door mijn belofte tegenover de kapitein.

Mijn identiteit werd 's anderendaags via officiële instanties bevestigd. Naar het schijnt zag ik er na drie jaar wat ouder uit. Niettegenstaande mijn slank, gespierd en bruingebrand lichaam, langere haren en niet geschoren onderkaak was er weinig twijfel mogelijk. Ik zat opgesloten in het cachot tot een atletisch getrainde Amerikaanse bokser-ambtenaar, Carlos genoemd, vergezeld van een aantrekkelijke, Engelssprekende vrouwelijke arts, mij opzochten voor een indringende debriefing. Ook mijn endeldarm werd met veel glijmiddel door haar fijne wijsvinger onderzocht. *Nothing* zei ze tegen de Amerikaan. Alles werd genoteerd. Daarna werd ik onmiddellijk naar een ziekenhuis gebracht voor een dringende oogoperatie. Zoals tijdens mijn destijdse consultaties bij zwaar toegetakelden in de gevangenis, kon ik bij het verlaten van de cel niet nalaten de douanechef een kneepje te geven in zijn rood uitslaande wangen. Ik wist dat ik dat beter niet deed, maar vond het nodig. Nadien constateerde ik dat het verblijf in het cachot en de administratieve kaakstreling vermeld stonden in mijn strafregister.

Een week na de hoornvliestransplantatie mocht ik naar huis. Een oom had me in zijn hotel een luxekamer aangeboden om tot rust te komen en te profiteren van de fitnessruimte en het zwembad. Bij aankomst omarmde ik mijn opspringende kinderen. Hun moeder groette me, maar stelde geen vragen. Ze wachtte evenmin op tekst en uitleg.

> *"Ik weet wel hoe het verder zal verlopen. Binnenkort vertrekt mijnheer opnieuw om zijn ambities waar te maken."*

Mijn levensstrategieën botsten dikwijls met de gevestigde opvattingen van mijn familie. Maar hoe meer men me voorhield een averechtse natuur te zijn, des te meer genoegen ik er in schiep. Het was ook zelden moeilijk me te verzetten tegen ieders overtuiging en ik had geen behoefte om excuses, onvoorziene omstandigheden, intriges of valse bescheidenheid voor te wenden om mijn ambities duidelijk te maken. Uit de tragedie *Electra* van *Euripides* (480-406 v.Chr.) had ik onthouden dat:

> *"… mijn op ratio gebaseerde mening de mijne is en steeds zal bepalen wie ik zal horen, zien of aanraken en waaraan ik wil deelnemen."*

Na luidruchtige discussies hoepelde doorgaans iedereen op, maar keerde snel terug. De kracht van hun verbale argumenten bleek evenredig met de kracht van mijn koppige vitaliteit. De wereld die ik ambieerde, zou voor altijd klein blijven, een soort onontwikkelde locatie in een artificieel land. Ze kenden mijn ambitie me te concentreren op onderzoek en chirurgie van de aandoeningen van de wervelkolom. Koste wat het kost, zou ik er iets groots van maken. Van *Isaac Newton* (1643-1727) herinnerde ik me dat:

*"… wanneer ik in mijn vakgebied echt iets wilde beteke-
nen, ik eerst op de schouders van reuzen diende te staan."*

Nooit vergeet ik de opmerkingen van mijn grootvader toen ik
hem vertelde hoe ik mijn toekomstige wereld zag.

*"Voor wie niets beters te doen heeft, kan betaald studeren
geen kwaad. Maar wanneer je niet alleen denkt, maar vooral voelt een speciale roeping te hebben, dan moet je alles
geven om dat doel te bereiken! Je hebt hiervoor absoluut
niemand nodig. Maar je zal slechts winnen indien je jezelf
kan overtreffen wanneer de inspanningen pijnlijk worden.
Heb je geen specifiek doel voor ogen, dan heeft het niet de
minste zin jezelf aan nutteloze studiedruk te onderwerpen."*

"Zelfs al ben je gehuwd," benadrukte hij steeds, *"ga dan
niet uitsluitend cocoonen in die liefdesvrede. Na korte tijd
zal de vrije val van je testosterongehalte leiden tot verlies
van je creativiteit. Maar met jouw persoonlijkheid, zelfvertrouwen, passie en motivatie, zelfdiscipline en zelforgani-
satie, ga je zeker slagen in alles waarin je goed wil zijn."*

*"En luister ook niet naar al die verhalen dat je veel mist wan-
neer je niet voortdurend sociale bijeenkomsten bijwoont.
Je mist gewoon niets, eender of je er naartoe gaat of niet!
Toch zal je af en toe de sociale vest eens moeten aantrek-
ken om dat jolig gedoe te analyseren. Maar pluk dan vooral
je eigen dag! Je zal verstomd staan hoeveel jolige lieden
slechts op zulke gelegenheden de show weten te stelen."*

1987

EERSTE INTERNATIONAAL SOLLICITATIEGESPREK

Ik solliciteerde in Perth voor een postgraduaat fellowship spinale chirurgie en een functie als revalidatiearts van patiënten die verlamd werden als gevolg van wervelbreuken. Anderzijds ambieerde ik te onderzoeken wat de oorzaken konden zijn van het universeel optredende fenomeen van lagerugpijn. Het *mysterie lagerugpijn* intrigeerde mij omdat niemand mij hiervoor ooit een eensluidende wetenschappelijke verklaring had kunnen geven. Ik was er rotsvast van overtuigd dat de oorzaken dienden gezocht te worden in *iets* dat zich voordeed in de tussenwervelschijven. Ik wist eveneens dat professor Byron Kakulas en Sir George Bedbrook sinds begin jaren 1950 neuropathologische researchautopsies uitvoerden op de menselijke wervelzuil en dat het Departement Neuromusculaire Pathologie in Perth mij de ideale researchomstandigheden kon aanbieden om de degenererende evolutie van de tussenwervelschijven na te gaan tijdens een normale menselijke cyclus.

De strijd om die felbegeerde fellowships was bikkelhard. Er waren mededingers uit Denemarken, Nederland, Frankrijk en Duitsland. Maar het moeilijkste was te kunnen opboksen tegen die hardwerkende en blijkbaar zeer gedisciplineerde doktoraataspiranten uit Aziatische landen die routinegewijs het pleit wonnen. Het zou een zeer intens interview worden, maar ik rekende vooral op mijn Vlaamse achtergrond en inmiddels uitgebreide praktische levenservaringen op het eiland.

Mijn leermeesters in spe legden me op de rooster in hun Londens sollicitatiebureau. Ze keken op de wereldkaart en wezen uitdagend naar België dat onder hun vinger bedolven werd. De Australiërs konden maar niet begrijpen dat een stuk grond niet groter dan hun eigen landgoed-met-zwembad zes universiteiten herbergde. Ietwat geïrriteerd riposteerde ik dat het mijn schuld niet was dat er op die schort grond belangrijke verschillen bestonden op taalkundig, cultureel, religieus, politiek en economisch vlak. En ik voegde hieraan toe dat het me weinig kon schelen of universiteitspoorten nu in een politiek blauwe, rode, gele, groene, bruine of zwarte kleur waren geschilderd. Misschien hadden die Australiërs toch gelijk want veel later, in 2011, liet een vermaarde Vlaamse professor zich in een dagblad ontvallen dat:

> "... Belgen in een dronken bui hun universiteiten tot de wereldtop rekenen. Maar dat het niet klopt want anders was hij geen hoogleraar geworden."

Toch benadrukte ik mijn tevredenheid met het genoten hoogstaand universitair onderwijs, en liet duidelijk aanvoelen dat ik over een meer dan soliede basis beschikte om onder hun supervisie fundamenteel onderzoekswerk uit te voeren. Omdat ik tijdens mijn orthopedische opleiding ook nog veel tijd had gespendeerd in de autopsiezaal om studenten geneeskunde in het vak anatomie te begeleiden, kon ik probleemloos mijn passie voor de ontleedkunde aantonen. Ik liet ook niet na te verduidelijken dat veel buitenlanders nog steeds een puntje konden zuigen aan de vingervaardigheid van Vlaamse orthopedische chirurgen. Maar het meest verwonderden ze zich wanneer ik mijn ervaringen op het eiland omschreef. Toen ze me vroegen naar mijn behaalde medische titels kon ik tot hun verbazing, alleen maar uitleggen dat er in mijn land slechts licenties worden verleend om artsenij en heelkunde uit te oefenen, maar geen titels zoals MSc, MD, FRCS of dergelijke. Daarenboven leek de universiteit waar ik mijn diploma's had behaald niet in de top honderd van de wereldranglijst te staan. Even fronsten ze hun wenkbrauwen! Op een mooi versierd certificaat, met hoofdtitel in gouden letters en ondertekend door een voorzitter van de orde der artsen, stond te lezen dat ik een voorbeeldige dokter was, maar ook dit maakte weinig indruk. Ik panikeerde niet en legde hen met veel zwier mijn drie wetenschappelijke publicaties voor, maar deze konden mijn wetenschappelijke interesse in de rugpathologie niet bevestigen.

Na deliberatie oordeelde de toelatingscommissie dat mijn opleiding om een *Spinal Fellowship* toegereikt te krijgen onvoldoende was.

> *"Om zo snel mogelijk in de running te komen, zult u eerst uw wetenschappelijke basis inzake rugaandoeningen moeten opkrikken. Ga desnoods naar Engeland en verwijs dan zeker naar ons gesprek. Slechts dan kan u in aanmerking komen om u uitsluitend te concentreren op de spinale chirurgie en heten we u welkom! Voor u kunnen we een coherente strategie ontwikkelen om een nog nooit eerder uitgevoerd, maar uniek wetenschappelijk project uit te werken. Maar wees eerlijk tegenover uzelf. De meesten hebben fundamenteel verkeerde opvattingen over hun toekomst. De tijd is een machtige kracht die voorkeuren verandert, waarden vervormt, en persoonlijkheden omtovert. Onderschat het belang hiervan niet. Velen ervaren maar al te vaak dat ze ten opzichte van vroeger sterk veranderd zijn, maar denken dat ze in de toekomst niet meer zullen veranderen. Indien u ook zo redeneert, dan eindigen hier uw toekomstdromen! Indien u niet aankan wat we u vragen, berust dan in uw lot en kom niet opnieuw. Australiërs zijn niet gewoon hun tijd te verliezen en ook de uwe niet."*

Eventjes was het slikken, maar ik verslikte me niet. Ik bedankte hen allen voor het gesprek en zei dat ik mijn toekomstdromen niet zou verliezen. Opdat ze zich mij duidelijk zouden herinneren, neuriede ik tijdens het verlaten van de deliberatiezaal iets in de trant van: *I can hear music* (1969) van de *Beach Boys*:

> *"This is the way I always dreamed it would be. And I can't explain the way I'm feeling inside. It keeps me satisfied. I can hear music, sweet sweet music."*

Ik was ervan overtuigd dat er, mits volharding, ergens héél ver weg, een oplossing zou komen. De opdracht was vrij eenvoudig. Ik diende de internationale wetenschappelijke literatuur over de wervelkolomaandoeningen te verslinden. Dat velen in mijn omgeving mij zot zouden verklaren, liet me onverschillig. Het stimuleerde me zelfs. Maar zoals steeds stond ik er alleen voor. Ik had alleen nog wat tijd nodig om over alles opnieuw na te denken, te overwegen wat er diende te gebeuren en hoe alles kon geregeld worden.

1987-89

EERST NOG EEN INTELLECTUEEL
TANDJE BIJSTEKEN IN ENGELAND

Ik had er altijd van gedroomd om in hoedanigheid van arts in de eerste plaats iets uitdagends te kunnen doen voor mezelf, en niet alleen voor anderen. Ik wilde dan ook meer dan wat het beroep van orthopedische chirurgie me normaal kon aanbieden, en was bereid risico's te nemen en hard te werken voor die dingen die ik nog ambieerde.

Reeds tijdens mijn studies richtte mijn belangstelling zich vooral op die vakken waar ik naast de cursusnota's nog nieuwe feiten kon ontdekken. Achter het microscoop voelde ik me als een detective op zoek naar meer verhelderende details. Als assistent orthopedie perfectioneerde ik in de autopsiezaal mijn vingertechniek door jarenlang de chirurgische anatomie te doorgronden. Maar om mijn uiteindelijk professioneel doel te bereiken, moest ik eerst de gapende kloof tussen droom en werkelijkheid overbruggen. Ik zocht naar relevante informatie, maar realiseerde me snel dat ik in eigen land nergens de fundamentele kennis kon verzamelen voor de gebieden waar ik grote interesse voor had. Slechts bij het aanhoren van de lyrics van de officiële song *Survival* tijdens de Olympische spelen van Londen in 2012, drong het tot me door waar ik me destijds in Engeland en Australië aan gewaagd had. Ik ben zeker niet roekeloos te werk gegaan. Mijn plan was haarfijn uitgekiend en ik was er mij van bewust dat moeilijke hindernissen zich konden voordoen, maar ik vreesde niets of niemand.

"Race, life is a race," zong Muse in 2012. *"My life was a race, but I'm gonna win. And I will reveal my strength. I choose to thrive and to keep up the pace. And I'll light the fuse and I will never lose. And I won't give in, whatever it takes. Yes, I am prepared."*

Het was ook andermans zaak of mijn levensstijl al dan niet geapprecieerd werd. Ik haalde steevast mijn schouders op. En zolang familieleden financieel niet moesten opdraaien voor mijn vrijheden, was het leuk om vrij te zijn. De dagen, maanden en jaren gaan sowieso snel voorbij.

"Een dag, dat is niks," zei Petronius (27-66 n.Chr.) in zijn Satyricon, *"je keert je kont en het wordt alweer avond."*

Tijdens mijn twee jaar durend verblijf in Engeland spendeerde ik veel studie-uren in medische bibliotheken en autopsiezalen om mijn rugchirurgische expertise aan te vullen. Befaamde rugchirurgen in Liverpool, London, Manchester, Oswestry, Plymouth en Stoke-on-Trent initieerden me in de complexe geheimen van de reconstructieve spinale chirurgie. Na analyse van de relevante literatuur werkte ik een masterthesis af over primaire orthopedische kankers. Ik was klaar voor mijn tweede sollicitatiegesprek.

1987-89

'ONCE IN A LIFETIME ... A MAGICAL MOMENT'

Euripides (480-406 v.Chr.) schreef ooit dat:
"... het verwachte zelden gebeurt en het onverwachte zich
plots aandient."

In Engeland vlotte het beter dan verwacht. In een medische aula in Liverpool die eruit zag als een soort Romeins amfitheater, moesten jongere collega's voor een internationale gemenebestjury (bestaande uit negen bekende namen) in het openbaar hun orthopedische examens afleggen. De tweede jurystoel links bleef onbezet. Voor veel studenten is een professor minder altijd een opluchting. Enkele lokale chirurgen die vertrouwd waren met mijn enthousiasme hadden me vriendelijk verzocht hoog en ver op de bovenste rij plaats te nemen.

Telkens wanneer een jongere collega zijn medische vragen aan een binnengebrachte patiënt had gesteld en het klinisch onderzoek had uitgevoerd, diende hij verdere uitleg te geven op grond van verwijzingen naar internationale wetenschappelijke publicaties. Uiteraard waren de vragen die de wijze mannen stelden, niet van de gemakkelijkste, maar wie veel gelezen en regelmatig gestudeerd had, trok zich zonder probleem uit de slag. Daar ik toen zelf reeds vrij belezen was zowel op het vlak van rug- en spieraandoeningen als van revalidatie van verlammingen ten gevolge van ruggenmergaandoeningen, reageerde ik tijdens de talrijke exposés van de studenten steeds enthousiaster tegenover mijn veel oudere buurman die ik nooit eerder gezien of gehoord had. Met een lavastroom van woorden verwees ik hem bijna continu naar de boeken en publicaties van professor *Byron Kakulas* en *Sir George Bedbrook*. Het was trouwens bij die wereldautoriteiten dat ik in Perth van plan was mijn ultieme droom te realiseren. Af en toe toomde de respectabele man mijn geestdrift in, maar liet toch niet na om steeds meer details te vragen. Ik aarzelde ook niet met hem in discussie te gaan over de rugproblemen van de aanwezige patiënten. *The old man* bleek op alle gebied bijzonder goed op de hoogte te zijn. Eerst dacht ik naast een geobsedeerde gepensioneerde chirurg te zitten die zijn resterende levenstijd invulde met het bijwonen van allerlei lezingen en zijn broek sleet in bibliotheken. Na de examens en vóór de deliberatie, bedankte ik hem met een hoofdbuiging en een tik op zijn rechterschouder. Alhoewel men in Engeland zijn vrije tijd meestal doorbrengt rond de theepot, wenste ik hem een aangename koffiepauze toe.

> *"See you later, Sir."*
> *"We'll see. By the way, what's your name?"*
> *"Guy, Sir!"*

Tijdens de koffie had ik van mijn Engelse collega's vernomen dat ik me rustig had gedragen. Nieuwsgierig om de finale verdicten na de deliberatie te aanhoren, had ik opnieuw mijn plaats op de bovenste rij ingenomen, maar de zetel naast mij bleef leeg. Na het belsignaal nam de Zuid-Afrikaanse voorzitter zijn presidiumstoel in. Uiteraard stond iedereen respectvol en in absolute stilte recht. Nu pas maakte hij één voor één de namen bekend van de geleerde mannen, die, gehuld in academische toga, de aula binnentraden. Tot mijn immense verbazing verscheen *the old man* als laatste van de schare eminente intellectuelen. Ik nam mijn bril af en veegde de glazen proper. Ik kon mijn oren en ogen niet geloven dat ik naast *Sir George Bedbrook himself* had gezeten, de orthopedische visionair die in Perth het wereldbefaamde spinaal revalidatiecentrum had opgericht. Ik had zelfs op zijn schouder getikt! Gespannen ging ik zitten. Na de Zuid-Afrikaanse inleiding nam *Sir George* het woord. Hij bibberde niet, ik een beetje!

"Collega's professoren en jonge toekomstige collega's," riep hij uit met een typisch overheersend Australisch accent. *"Deze namiddag had ik het genoegen ginder boven op de hoogste rij aandachtig te luisteren naar iemand van het Europese continent die hier in Engeland zijn orthopedische kennis komt bijschaven. Omdat zijn bemerkingen, uitleg en verwijzingen vrij uitdagend waren, nodig ik 'the Flemish Boy' eveneens uit om te gepasten tijde met theoretische beschouwingen de onduidelijkheden in verband met de besproken rugproblemen te belichten. Ik zal u niet langer laten wachten! Ik kan u verzekeren dat het boeiend wordt. Mr. Guy, please, come forward."*

Zelden word ik uit mijn lood geslagen, maar toen draaide de wereld rond mijn hoofd wel eventjes dol. Ongeacht het type bijeenkomst waarin ik me willens nillens soms ook moet bevinden, ervaar ik zelden enige aarzeling om mijn opinie te uiten. Beleefd boog ik in de richting van de voorzitter. Even verrast als ik vroeg de Zuid-Afrikaan mezelf aan het publiek voor te stellen. Ik aarzelde geen ogenblik.

"Heer voorzitter, geachte professoren en waarde toehoorders. Ik moet eerlijk bekennen dat het lang geleden is dat ik nog eens zo'n interessante dag meemaakte. Daarenboven was het voor mij een grote eer om naast Sir George te zitten terwijl ik zijn naam slechts kende via zijn vele publicaties. Omdat het mijn levensambitie is de pathologieën in de wervelkolom goed te begrijpen, besliste ik hier nog bij te studeren vooraleer te solliciteren voor een functie als Spinal Fellow in Perth. Maar in mijn leven was tot nu toe niets gegarandeerd en onverwachts kon er van alles gebeuren. Ik kan amper geloven dat ik hier vooraan mag staan. Maar anderzijds, …" en een klepper van Seneca (4 v.Chr.-65 n.Chr.) schoot me plots te binnen, *"ben ik doorgaans altijd op het ergste voorbereid en kon ik tot nu toe alle op mij afkomende gebeurtenissen op een relatief stoïcijnse manier te boven komen."*

De toehoorders applaudisseerden beleefdheidshalve. Sir George lachte binnensmonds.

De verdere evaluatiegesprekken verliepen zonder veel problemen. *Sir George* vroeg me regelmatig naar mijn eerdere bemerkingen. Zonder het me echt te realiseren, werd ik door hem eveneens aan de tand gevoeld. Op het einde vroeg de Zuid-Afrikaan wat ik dacht over wetenschap. Tot op heden weet ik nog steeds niet waar ik het vandaan haalde, maar ik herinner me perfect hoe ik mijn diepste overtuiging zonder de minste aarzeling uitte.

> *"Wetenschap alleen zal patiënten niet genezen of helpen. In de wetenschap gaat het niet over juist, verkeerd, waar of onwaar. Theorieën moeten binnen een goed bepaalde context herhaaldelijk als min of meer bruikbaar beoordeeld worden. Veel observaties zijn onvolledig en doorgaans weinig accuraat. Maar slechts wie over een brede waaier van medische kennis beschikt, heeft waarlijk recht van spreken en is in staat zich los te maken van het opgelegde geneeskundig groepsdenken."*

Hoewel ik niet de indruk had dat het publiek er veel van begreep, spitste iedereen, de geleerden incluis, steeds meer de oren. *Sir George* kon genieten. Ik wist dat Perth *binnen* was. De jury bleef me verrast en nieuwsgierig aankijken.

> *"Kunt u zich even verduidelijken, mr. Guy?"* vroeg de voorzitter.
> *"Professor,"* antwoordde ik, *"wellicht stond u er nooit bij stil, maar Bob Dylan had enkele jaren terug zijn eeuwige roem nog beter kunnen verzilveren, had hij aan zijn 'Blowin' in the Wind' (1963) de volgende strofe toegevoegd."*
> Ik haalde diep adem en zong:
> *"How many books must a doc go through before you call him a doc? The answer, my friend, is blowing in the wind. The answer is blowing in the wind."*

De zaal ontplofte en enkele geleerden sloegen beleefd maar ingetogen drie klapjes in hun handen. Ik genoot van mijn succesje en vervolgde:

> "Met wetenschap alleen moeten we dus opletten. Wetenschap heeft als doel om 'gerust te stellen', zei ooit de Franse kubistische schilder Georges Braque (1882-1963). Aan medische wetenschap moet slechts geloof gehecht worden wanneer ze bij herhaling onweerlegbare bewijzen kan voorleggen en wanneer over de bereikte resultaten zonder te veel tegenargumenten kan gerapporteerd en gecommuniceerd worden. Maar ondanks alle lectuur en studie heb ik niet de indruk dat dit vaak gebeurt! Vergeet ook niet dat wetenschap een sociaal gebeuren is waarbij ego's met elkaar afrekenen. Wetenschap is dus ook een plaats waar grote macht toegekend wordt aan een kleine, technische elite die vooral in zichzelf geïnteresseerd is. Je kan wetenschap dan bijna vergelijken met een totalitair regime van oligarchen. De rest, zelfs medisch opgeleiden, zijn uitsluitend radertjes die er niets van snappen en braaf in de pas lopen. Of, zoals de Britse filosoof Bertrand Russell (1872-1970) concludeerde, kan wetenschap ook echt ontwrichtend zijn!"

Dat was raak! *Sir George* knikte! Ik was geslaagd voor mijn publiek examen. *Sir George* vroeg me wanneer ik in Perth zou aankomen. Ik antwoordde *gisteren*. Twee weken later stond ik er.

1989-91

POST-DOCTORALE SPINALE
FELLOWSHIPS IN PERTH, AUSTRALIË

Mijn grootvader had me ooit het onderstaande onderlijnd:

> *"De meeste mensen nemen zowel in hun jeugd als in hun latere leven zoveel foute beslissingen en keuzes dat ze een aanzienlijk deel van hun resterende jaren nodig hebben om hun flaters te repareren. Ze spenderen dan massa's tijd, energie en centen om zich van hun frustraties te bevrijden. Indien jij je ultieme droom wenst waar te maken, denk dan goed na over de te volgen strategie. Het vraagt veel meer dan een nachtje slapen om dan slechts een broek, hemd of potlood te kopen."*

Vele nachten heb ik mijmerend wakker gelegen. Ik zat gewrongen tussen tal van pro's en contra's, maar slaagde er niet in met alle verschillende aspecten rekening te houden. Destijds en vooraleer ik vertrok naar het eiland, had ik nooit rekening gehouden dat ik in de gevangenis zou belanden. Ook nu kon niemand mij helpen. Ik baseerde mijn beslissing op mijn intuïtie, buikgevoel en groeiend inzicht. Maar het was evident dat ik diegenen van me af diende te schudden die zonder enige kennis van zaken dachten me raad te moeten geven. Zelf deden ze altijd hun eigen zin, maar zelden wat ze moesten doen.

> *"Inspraak zonder inzicht leidt tot uitspraken zonder inzicht. Daarenboven zijn raadgevers zelden je geldschieters,"* placht mijn wijze grootvader me bij te brengen.

Eindelijk! Perth, Australië! *Mijn tijd* was aangebroken. Het was er heet, en het zou er heet blijven! Het blijft voor immer één van mijn mooiste professionele ervaringen. Heimwee naar vervlogen frivole jaren verdrong ik probleemloos naar de achtergrond. De uitdagingen waren veel boeiender. In die uitgestrekte intellectuele Australische oceaan zwom ik rond als een leergierige vis. Ik ondervond niet de minste moeite om de *6-9-6-regel* te respecteren: van 6 uur 's morgens tot 9 uur 's avonds, 6 dagen per week. Ik hield me aan de gestelde prioriteiten en kwam tegemoet aan alle eisen. Ik raakte zo in de ban van mijn research dat ik het nauwelijks werk kon noemen. De unieke kennis die ik er verwierf zou de basis vormen voor alles wat in mijn verdere leven volgde. Dankzij die kennis is niemand er ooit in geslaagd mij in mijn vakgebied onderuit te halen.

Na aankomst in Perth moest ik eerst nog een *kleine* test afleggen. Ik kreeg voldoende tijd om de meest recente standaardboeken over rugpathologieën door te nemen en vervolgens door spinale orthopeden en neurochirurgen via een zogenaamd open-boek-examen ondervraagd te worden. Mijn tweejarig verblijf in het Verenigd Koninkrijk was geenszins tijdverspilling geweest. Ik slaagde erin hun vragen gedetailleerd toe te lichten. De heren waren vooral geboeid door mijn enthousiaste uiteenzetting over uitzaaiingen van kankers in wervels en degeneratieve involutie van tussenwervelschijven in de lage rug.

Mijn *Spinal Fellowship* liet me toe me te bekwamen in de complexe traumatologische en oncologische rugchirurgie. Wekelijks hakten we met hamer en beitel in kromgegroeide wervelkolommen om ze terug recht te trekken. Door kanker aangetaste wervelonderdelen werden vervangen door drooggevroren allogeen scheenbeenweefsel, waarbij de wervelkolom gefixeerd werd met innovatieve hechtingsmethoden. Het was heelkunde tussen leven en dood. Vaak werd ik geconfronteerd met situaties waar chirurgie geen optie meer was, maar toch durfden we het aan onze weg te zoeken tussen getordeerde anatomische structuren om een oplossing te forceren. Op regelmatige tijdstippen werden in de autopsiezaal de essentiële anatomische details overlopen om nieuwe toegangswegen en betere technieken te bedenken en uit te proberen. Toch sloeg tijdens een heelkundige procedure af en toe de twijfel toe. Nooit maakte ik echter mee dat het chirurgisch team uit radeloosheid God moest aanroepen of onverrichter zake de procedure diende te staken. Soms hadden we geen andere keuze dan de wonde een tijdje toe te dichten. Bij rustige achtergrondmuziek dachten wij na en overlegden we om een oplossing te vinden voor het anatomische wespennest. Deze ervaringen gaven me later de mogelijkheid deel te nemen aan experimentele chirurgie met als doel innovatieve implantaten voor de medische industrie te ontwikkelen.

In het *Sir George Bedbrook Rehabilitation Center* leerde ik de diverse complexe behandelingstechnieken aan waardoor patiënten die verlamd werden als gevolg van ernstige werveltraumata sneller konden revalideren. Tijdens deze revalidatiesessies verwonderde ik me over de effecten van experimentele vibratiekussentjes. Ze hadden tot doel de bloed- en lymfecirculatie te stimuleren om zo doorligwonden te vermijden of sneller te laten genezen. Ik had toen weinig tijd om hier lang bij stil te staan. Met de in Australië opgedane chirurgische en revalidatiekennis solliciteerde ik later in meerdere revalidatiecentra, maar zelfs met deze uiterst gespecialiseerde ervaring bleek het onmogelijk om in eigen land in aanmerking te komen voor een functie in de revalidatiesector. Net zoals op het eiland zwaaiden ook hier mysterieuze krachten de plak. Ik vermoed dat men schrik had van kennis. *Sir George Bedbrook* moet zich in zijn graf omgedraaid hebben!

Mijn allerbelangrijkste ambitie was een doctoraatsscriptie te schrijven over *de evolutie van ouderdoms- en degeneratieve processen in de tussenwervelschijven* en een detailanalyse uit te voeren van kankeruitzaaiingen in de wervels. Mijn droom ging in vervulling toen ik in het laboratorium van Professor Neuropathologie *Byron Kakulas* de unieke gelegenheid kreeg de verdoken mysteries van de wervelkolom en tussenwervelschijven tot in de kleinste details te onderzoeken. Samen met *Sir George Bed-*

brook hadden beide geleerden sinds de jaren vijftig niet minder dan 23.500 menselijke wervelkolommen aan wetenschappelijke autopsie onderworpen. *Professor Kakulas, internationaal gelauwerd voor zijn toonaangevend onderzoek naar restauratieve behandelingen van spieraandoeningen via moleculaire genetica en DNA-technologie, werd mijn mentor. Het was de meest uitdagende ervaring die me ooit te beurt viel. De professor raakte geboeid door mijn studieproject en ik kreeg all faciliteiten om meer dan 140.000 menselijke tussenwervelschijven gelegen tussen TH12/L1 en L5/S1 in detail te analyseren. Hij benadrukte wel dat ik een belangrijke keuze diende te maken.

> *"Hoewel je houdt van lezen, studeren en chirurgie, heb je nog niet meer bereikt dan je collega's en een polymath ben je zeker nog niet. Wil je slagen, dan moet je de lat veel hoger leggen. Met een tikkeltje meer inspanning zal het je verder brengen dan je specialisatie!"*

Voor mijn neus haalde de professor een grote glazen vaas van onder zijn bureau en zette die voorzichtig voor mij neer. Om duidelijk te maken dat ik mijn leven best niet verder vulde met routineactiviteiten, legde hij eerst grote stenen in de vaas. Vervolgens nam hij een pot kiezelsteentjes en goot ze voorzichtig over de grote stenen zodat ze op de bodem van de vaas vielen. Vervolgens goot hij een zakje zand uit dat ik tussen de stenen en kiezels tot op de bodem zag vloeien. Uiteindelijk werd de vaas tot aan de rand met water gevuld. Daarna richtte hij zich opnieuw tot mij, keek me diep en langdurig in de ogen.

> *"Dat is een doctoraatstudie, Guy! Eerst de grote stenen in je vaas, anders krijg je ze er achteraf nooit meer in. Je moet voorrang geven aan de belangrijkste zaken en slechts daarna aandacht schenken aan bijkomstigheden. Maar jij moet voor jezelf uitmaken welke de grote stenen zijn die belangrijk zijn voor je verdere leven. Indien je je tijd wil vullen met routineactiviteiten moet je niet aan een doctoraat*

beginnen. Zijn anderzijds de grote stenen ook je familie, je partner, je kameraden en vrienden aan wie je je meeste aandacht wil wijden, je financiën of je dromen, dan heb je evenmin een schijn van kans! Ik sprak met Sir George. Hier krijg je een unieke kans om je intellect exclusief te concentreren op maximum twee onderwerpen. Hier kan je in het labo uitpluizen hoe tussenwervelschijven in de lage rug tijdens een mensenleven evolueren, maar tevens op welke wijze kankers in wervels uitzaaien. Een gigantisch kennisdomein zal zich voor jou ontplooien. Schrijf over één van deze topics een doctoraat of een boek. Weet evenwel dat je voortdurend op grote onverschilligheid, tegenwind en kritiek zult botsen, zowel uit je onmiddellijke als professionele omgeving. Excelleren wordt nu eenmaal met lede ogen aanzien en wekt jaloersheid op!"

Ik realiseerde me toen amper hoe waarheidsvol zijn woorden waren, maar moest denken aan een citaat uit een brief van de Latijnse schrijver *Plinius de Jongere* (62 v.Chr.-17 n.Chr.) gericht tot keizer Trajanus:

"Wie is beter geplaatst dan u om mij richtlijnen te geven wanneer ik aarzel, of om aan mijn onwetendheid tegemoet te komen? [Quis enim potest melius vel cunctationem meam regere vel ignorantiam instruere?]."

MIJN OBSESSIE VOOR HET ENIGMA 'LAGERUGPIJN'

Orthopedische chirurgen vinden vroeg of laat voor elk probleem in een been of gewricht wel een oplossing. Maar wanneer in beenweefsel van wervels niets vastgesteld wordt door radiologen, tast men doorgaans in het duister om lagerugpijn te verklaren. *Lagerugpijn blijft trouwens nog steeds medische recordhouder van wetenschappelijke onwetendheid en behandelingsfalen.* Het was dus interessant te kunnen achterhalen of er zich in de tussenwervelschijven (= discussen) fenomenen voordeden die het *mysterie van lagerugpijn* konden verklaren.

Sinds lange tijd is er in de geneeskunde niets geheimzinniger dan de onzichtbare fenomenen die in de lage rug zoveel miserie kunnen veroorzaken. Ik bezocht tal van culturen en stammen die zelden contact hebben met de moderne westerse cultuur. Ik ging naar de hoogvlakten van Bolivia, Colombia, Ecuador, Ethiopië, Iran, Peru, naar kleine vissersdorpjes in Griekenland, naar eilandengroepen in Centraal-Amerika en Eurazië, en afgelegen dorpen in Madagaskar en Zuid-Korea. Ik nam foto's van mensen met waterkannen op hun hoofd, van vrouwen die urenlang op de grond zaten te weven of vele kilometers aflegden om water te vinden voor hun gezin, van mannen die de hele dag netten vol vis uit het water haalden, hout verzamelden of kilo's edelstenen uit de mijnen op hun rug naar boven sleurden. Ze werkten hard, rustten weinig, lieten hun lichamen af en toe masseren en sliepen op halfharde ondergrond. Met uitzondering van die ene infectie, kanker of wervelbreuk ervaarden weinigen lagerugpijn. In tegenstelling tot deze regio's zullen *in de moderne wereld ongeveer acht op tien mensen ooit lagerugpijn ervaren en zal de helft ervan levenslang met deze klachten opgezadeld blijven.* Anderzijds bestaan er sinds mensenheugenis voor die lagerugpijn bijna evenveel verklaringen en behandelingen als er zelfverklaarde rugdeskundigen rondlopen. Vandaar dat de stelling van de vader van de moderne geneeskunde, *Sir William Osler* (1849-1919), hier nog steeds geldt:

> *"In de geneeskunde blijven dwaasheden van gisteren doorgaans de wijsheden van morgen."*

En ook vandaag verschuilt men zich voor *lage-rugpijn-zonder-oorzaak* liever achter ingewikkelde immunologische, genetische en psychologische begrippen dan de reden te zoeken in de wervelkolom zelf. Aan de Universiteit van Oxford vergaderde men zelfs ooit over die ene vervelende vraag:

"... wat medisch en paramedisch geschoolden in gods-naam moeten doen wanneer ze geconfronteerd worden met personen die behept zijn met een onweerstaanbare drang om wetenschappelijk niet-onderbouwd advies te geven?"

Omdat hij mijn passie voor lagerugpijn kende, redeneerde mijn grootvader logischerwijze als volgt:

"Al mijn honden en paarden hebben een wervelkolom die uit een serie wervels bestaat. Die wervels zijn volgens een regelmatig patroon gerangschikt en liggen netjes naast elkaar. Omdat deze dieren zich constant op vier poten voortbewegen is hun rug relatief stijf en slechts lichtjes gebogen. Maar bij het zoogdier mens is dit helemaal anders! De mens onderscheidt zich door met gestrekte knieën en op zijn twee achterste poten rechtop te stappen. Daarom moest zijn wervelkolom soepeler zijn en zich tot een S-vorm krommen. Hierdoor zal de mens met zijn holle lage rug, zijn bochel ter hoogte van zijn borstkas en zijn holle nekzone niet omvervallen. Het zou me dus niet verwonderen dat er in tegenstelling tot de andere zoogdieren veel grotere krachten uitgeoefend worden op zijn discussen en hier de oorzaak voor lagerugpijn moet gezocht worden."

Ik wilde dus nagaan hoe en waarom lagerugpijn kon veroorzaakt worden en vergeleek mijn onwetendheid met *Plato's grotallegorie* (427-347 v.Chr.). Ik mocht niet opgesloten blijven in een donkere medische grot en blind blijven voor de wetenschappelijke realiteit. Mijn intuïtie wees me in de richting van nog onbekende verouderings- en slijtageprocessen in de discus. Door deze gedachtengang aan de realiteit te toetsen, kon ik er wellicht in slagen het rugklachtenpatroon uit de mysterieuze sfeer te halen. In de lijn van *Aristoteles* (384-322 v.Chr.) nam ik me voor:

"… evenmin een onwetende te blijven die andermans fantasieën blijft slikken."

In het laboratorium van Professor *Byron Kakulas* had ik niet één, maar twee beroepen. De wetenschappelijke literatuur was mijn wettige echtgenote en de wetenschappelijke autopsie mijn minnares. Kreeg ik niet genoeg van de ene, dan bracht ik de nacht door met de andere. Hoewel ik hen zonder vaste planning afwisselde, werd het nooit saai.

Vanaf 2013 kon ik eindelijk in ideale en rustige omstandigheden de synthese uitvoeren van de uitgebreide hoeveelheid verzamelde data. Toen pas realiseerde ik me het belang van het uitgevoerde onderzoek en parafraseerde luidop *'Wake me up'* van *Avicii* (1989-2018):

"They said, I was caught up in a dream. Well, life would have passed me by if I didn't open up my eyes. I had a chance to travel the world. I never played any games. I only had plans. Feeling my way through the darkness, guided by a beating heart, I couldn't tell where the journey would end, but I knew where I started."

1989-91

WERVELKOLOMAUTOPSIES LEIDEN TOT DE DEFINITIE 'DEGENERATIEF DISCOGEEN SYNDROOM'

Jaren had ik uitgekeken naar die éne rustige plek waar de menselijke soort haar geheimen over het onbegrepen fenomeen van lagerugpijn kon prijsgeven. In een ultra-beschermend geel astronautenpak kon ik een uitgebreide verzameling wervelkolommen bestuderen en de merkwaardige bevindingen in de discussen fotograferen.

Alle wervelkolommen waren met het nodige respect gepreserveerd in speciale bewaarmiddelen en balsemvloeistoffen. Op de beelden van voorafgaand radiologisch onderzoek konden ervaren spinale radiologen slechts de klassiek gekende verouderingsfenomenen vaststellen. In de *141.234 gescreende discussen* was er behalve de veelvoorkomende hoogtevermindering zelden een afwijking te zien. Geheel in tegenstelling daarmee toonde *analyse met het blote oog* aan dat in bijna al deze discussen zich steeds dezelfde type scheuren ontwikkelden vanaf de leeftijd van 15 à 25 jaar. Naarmate de werking van de tand des tijds voortschreed, vertoonden de drie verschillende onderdelen van de kraakbenige discus – kern, buitenring, en vooral de aan de wervels grenzende zones (= eindplaten) – exact dezelfde type letsels. Onder het microscoop konden in hun littekenweefsels veelal pijngevoelige zenuwvezeltjes vastgesteld worden. Mijn vermoeden werd bewaarheid. Voor mij werd het overduidelijk dat lagerugpijn niet langer kon verklaard worden door het bestaan van een discushernia (die trouwens maar éénmaal werd vastgesteld), maar te wijten was aan de evolutie van slijtage als gevolg van de dagelijkse veranderende krachten die de discussen levenslang dienden te ondergaan.

Alle autopsiebevindingen werden in verband gebracht met gedocumenteerde gegevens over al dan niet bestaande rugklachten van de overledenen. Het werd steeds duidelijker dat lagerugpijn bij de overgrote meerderheid van de overleden individuen geen ziekte was, maar het gevolg van strikt normaal voorkomende slijtageprocessen in de verouderende discussen. Mensen zijn nu eenmaal de enige zoogdieren die zich rechtop op twee benen moeten voortbewegen en waardoor de wervelkolom grote lasten moet dragen. Ik had geen enkele reden meer om aandacht te besteden aan de bestaande maar voorbijgestreefde hypothesen en nooit bewezen theorieën in verband met lagerugpijn. Het waren geenszins culturele, economische, financiële, psychologische of sociale demonen die verantwoordelijk waren voor het ontstaan van lagerugpijn, maar wel het optreden van letsels tijdens alle dagelijkse activiteiten. Overtuigd dat autopsies niet kunnen liegen, vatte ik de geassocieerde klassiek voorkomende rugklachten die veroorzaakt werden door discusletsels samen in een nieuw klachtenmodel, dat als *degeneratief discogeen syndroom* – en niet langer als degeneratieve discogenen ziekte – omschreven werd. Tezamen met de talrijke originele foto's van verouderende en degenererende discussen, vatte ik na verdere analyse van de literatuur alle data samen in mijn boek '*Mysterie Lagerugpijn*'. Op onderstaande figuur bemerkt men de evolutie van de discus vanaf de geboorte (X83/478) tot de leeftijd van 20 jaar (X90/43) en verder tot de leeftijd van 50 jaar (X90/1063) waarbij discussen steeds meer lijken op Zwitserse kaas.

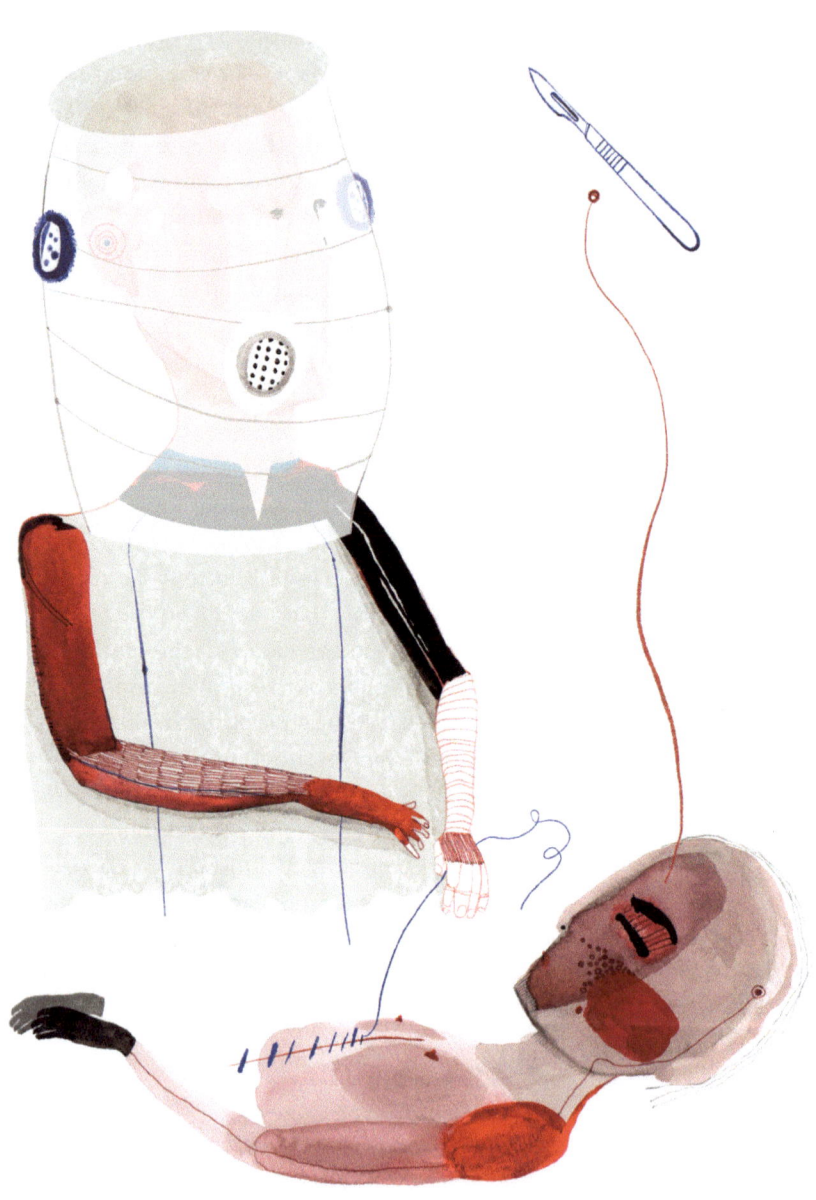

Reproductie van Declerck Guy 'Mysterie Lagerugpijn' met toestemming van Novum Publishing

Hoe meer ik me tijdens mijn later professioneel leven in de problematiek van lagerugpijn verdiepte, hoe overtuigder ik werd dat er in de wereld van rugdeskundigen veel pseudowetenschappers rondlopen die 's morgens opstaan en naar hun pseudolaboratorium trekken om er hun pseudotheorieën over lagerugpijn uit te werken. Voor mij was het daarentegen uitermate belangrijk deze door Moeder Natuur veroorzaakte anatomische discusveranderingen zonder enige vorm van pseudofilosofische benadering illustratief aan de ruglijders zelf voor te leggen en duidelijk te maken dat er hiervoor nog steeds geen efficiënte behandeling bestond. In 2013 bewees een witte raaf in de rugpathologie, professor *Michael Adams* van de Universiteit van Nottingham, dat er een zeer sterk verband bestaat tussen lagerugpijn en het optreden van degeneratieve discusscheuren. Al deze bevindingen dienden als uitgangspunt om mogelijks toch een *eenvoudige biochirurgische behandelingstechniek* uit te dokteren. Eind jaren 2020 kon dankzij de ontwikkeling van stamceltechnieken een innovatief behandelingsconcept ontwikkeld worden dat gedurende meerdere jaren verder moet uitgetest worden. Mijn grootvader had me er eertijds op gewezen dat:

> "… het klopt dat men sneller tot oplossingen komt wanneer adequate kennis onzekerheden en verwarring uit de weg geruimd heeft."

1991

MIJN EERSTE PROFESSIONELE ONTGOOCHELING

Het lijkt een eeuwigheid geleden, maar het zal blijven nazinderen tot mijn laatste dag. Mijn wereld stortte in elkaar. Nooit had ik het voor mogelijk gehouden dat ik vroegtijdig zou moeten vertrekken. *Down Under* was door de plotse economische recessie voor mij niet langer *The Lucky Country*. Het Australische bnp zakte met bijna 2% en door de plotse financiële crisis werden de gelden voor mijn Fellowships ingetrokken. Zes maanden had ik nog nodig om mijn bevindingen te ordenen en mijn PhD-thesis af te werken. Kon ik niet spoedig een bewijs van overzeese financiële steun voorleggen, dan werd mijn visum ingetrokken.

Met twee studiebeurzen konden we rondkomen, één als Fellow en één als lesgever. Ik had zelfs een autootje gekocht. De moeder van mijn kinderen kon zich volledig concentreren op de opvoeding van haar kroost. Allebei gingen ze naar de multiculturele kindergarten en volgden Engelstalig onderwijs. Initieel hadden ze wat moeite, maar na een tijdje genoten ze ervan. Door hun sterke wil en inherente zelfdiscipline maakten ze snel vorderingen. Ze sportten veel en konden vrij snel met hun kameraadjes concurreren om de beste van de klas te worden.

Het gaat mijn bevattingsvermogen nog steeds te boven dat het thuisfront geen tijdelijk financieel steuntje wilde geven. Eenmaal definitief afgestudeerd zou ik met mijn inkomsten de lening snel kunnen aflossen. Meer dan het equivalent van 1.000 euro per maand had ik toen niet nodig om tijdens de resterende maanden in het levensonderhoud van mijn gezin te voorzien. Terecht vond mijn moeder dat ze in het verleden alles gedaan had wat in haar mogelijkheden lag om mijn medische studies te helpen sponsoren. Anderen moesten nu maar eens over de brug komen. Het mocht niet zijn. De anderen brachten weinig begrip op voor mijn levenswijze en ambities, en vonden dat het genoeg geweest was. Terug thuis zou ik met de opgedane ervaring en kennis een bloeiende rugchirurgische praktijk kunnen opbouwen. De familie zou eventueel bereid geweest zijn om bij de start een financieel steuntje te geven om zo een banklening te vermijden. Maar ik had er geen vertrouwen in en wist reeds lang dat *zij die veel beloven als gekken in vreugde kunnen leven*. Nog anderen waren de mening toegedaan dat mijn kinderen in hun land van herkomst naar school moesten gaan. Misschien hadden ze allen gelijk, maar het strookte niet met mijn levensopvattingen. Ik heb het velen onder hen nooit vergeven en het viel me niet zwaar om hen voortaan *mijn vest met de vuilste zijde toe te keren*.

Het heeft lang geduurd vooraleer ik mijn vertrek uit Australië heb kunnen verwerken. Gedurende de vorige jaren had ik tal van beslissingen genomen die bepalend waren voor mijn geplande levensrichting. Mijn keuzes waren weloverwogen en allerminst gebaseerd op illusies. Eindelijk was ik op weg om te worden wie ik wilde worden. Diep in mijn binnenste was ik enorm fier met wat ik reeds had gepresteerd, maar tegelijkertijd enorm teleurgesteld omdat ik mijn researchactiviteiten diende te onderbreken. Ooit vroeg ik één van mijn dochters wat ze dacht over mijn ambities.

> *"Kennis is je macht, papa! Maar niemand in je omgeving is daarin geïnteresseerd. Allen worden getriggerd door financieel gewin, maar aan jouw drijfveren kan niemand een touw vastknopen. Ze verwarren hun vooroordelen met jouw objectieve feiten die ze niet eens kunnen interpreteren. Omdat je van de algemene norm afwijkt, ben je zo verschillend van de anderen. Alleen stond het geluk nog niet aan je zijde."*

Velen vroegen zich af of al die supplementaire studiejaren wel de – financiële – moeite geweest waren en dachten dat er misschien iets haperde in mijn zolderkamer. Maar mijn antwoord luidde steevast dat ze niet dienden te zoeken naar het waarom van mijn beslissingen omdat anders hun brein op hol zou slaan. Ik verwees naar de *Oresteia* van *Aeschylos* (ca. 526-456 v.Chr.) en maakte duidelijk dat ik:

> "... niet wilde eindigen als een speelbal van het blinde lot, zonder vrijheid om zelf nog beslissingen te kunnen nemen", en dat ik zoals Antigone in Sophocles' tragedie (495-405 v.Chr.) "vastberaden zou vasthouden aan mijn destijds genomen besluit en proberen zelf het verloop van de gebeurtenissen te bepalen."

1991

TERUG NAAR ABSURDISTAN

Bij mijn thuiskomst voelde ik me niet gelukkig. In Perth was ik op goede weg mijn professioneel leven definitief in de juiste plooi te leggen. Het was er mogelijk om klinisch-chirurgische activiteiten te combineren met hoogstaand onderzoekswerk in verband met lagerugpijn. Er was ook voldoende tijd om de gerelateerde wetenschappelijke literatuur door te nemen en de evolutie van nieuwe beschreven chirurgische technieken in de autopsiezaal te evalueren. We hadden ook overtuigend vastgesteld dat de discussen in de lage rug bij de meeste mensen reeds vanaf jonge leeftijd slijten en de hoofdoorzaak uitmaakten voor het optreden van regelmatige aanvallen van lagerugpijn. Tevens werd nagedacht over de ontwikkeling van een innovatieve methode om de pijn veroorzaakt door deze degenererende processen in discussen van de lage rug te kunnen neutraliseren.

In het thuisland kon ik niet anders dan stappen achteruit te zetten en mijn belangrijkste levensambitie op te bergen. Mijn taak bestond er nu in uitsluitend als vader, echtgenoot en rugchirurg te zorgen voor kost en inwoon. Maar ik was niet van plan deze lucratieve bezigheid levenslang uit te voeren. Ik wou absoluut vermijden dat mijn unieke verzameling researchgegevens teloor zou gaan. Van professor *Byron Kakulas* had ik de schriftelijke toestemming gekregen deze aan een Vlaamse universiteit voor te leggen om de doctoraatsthesis te kunnen afronden. Maar geen enkele orthopedische faculteit toonde ook maar de minste interesse in het onderwerp. Uit hun argumentatie kon ik opmaken dat ze de mij verleende researchopportuniteiten bijzonder laag inschatten. Ze lieten doorschemeren reeds ruimschoots op de hoogte te zijn van de data hoewel er niet de minste evidentie bestond dat iemand onder hen ooit een gedetailleerde autopsieanalyse van een wervelkolom had uitgevoerd. Het sprak voor zich dat ik naar *wetenschappelijk Absurdistan* was teruggekeerd. De ontgoocheling is nooit weggeëbd. Maar dankzij jarenlange aansporingen van mede-researchfellows in Perth en buitenlandse collega's, kon ik uiteindelijk in 2022 via *Novum Verlag* mijn onderzoek in de vorm van het boek *Mysterie Lagerugpijn* publiceren.

Geleidelijk aan drongen zich eveneens verplichtingen op die mijn beroep met zich meebrachten. Maar vanaf nu had ik, zoals *Machiavelli* (1469-1527) ooit verkondigde, besloten:

> *"… luidop te zeggen waarin ik niet geloofde, zelf nooit te geloven wat ik zei en indien ik me toevallig liet verleiden tot de waarheid, het zodanig te verbergen tussen leugens dat de waarheid moeilijk kon achterhaald worden."*

In de meeste kringen ergerde ik me blauw aan de muffe, intellectuele sfeer die als sigarettenrook tussen de meeste gesprekken warrelde. Ik had ook geen zin me hun privileges toe te eigenen. Zelden was iemand in werkelijkheid wat hij voorwendde te zijn. Ik genoot ervan de indruk te geven alsof ik hen niet begreep. Hun persoonlijke ervaringen en verhalen waren soms zo onredelijk dat ik er niet de minste aandacht aan besteedde. Daarenboven waren hun cynische uitlatingen doorgaans een uiting van hun desillusies. Het deed me denken aan *Shakespeare's 'The Twelfth Night'*, dat:

> *"… niets wat aan iemand verteld wordt, correct is wanneer hij de wereld betreedt waar wat correct is, niet correct kan uitgedrukt worden."*

Het interesseerde me ook niet naast mijn eigen schoenen te lopen om op grote voet te leven en de mij omringende vreemden zijn er niet in geslaagd me van mezelf te vervreemden. Op het einde van zijn leven had mijn grootvader nog opgemerkt dat:

"… ik geen goed mens hoefde te zijn om een goed chirurg te zijn!"

Omdat ik steevast te weinig tijd had om zelf mijn financiën te regelen, liet ik me te snel verleiden inderhaast bouwgrond te kopen in een klein afgelegen dorp. Door die vergissing moest ik leven in een onbekend provinciestadje dat me depressief maakte. Niemand sprak er Nederlands, of Frans, of Engels, of Duits, of Spaans. Het eigenaardige lokale dialect verstond ik niet. Zoals *Gustave Flaubert* (1821-80) het in zijn roman *'Madame Bovary'* zo prachtig beschreef, woonde ik

"… als keurige arts op het platteland en stond mijn huis in de enige straat van het dorp die, een geweerschot lang, plotseling ophield in een bocht van de weg. Als ik op het einde ter hoogte van het kappelletje even naar rechts afsloeg, stond ik op het kerkhof."

Mijn bestaan als rugchirurg zou vrij eenzaam worden, maar wel veel simpeler dan toen ik mijn researchactiviteiten uitvoerde. Ik vreesde geenszins de intense druk, zelfs niet indien ik mijn grenzen tijdelijk moest te buiten gaan. Voor mij was chirurgie niet werken, maar pure passie. Tijdens mijn adolescentiejaren had ik geleerd dat wie verantwoordelijkheid droeg niet werkt van 9 tot 5 maar van 5 tot 9. Het deed me dus niks vast te moeten stellen dat ik een gigantisch aantal uren klopte. Ik vond zelfs dat het nog meer kon: consultaties, administratieve beslommeringen, nachtelijke verkeersaccidenten, operaties, verplichte wacht-, nacht- en weekenddienst, routinematige studie en lectuur van de spinale literatuur, en af en toe een les over het *mysterie van lagerugpijn* voor artsen en breed publiek. Ik genoot zelfs van de *Friday* en *Saturday Night*-wervelkolombreuken. Dit alles was zo boeiend en uitdagend dat een werkweek van 70-80 uren me doodnormaal leek. Maar door dit boeiende en uitdagende leven ging ik mijn gezinsleven als een separate wereld beschouwen. Ik smachtte niet naar meer vrije tijd voor hen. Had ik die toch genomen, dan hadden ze hem zeker voor een stuk terug ontnomen. Ik had het dan nog veel drukker gekregen en zou me geïrriteerd hebben om hierdoor veel tijd te verliezen. Om me te ontspannen of plezier te maken had ik ook de grote leegte van het massagebeuren niet nodig en ik ging zelden akkoord met de stelling dat afwezigen het altijd verkeerd voor hadden. Voor mij was *niets meer waard dan afwezigheid.*

1991-2003

ERVARINGEN TIJDENS DE JAREN RUGCHIRURGIE

Af en toe werd mijn job gekleurd door hilarische momenten. Twee nonnen die deel uitmaakten van de directie van een ziekenhuis waar ik had gesolliciteerd voor de functie van ziekenhuisarts, kwamen onder het mom van osteoporotische rugklachten controleren hoe ik mijn raadplegingen organiseerde. Ik kende hen niet en vermoedde geenszins hun intenties. Ze waren van plan een busreis naar Lourdes te ondernemen en vroegen zich af of het urenlange stilzitten niet te pijnlijk zou worden. Tijdens de gerichte anamnese kreeg ik snel het vermoeden dat er iets niet klopte. De veel te jonge non die blijkbaar reeds heel wat gelezen had over haar ingebeelde aandoening, gaf verwarde antwoorden op nochtans klassieke vragen. Toen ik haar vroeg zich uit te kleden (met uitzondering van bh en slip), keek haar veel oudere begeleidster verbouwereerd op omdat ik dit in haar bijzijn durfde te vragen. Ze verliet prompt de kamer. Het liet me koud of ik al dan niet inbreuk gepleegd had op hun regels der kuisheid. Na het neuro-orthopedisch onderzoek werd de zuster die naar buiten gestormd was, door haar jongere collega teruggeroepen terwijl ze nog bezig was haar pantserslot met slogouts aan te sjorren. Mijn uitleg kon haar overtuigen dat haar rugklachten niet van verontrustende of invaliderende aard waren. Ietwat spottend voegde ik eraan toe dat een trip naar de Grot van Massabielle wonderen kon verrichten bij onverklaarbare klachten. Kort daarna ontving ik van de ziekenhuisdirectie het bericht dat mijn kandidatuur niet in overweging genomen was daar ik mij als arts niet aan de regels van de medische deontologie had gehouden. Dergelijk gedrag, schreef men, was niet compatibel met de gestelde ziekenhuisnormen. Ik kon het niet laten te antwoorden dat ik destijds in Griekenland bijzonder aangename momenten had doorgebracht met twee van hun collega's en vroeg eveneens of de nonnen uit Lourdes een fles speciaal grotwater konden meebrengen ter vergiffenis van mijn doodzonde. Nooit ontving ik enige reactie, maar las ook nergens dat zich een nieuw mirakel had voorgedaan.

Op andere ogenblikken mocht ik genieten van de uitdagende avances van vrouwelijke patiëntes. In de geheime beslotenheid van mijn consultatiekamer werd mijn blik meer dan eens gestreeld door verleidelijke lingeriestukjes. Na onsamenhangende verhalen over lagerugpijn zag ik vermogende dames regelmatig terugkomen met het verzoek hen opnieuw grondig te onderzoeken. Hun ware bedoeling was natuurlijk de regeling van een privé-afspraakje. Enkel het honorarium schoot de hoogte in.

Soms was een consultatie minder aangenaam, bijvoorbeeld wanneer iemand op frauduleuze wijze aanspraak maakte op documenten voor arbeidsongeschiktheid. In 1998 sprong ik onverwachts over mijn schrijftafel en nam een magere patiënt die aan denkbeeldige lagerugpijn leed in een stevige armgreep toen hij plots een pistool tevoorschijn haalde. Ik had verklaard geen enkele medische reden te hebben hem ziekteverlof te verlenen op kosten van zijn werkgever. Inmiddels had ik als arts van de nationale judoploeg een armgreep aangeleerd en ik hield mijn belager onbeweeglijk vast tot de politie kwam. Nadien werd de man door een collega arbeidsongeschikt verklaard omwille van pijn in de ellenboog en nekstreek. Na het indienen van klacht, proces-verbaal, en vermelding in een dagblad, werd ik door de orde der artsen ontboden. Maar met mijn eilandervaringen voelde ik niet de minste behoefte om hun richtlijnen inzake zelfverdediging in acht te nemen. Hun voorstel me tot een preventieadviseur als meldpunt te wenden, sloeg ik in de wind. Ik had van mijn eigen show genoten en had helemaal geen psychologische slachtofferbijstand nodig om het voorval te verwerken. De orde strafte me met een C4 (ontslagbrief) voor een periode van twee weken waardoor ik rustig kon genieten van een welverdiende zonvakantie.

Omdat ik in het kader van mijn spinale behandelingen bijna steeds dezelfde medicijnen voorschreef, beloonden vertegenwoordigers van farmaceutische firma's mij af en toe met een Delvaux-handtas. Ik kreeg er drie in totaal, een voor mijn echtgenote, een voor mijn administratieve bediende, en een voor mijn chirurgische verpleegassistente. Eén firma voor biomechanische producten gaf eveneens blijk van gulheid en bood me een vaak gebruikt spinaal implantaat aan in een decoratief kristallen omhulsel. Tijdens een verhuis liet ik het ding vallen. Het kristal sloeg aan diggelen en het implantaat bewaar ik nu in een doosje op mijn studeertafel.

Aan de muur in mijn medisch consultatiebureau hing een plaatje met een definitie van kennis: 'K=IEV'. In Oekraïne had ik enkele jaren na de kernramp in Tsjernobyl professor Vladimir Radchenko leren kennen. Ik vond het een grote eer hem te mogen assisteren bij complexe kankerchirurgie van de wervelkolom.

> *"Kennis (K) is het product van 'informatie (I), ervaring (E), en vaardigheden (V)," zei de professor. "Maar kennis is ook een attitude. Het ergste wat je kan overkomen, is tijdens je hele loopbaan almaar hetzelfde te moeten uitvoeren. Indien je slechts een gemiddelde kennisnorm haalt, zal je vroeg of laat stagneren. Jouw kennis mag niet vastroesten door routine. Wijk af van die norm en je maakt het verschil."*

Steeds hield de evidentie van de autopsiedata in Perth bij mij de vraag levendig hoe een veel efficiëntere behandeling kon ontwikkeld worden voor chronische lagerugpijn. Op het eiland had ik orthopedische expertise verworven inzake moeilijk geneesbare scheenbeenbreuken. Door eenvoudigweg beenmerg uit de heupkam te zuigen en dit in de breukhaard te injecteren, leek bij velen de genezing vlotter te verlopen. Tijdens mijn fellowship in Perth injecteerden we ook af en toe beenmerg in degenererende discussen bij mensen die verlamd waren als gevolg van wervelbreuken. Na deze eenvoudige stamceltechniek stelden we via MRI-onderzoek regelmatig vast dat deze discussen zich na enkele maanden opnieuw als normaal witte structuren konden aftekenen. Met deze resultaten als uitgangspunt besloot ik in 2001 bij diegenen die ermee instemden, lichaamseigen beenmerg in hun gedegenereerde discussen in te brengen tijdens routinematige dynamische stabilisaties van wervels. Ingenieurs hadden daartoe speciaal gepolijste injectienaalden ontwikkeld om de beenmergcellen niet te kwetsen tijdens het injecteren. De techniek was gebaseerd op een bestaande methode waarbij cement in een osteoporotisch wervellichaam werd ingebracht. Tot mijn grote verbazing bleken 19 van de 23 patiënten jonger dan 50 jaar veel sneller pijnvrij te worden. De gegevens werden aan een buitenlandse biomedische firma voorgelegd om de techniek verder te perfectioneren. Op hun verzoek besloot ik deel te nemen aan innovatieve, experimentele chirurgische uitdagingen.

1993-2000

ARTS VAN NATIONALE JUDOPLOEG

Voor velen is topsport de belangrijkste bijzaak in het leven. Maar topsport is geen spelletje. Ik definieer het als *een soort zelfdiscipline waardoor men het lichaam wil laten gehoorzamen aan een streng levensritme*. Om zich dan van alles te ontzeggen, heeft niets te maken met het citaat van de Romeinse satiredichter *Juvenalis* (ca. 60-140 n.Chr.) die schreef dat:

> *"... men diende te bidden om een gezonde geest in een gezond lichaam te krijgen ['Orandum est ut sit mens sana in corpore sano'].''*

Maar het is niet door bidden dat topjudoka's overwinningen behaalden of medailles wonnen. Om de top te bereiken, moesten ze boven zichzelf uitstijgen. En naarmate de buitenwereld op hen toekeek, verstrengden ze hun levensritme. Met de resultaten van hun intense trainingen zijn sommigen erin geslaagd kleur te geven aan hun latere leven.

Eind jaren 90 zag ik op de Australische TV hoe mijn collegevriend Jean-Marie Dedecker meermaals Robert Van de Walle en Ingrid Berghmans naar een judowereldtitel coachte. Ik herkende zijn op heden alom bekende stem. Maar ik kon echt niet begrijpen wat met hem gebeurd was. Op het college was hij een rustige jongeman met enorme culturele bagage en een intellectuele begaafdheid waarmee hij torenhoog boven zijn generatiegenoten uitstak. Hij moeide zich zelden met het schoolgebeuren, maar keek eerder zwijgend en observerend toe. Reeds op zijn 18[de] had Jean-Marie een onlesbare dorst naar kennis en verslond hij boeken. Zonder de minste moeite maakte hij zich de zes talen eigen die in de Grieks-Latijnse humaniora onderwezen werden.

In de retorica schreef hij in quasiperfect Latijn een eindverhandeling over de politieke situatie in Frankrijk ten tijde van president De Gaulle. Toen ik mijn moeder vertelde hoe uitstekend hij het Latijn beheerste, dacht ze dat we met zijn tweeën naar het seminarie zouden trekken. Ook in andere vakken beschikte hij over de nodige intellectuele capaciteiten om diepgaande analyses te maken en correcte conclusies te trekken. Zijn nota's vatte hij samen in schriftelijke pareltjes waarin hij op heldere wijze hoofd- van bijzaken onderscheidde. Goed worden volstond niet voor hem. In alles wat hij deed of wilde realiseren, zou hij excelleren. Daar onze familienamen elkaar onmiddellijk opvolgden in het alfabet gebeurde het dat ik samen met hem mondeling examen moest afleggen. Ik was veel zenuwachtiger om in bijzijn van Jean-Marie de proef af te leggen dan om de inhoud van het vak zelf. Ik kende een hoop details, maar Jean-Marie behield het overzicht. Het kostte hem weinig moeite de essentie van de stof weer te geven in bevlogen bewoordingen en zinnen, waardoor ik zelden de kans kreeg tegen hem in te gaan. Na het examen stond ik telkens vol bewondering voor zijn welbespraaktheid, maar meer nog voor zijn inzicht in objectieve data. Ik noemde hem de moderne Cicero.

En met zo'n intellect was hij judocoach geworden? Wat deed Jean-Marie in godsnaam naast een tatami? Wat had hem ertoe gebracht zijn gading te vinden als sportcoach? Wat had dit te betekenen? Wat was er gebeurd? Het kon toch niet dat hij de kennis van zijn vroegere Griekse en Latijnse wijsgeren overboord had gegooid om met lauriertakken te gaan zwaaien in sportmilieus. Ik kon het niet vatten en was ontgoocheld dat mijn briljante jeugdvriend zich niet hoger had opgewerkt op de maatschappelijke ladder.

Maar hoe kon ik hem zo verkeerd ingeschat hebben? Het was *mea culpa, mea culpa, mea maxima culpa* toen ik hem na mijn studies in Australië terugzag. Nadat hij via tal van examens menig jurist en econoom achter zich had gelaten, kon hij zich opwerken in de bankwereld en bekleedde hij nu een topfunctie. Jean-Marie was nog steeds dezelfde gedreven persoonlijkheid, maar nu nog zelfverzekerder. Door zijn intelligentie, maar veel meer nog door ijzeren zelfdiscipline en werkkracht bleef hij uiterst moeilijk te kloppen. Hij behoorde nog steeds tot die zeldzame groep mensen die niet alleen weten hoe ze de noodzakelijke kennis kunnen verwerven om iets te realiseren, maar vooral hoe ze die kennis moeten toepassen om het doel te realiseren. Hij bleef de woorden van de Amerikaanse president *Calvin Coolidge* (1872-1933) indachtig:

> *"Volharding en vastberadenheid zijn almachtig en veel belangrijker dan een specifieke opleiding, genialiteit of talent alleen."*

Tijdens mijn consultaties raadde ik in 1992 een jonge, beloftevolle judoka aan definitief af te zien van een geplande neurochirurgische ingreep aan de lage rug. Ik had geen glazen bol, maar uit mijn ervaringen met gelijkaardige rugproblemen bij beoefenaars van het *Australische rugby-football* wist ik dat deze atleet veel beter af zou zijn met een streng spierrevaliderend programma gedurende zes uren per dag. Met toestemming van zijn vader staakte hij tijdelijk zijn beroepsonderwijs en revalideerde hij lange tijd in Nederland. Jarenlang had hij af en toe nog wat last in zijn lage rug, maar werd wel Europees kampioen.

Dit rugprobleem kwam ter ore van Jean-Marie na het falen van bijna al zijn judoka's tijdens de Olympische Spelen in Barcelona in 1992. Hij was op zoek naar een betere medische omkadering. Het weerzien tijdens een nationale judotraining vier maanden na de Spelen was uiterst hartelijk, en Jean-Marie deelde me zijn ongenoegen mee over het feit dat heel wat orthopedisten en fysiotherapeuten er niet in slaagden een correcte diagnose te stellen bij een aanhoudend knieprobleem. Een van zijn sierlijke atletes was op de Spelen op haar knie gevallen, maar de diagnostiek werd in de psychologische richting geduwd. Toen nog in maatpak met Australische stropdas vroeg ik de sierlijke dame gewoon enkele meters recht voor zich uit te stappen en dan plots naar rechts te pivoteren op de probleemknie. Er gebeurde niets en de dame keek verwonderend om zich heen. Op de tatami ontstond hilariteit en eentje liet zich ontvallen: *Le nouveau gourou est arrivé.* Ook Jean-Marie zelf fronste zijn wenkbrauwen. Zoals destijds op het college bleef hij met een aandachtig observerende blik toekijken hoe zij opnieuw op dezelfde eenvoudige wijze voor zich uitstapte, maar nu naar links pivoteerde en door haar probleemknie zakte. De psychologische anti-stressmassage werd gestopt en het ligament werd door een kniechirurg deskundig gerepareerd.

Sindsdien had ik de eer deel uit te maken van de *bende van Jean-Marie*. Op sportief gebied was dit de mooiste periode van mijn leven. Tot de Olympische Spelen van Sydney nam ik deel aan tal van trainingsstages en competities in binnen- en buitenland. Het stimuleerde me opnieuw regelmatig te lopen, wat spierkrachttraining uit te voeren, en enkele judogrepen aan te leren. De atleten hadden er plezier in hun *doc* af en toe eens bij de kraag te pakken en hem een judolesje te leren.

Mijn orthopedische kennis liet me toe bij menig atleet snel een diagnose te stellen en onmiddellijk de aangepaste behandeling of operatie voor te stellen. Op trainingsstage in Cuba werd een elleboog uit de kom gerukt. Vliegensvlugge interventie redde de atlete van een gedeeltelijke onderarmverlamming. In een verborgen communistische datsja die functioneerde als luxeziekenhuis vonden we gips ter immobilisatie. Ik herinner me die Amerikaan op stagekamp in Barcelona. Door een zware val ontwrichtte hij zijn enkel. Een onmiddellijke ingreep vrijwaarde hem van afsnoering van de bloedvaten. *"Hard bijten op je gordel, man, en denken aan mama!"* De reductie duurde één seconde. Van de Amerikaanse delegatie kreeg ik een prachtige balpen cadeau. Maar ook atleten zonder medische omkadering uit de Oostbloklanden waren welkom. Een Tsjetsjeen, een Mongoliër en een Oezbeek vroegen regelmatig om assistentie. Soms sloeg de schrik me om het hart wanneer die ruwe vechtersbazen het uitschreeuwden van de pijn. Maar telkens kreeg ik een gratis potje kaviaar-eerste-klas. Ze verkochten soms meer kaviaar dan ze wedstrijden wonnen. Ook met Aziatische atleten had ik niet de minste problemen. Het gebeurde dat een Noord-Koreaan om advies kwam vragen, omringd door een meute begeleidende supervisors. Sommige atleten namen hun toevlucht tot extreme strategieën om in hun eigen gewichtscategorie te kunnen kampen voor de topprijs. Een ietwat verlegen landgenoot had zijn uitdrogingsstrategie te intensief uitgevoerd en niet aan mij medegedeeld. Plots wist hij niet meer waar hij zich bevond, duizelde, vertoonde trage pols, snelle ademhaling en te strakke huid. Na een dolle taxirit door Praag kon ik niet meer wachten op een collega, stak zelf een naald in een bloedvat en liet er het infuus invloeien met de nodige suikers, zout en kalium. Zijn levensbedreigende toestand week. Zelf behaalde ik mijn mooiste judomedaille toen tijdens het Europese ploegenkampioenschap een gracieuze atlete haar val verkeerd inschatte en met volle gewicht op haar schedeldak belandde. Discusscheuren en een halswervelbreuk veroorzaakten schouderpijn. Na chirurgische fixatie en revalidatie in een universitaire instelling kon ze de trainingen hervatten.

Geen enkele van onze topatleten had uitgesproken lichamelijke voordelen ten opzichte van hun gelijken uit andere werelddelen. Hun succes hadden ze allemaal aan één iets te danken. Jean-Marie had een bijzonder doordacht en efficiënt systeem ontwikkeld waarbij hij alleen en niemand anders de touwtjes in handen hield. Alle problemen van de atleten waren de zijne en hij loste de meeste ook op. Niets werd aan het toeval overgelaten. Wat telde, was karakter en doorzettingsvermogen! Uiteraard lag de lat niet laag want anders kon iedereen erover geraken. Ook de emotioneel gevoelige types haakten snel af. Zij die teveel vragen hadden over wat er in feite aan de gang was, waren eraan voor hun moeite. Wie doorhad wat *de baas* plande, kreeg alle kansen om boven zichzelf uit te stijgen, maar diende zijn grenzen te verleggen en vooral te transpireren. Zijn macht was niet gebaseerd op angst of schrik, maar uitsluitend op respect, Zijn motivatie was grenzeloos. Maar alleen het resultaat telde. Trainingen waren keihard. Topsport vereist nu eenmaal fysieke weerbaarheid, ambitie om te winnen en euforie in het lijden.

De gloriejaren van het Belgische judo staan in mijn langetermijngeheugen gegrift. De judoka's wonnen talrijke medailles. De feestvreugde was intens en het ging er heftig aan toe. Er moest stoom afgelaten worden na maandenlang trainen. Het was een uitlaatklep voor me, maar ik kon me, spijtig genoeg, slechts kortstondig bevrijden van mijn professionele beslommeringen.

Topsport vertoont nog een bijzonder uniek kenmerk. Hoger dan de Olympus kan niemand kijken. Een olympische medaille is met niets te vergelijken en de winnaars verwerven onsterfelijke roem. Mijn ervaring echter was dat een topatleet alleen voor zichzelf presteert, niet voor zijn omgeving en zeker niet voor zijn trainer-coach. Het ultieme genot zit hen steeds tussen de oren. Topsporters genieten omdat ze hun eigen grenzen kunnen verleggen. Toch zijn veel eliteatleten gevoelig voor identiteitscrisissen. Ze leven in een extreem intense, maar snel voorbijgaande wereld waarin ze tot het uiterste gaan en in hun sport de perfectie nastreven. Ze leidden een uitzonderlijk intensief, door prestatie gedreven en turbulent leven omdat er slechts één van de drie medailles (goud, zilver of brons) kon veroverd worden. Sommigen bouwden hun identiteit uitsluitend rond dat ene aspect in het leven. Maar het menselijk lichaam is niet gemaakt om dit soort krachtinspanningen voor immer te blijven leveren. Wanneer dan het einde van de sportcarrière in zicht kwam, ervaarden velen dit als een bedreiging, een aanval op hun persoon. Maar één ding zal hen steeds bijblijven. In hun oude dag zullen ze nooit spijt moeten hebben dat ze niets verwezenlijkt hebben.

Het judo leerde me ook sportief te denken in mijn beroep als rugchirurg. Ik moest ambitieus blijven. Wanneer die innerlijke motivatie en honger naar succes zouden verdwijnen, dan kon ik me indenken dat het moeilijker zou worden als chirurg te functioneren.

GENEESKUNDE IS GEEN ABSOLUTE WETENSCHAP

Naarmate mijn kennis en confrontaties als spinaal chirurg en vorser evolueerden, realiseerde ik me steeds meer dat praktische geneeskunde geen exacte, maar wel een *empirische* wetenschap is. De meeste artsen kunnen niet anders dan zich baseren op eigen ervaringen, anekdotes, routinehandelingen, en een samenraapsel van wetenschappelijke en niet-wetenschappelijke research. In de negentiger jaren werd daarom zelfs een nieuw begrip geïntroduceerd, namelijk *evidence based medicine*. Maar ook dergelijke schone woorden zetten geen zoden aan de dijk. Met fraaie taal maakt de wetenschap geen vooruitgang. De medische wetenschap gaat niet echt over 'juist' of 'verkeerd', 'waar' of 'niet waar'. De medische wetenschap biedt geen absolute waarheid aan, maar blijft vooral een proces van continue ontdekkingen waardoor geneeskunde een wetenschap blijft van onzekerheden. Wat vandaag zeker lijkt, is morgen een onzekerheid. Daarom nam ook mijn twijfel toe over de almaar terugkerende verklarende medische theorieën. Het relaas van allerhande experten kan mij nu nog zelden overtuigen. Zelfs via nochtans uitstekende onderzoeksmethodes zijn ze bijvoorbeeld slechts bij machte aan te tonen dat een nieuw ontwikkeld medicijn misschien wel een bepaald effect heeft, maar zelden dat het efficiënt zal zijn. Voor de medische wetenschap is het trouwens van geen enkel belang hoeveel experten luidop hun credo verkondigen. *Aristoteles* (384-322 v.Chr.) schrijft in de *Analytica Priora*:

> *"Indien een mening of redenering op veronderstellingen wordt gebouwd, heeft ze slechts waarde krachtens het veronderstelde."*

En in de moderne tijd merkte de filosoof *Karl Popper* (1902-1994) op dat:

"Alle experten via één experiment of theorie op hun fouten kunnen gewezen worden."

De uitoefening van om het even welke geneeskundige specialiteit zal om meerdere redenen in een sfeer van onzekerheid blijven hangen. Er zijn de steeds veranderende expressie van het toenemend aantal ongenuanceerde klachten, de tijdsdruk ten gevolge van de gekende *7-minuten durende consultatie*, de complexe tekortkomingen van de medische wetenschap, en vooral de beperkte middelen om een exacte diagnose te stellen. Het zoeken naar een diagnose vergelijkt men trouwens met het achternazitten van een sneeuwbal in een sneeuwstorm omdat wetenschappers zo dicht mogelijk die moeilijk te achterhalen waarheid proberen te benaderen.

Mensen worden ook in toenemende mate schrik aangejaagd door de perceptie van een aandoening en zijn niet geneigd rationeel na te denken wanneer ze het risico op een ziekte moeten inschatten. Daarom drukt de moderne geneeskunde gezondheid graag uit in cijfers en risicopercentages. Het risico op een hartaanval, long- of nierprobleem is zus, op het ontwikkelen van chronische lagerugpijn zo. *Maar risico's dalen of stijgen in functie van andere dan medische factoren.* Deze risicogeneeskunde leidt bij gezonde mensen dan zelfs tot onrealistische verwachtingen waarop de gezondheidssector zelf, maar vooral de media handig inspelen. De massa wordt dan volgepropt met gezondheidsadviezen, maar deze stemmen niet overeen met de realiteit die helaas veel ingewikkelder is.

Het zal dus nog lang duren vooraleer, dankzij aanhoudend en repetitief onderzoek, tal van aandoeningen *efficiënt* zullen behandeld worden. In afwachting manipuleert de medische *big brother* de onwetende massa, en doet iedereen geloven dat er voor iedere klacht en iedere kwaal een medicijn bestaat. Onder de mom van preventie worden gezonde mensen overtuigd medicijnen in te nemen en wel levenslang. Overdiagnose en overbehandeling zijn geen onschuldige welvaartsfenomenen. Vaak merkte ik dat veel preventief behandelde personen juist méér problemen ontwikkelden dan indien ze niet behandeld waren. Ik parafraseer een citaat van de Griekse historicus *Thucydides* (ca. 460-404 v.Chr.):

> *"Ooit zal gerechtigheid geschieden..., wanneer diegenen die niet ziek worden even verontwaardigd zullen zijn als diegenen die reeds getroffen werden."*

2000-03

PROFESSIONELE ONTGOOCHELINGEN STAPELEN ZICH OP

Steeds hield ik mijn hart vast ten aanzien van collega's die diagnoses hadden leren stellen via checklists op hun computer in plaats van essentiële ondervraging en klinisch onderzoek. Net zoals de voodoopriesteres koos ik er zelf voor met eigen ogen in de ziel van de patiënten te schouwen, liever dan te vertrouwen op labels en codenummers in een laptop. Het medisch strategisch denken kon me daarom nooit bekoren. Ik ben er niet van overtuigd dat de *fenomenale* technische vooruitgang, elektronische gezondheidsdossiers, moderne radiologische diagnosetechnieken, artificiële intelligentie, tele- en robotgeneeskunde het aantal onvolledige en verkeerde diagnosen en sterftecijfer in ziekenhuizen zullen doen dalen.

Ik verloor ook mijn voeling voor patiënten die er alles aan deden hun medische ideeën voor werkelijkheid te laten doorgaan en hiervoor met alle mogelijke middelen op zoek gingen naar bevestiging. *Iets verklaren* betekent voor mij uitleggen waarom iets is zoals het is, hoewel ik weet dat het aanhoren van de harde waarheid kwetsend kan overkomen. Ik moest niets hebben van ingebeelde medische luchtkastelen. Zolang deze toch enigszins gestut werden door een of andere vorm van fundering kon ik me er niet tegen verzetten. Maar vrij regelmatig stortte er een kasteeltje in en werd de luidroeper ervan vermorzeld.

Steeds respecteerde ik het medisch geheim. Zonder schriftelijke toestemming van patiënten reageerde ik nooit op *verzoeken tot verdere verklaring* vanwege de administratieve diensten van mutualiteiten en vakbonden. Om die reden besloot een dergelijke zorginstantie enkele bij hun leden uitgevoerde rugoperaties niet meer te vergoeden. Ik ordonneerde mijn privésecretaresse andere leden van deze instantie te weigeren voor raadpleging. De orde der artsen bemoeide zich met de zaak en ik werd een tijdje geschorst. Maar elk nadeel kan een voordeel hebben: ik kon opnieuw genieten van welverdiende UV-stralen in zonnige oorden.

Steeds meer medische bedrijven kwamen me ongevraagd hun *uitvindingen* opdringen. Maar zelden was er iets nieuws onder de zon; de uitvinding bleek niets meer dan een variatie op een bestaand thema. Het nieuwe medicijn werkte perfect bij proefdieren, maar veroorzaakte op langere termijn dezelfde neveneffecten die verondersteld werden niet meer te zullen optreden. *Big medical business* kon me nooit een effectanalyse voorleggen, gebaseerd op meer dan 100.000 proefpersonen, wat nochtans een essentieel statistisch gegeven is om het nadelenpercentage te berekenen. En ooit kwam een vertegenwoordiger van de grootste firma van biomechanische producten ter wereld me tijdens een rugoperatie ongevraagd storen met hun *ideale* instrumentenset. Hij beweerde dat het door mij gebruikte rugimplantaat niet deugde. Ik dekte de operatiewonde toe en vergezelde de man naar de uitgangsdeur van de operatiezaal. Omdat hij bleef aandringen en vrij onbeleefd uit de hoek kwam, gaf ik zijn instrumentenkar een welgemikte rechtse voorzet. Het voorval kreeg ruchtbaarheid en ik werd nooit meer ongevraagd gestoord.

De rechter gaf me gelijk in vijf processen die tegen me aangespannen werden. De familie van een met succes geopereerde patiënte op leeftijd werd teruggefloten. Drie dagen na de operatie ontwikkelde ze een onverklaarbare infectie ter hoogte van de rugwonde. De gynaecoloog viste een vergeten inlegkruisje uit de vagina. De bacteriën waren dezelfde. De rechter oordeelde dat een inlegkruisje niet diende om in de flamoes in te brengen. Een tweede patiënte die reeds meerdere malen was geopereerd en nog met moeite op haar benen kon staan, ving eveneens bot. Ze gaf me de schuld voor het feit dat ze, 23 maanden na een uitstekende revalidatie, naar aanleiding van een ongecompliceerde nieuwe ingreep plots weer beenklachten kreeg, maar nu vergezeld van blaasincontinentie. Zowel de experten als de rechter zagen geen verband tussen haar evoluerende multipele sclerose en de uitgevoerde ingreep. Een derde patiënte die enkele dagen na operatie overleed aan een massale longembolie, had in de preoperatieve fase aan internist en anesthesist vergeten te melden dat ze sinds jaren regelmatig onverklaarbare opstoten ervaarde van hartlongproblemen. Autopsie bracht de aangeboren afwijkingen aan het licht. Een vierde patiënt beweerde gedeeltelijk verlamd te zijn na een ingreep. Experten stelden een objectief verlammingspatroon vast, maar eveneens hiaten in zijn aanklacht. Van de verzekeringsmaatschappij ontving de patiënt een grote financiële vergoeding. Op de marktplaats in zijn dorp werd hij in goede doen herkend door de verpleegster die de operatie had bijgewoond. Daar ik stellig overtuigd bleef van mijn gelijk kon een detective aangesteld worden die beeldmateriaal voorlegde waaruit bleek dat de inmiddels invalide verklaarde man regelmatig abnormaal zware arbeid uitvoerde. Toppunt echter was het verhaal van een jongedame die een expressief erotisch kunstwerk op haar lage rug had laten tatoeëren. Ondanks mijn gevoel voor plastische kunst had ik, na een vijf uur durende rugoperatie ter fixatie van wervelbreuken, de nodige concentratie verloren om nog aandacht te besteden aan de reconstructie van het uitgebeelde rechtopstaand vrijend paartje. De desinfecterende jodiumtinctuur had de neukers-op-de-huid ook onzichtbaar gemaakt. Hoewel ze van verlamming gered was en zich na genezing opnieuw kon amuseren en dansen, oordeelde de rechter dat het voortaan veiliger was voor haar de liefde te bedrijven in horizontale houding.

Mijn grootste bron van ergernis was het spenderen van vele uren aan zinloze administratieve rompslomp. Administratieve overheden en hospitaalbureaucraten beschikten blijkbaar niet over nodige mankracht om zelf de hiaten in hun elektronische gezondheidsdossiers op te vullen. Nooit heb ik begrepen waarom de medische gegevens van iedere patiënt meermaals op verschillende documenten moesten ingevuld worden. Ik had ook mijn bedenkingen bij het feit dat de papierberg nog toenam naarmate meer administratief personeel werd aangeworven. Vele jaren later vernam ik van een bevriende ziekenhuisdirecteur dat het verzamelen van deze data als enig doel had gevoelige medische informatie door te spelen aan het ministerie van Volksgezondheid.

Nadat ik jarenlang met veel voldoening rugoperaties uitgevoerd had, ontstond geleidelijk aan een spanning tussen de nostalgie voor het verleden en het smachtend verlangen naar een nieuwe toekomst. Ik beschikte nog over andere talenten waarmee ik zinvolle uitdagende dingen kon uitvoeren. Ik droomde ervan opnieuw lui in een zetel te kunnen liggen en naar het plafond te staren. Mijn brein moest de verdrongen creatieve aspiraties opnieuw oprakelen. Maar ook mijn loopbaan als rugchirurg zou vluchtig zijn. Na verloop van tijd solliciteerde ik bij firma's die rugimplantaten ontwikkelden met het oog op experimentele rugchirurgie.

2003

MIJN AFSCHEID VAN HET ZIEKENHUISGEBEUREN

Op het hoogtepunt van mijn kunnen als rugchirurg was ik gemotiveerd, begeesterd en passioneel bezig met mijn leven en de gezondheid van mijn patiënten. Ik was trots op wat ik kon en uitvoerde, maar voelde de grond onder mijn voeten wegschuiven. Om financiële redenen werd door de overheid beslist dat meerdere ziekenhuizen tot *één groot Algemeen Ziekenhuis* dienden te fuseren. Sinds mijn fellowship in Australië wist ik dat de organisatie van de zorg in een supergespecialiseerd ziekenhuis veel beter, intenser en vooral menselijker verliep wanneer een chirurg omringd werd door een team waarop hij blindelings kon vertrouwen. Maar mijn ervaren chirurgisch verpleegteam werd om administratieve redenen vervangen door nieuwelingen. De fusie hield eveneens in dat ik me diende aan te passen aan de normen van groepsgeneeskunde wat betekende dat ik opnieuw als algemeen orthopedist routineconsultaties diende te houden. Maar hiervoor vertoonde ik niet langer enige interesse. Daarenboven weigerde ik me te converteren tot een moderne chirurg die van achter zijn laptop herleid werd tot een digitale machine om informatie over rugpatiënten in binaire codes om te toveren.

Inmiddels had ik ook gelezen dat de Wereldgezondheidsorganisatie hoopte het slaagpercentage van medische behandelingen te verbeteren door de geneeskunde integraal te digitaliseren. Omdat de precieze locaties van de 30.000 eiwit-coderende ziekteveroorzakende genen in het DNA gekend waren, zouden via artificiële intelligentie meer geïndividualiseerde en genetische precisiebehandelingen ontwikkeld worden. Hierbij zouden artsen en verpleging gereduceerd worden tot digitale medische onderdanen. Ik herinnerde me dat *Socrates* rond 450 v. Chr.

ervoor gewaarschuwd had dat *technologie de menselijke intelligentie zou onderdrukken*, maar had er geen rekening mee gehouden dat het mogelijk zou zijn digitale intelligentie aan biologische intelligentie te koppelen. Nochtans had *Aldous Huxley* in 1931 in zijn dystopische *Brave New World* voorspeld dat mensen maakbaar konden gemaakt worden. Evenmin kon ik akkoord gaan met het idee bij iedereen bij de geboorte een chip in de hersenen in te planten zodat *Big Brother* ieders private, familiale, sociale, en professionele gedragingen continu zou kunnen bijsturen. Ik las dat men computergestuurde scansystemen ontwikkelde om via de in de hersenen ingeplante chip ook fysische en psychische pijnen beter te lokaliseren. Medische robotten zouden neusvocht, speeksel, urine en stoelgang kunnen screenen via een *DNA-Analyzer* opgebouwd uit tienduizenden *RSS-chips* (Road-to-Syndrome-Synthesis). Hiermee zou men de foutieve en beschadigde genen, of mutaties ervan, beter kunnen aanduiden. Andere robotten zouden een *Circulating-DNA-Detector* tegen de bloedvaten van de handrug duwen om afwijkende, circulerende orgaanspecifieke DNA-fragmenten te vinden waardoor men met zekerheid zou weten welk orgaan aangetast was. Mochten meerdere afwijkende DNA-fragmenten circuleren, dan kon de *CRISPR-technologie* (Clustered Regularly Interspaced Short Palindromic Repeats) lichaamseigen bacteriën dusdanig manipuleren om het medisch kluwen te ontwarren. Eenmaal de genetische diagnose gesteld, konden via de website *DNA-RSS* de overeenkomstige, gezonde genen opgezocht worden om de afwijkende in het DNA te vervangen. Een *GASIR* (Genial & Amiable Standing Injection Robot) zou de juiste dosage pijnloos injecteren nadat de huid ontsmet werd met een ogenblikkelijk werkende biologische *MCCH®-oplossing* (Marihuana-Cannabis-Cocaïne-Heroïne). De prikwonde zou dan afgedekt worden met een *INCAM®-verband* (I-Not-Complain-Any-More). Niemand zou nog vragen stellen omdat de volledige procedure in detail zou kunnen gevolgd worden via apps op een *Y-KMK-D®* (Your-Knowledge-is-My-Knowledge Device). Mocht er toch onverwachts een complicatie optreden dan kon men met een druk op de DEXIA® (DEcoder-X-Information-Analysator) luisteren naar de te volgen instructies. Indien chirurgie vereist was, dan werden via stamceltechnieken eerst functionerende organoïden gekweekt om de zieke hersenen, oog, borst, long, hart, maag, pancreas, darmen, prostaat et cetera in het geheel te vervangen.

Het was overduidelijk dat de weg die ik destijds in mijn carrière als spinaal chirurg had ingeslagen niet zou leiden naar mijn eindbestemming. Mijn ambities uit het verleden staken opnieuw de kop op en ik koos voor mezelf. Australië was niet meer mogelijk, maar Engeland, Nederland, Frankrijk, Duitsland en Spanje openden hun experimentele laboratoria.

2003

GEZONDHEIDSPROBLEMEN

Als kind moest ik ooit afwezig blijven op school omwille van hepatitis en liep ik meer dan één beenbreuk op tijdens het ravotten. Alles herstelde zonder enig probleem. En dankzij de 21 efficiënte vaccinaties kon mijn lichaam zich verzetten tegen de vele microben die een mens graag aanvallen. Maar in 2003 moest ik plots frequenter plassen. Zelfs in een voorovergebogen houding duurde het een tijdje vooraleer de urinestraal in horten en stoten kon bevrijd worden. Gelukkig was ik destijds geboeid geweest door de cursus urologie en realiseerde ik me dat de klachten verontrustend waren. Dankzij mijn autopsiestudies wist ik dat de overgrote meerderheid van overleden mannen tekenen van prostaatkanker vertoonden, hoewel ze er tijdens hun leven nooit weet van hadden. Bij anderen had een overhaaste prostatectomie geleid tot sterk verminderde levenskwaliteit en levenslang nemen van medicijnen. In die tijd wist men ook reeds dat deze doorgaans bijzonder traag groeiende tumor zelden naar andere organen uitzaaide. Eén man op zeven ontwikkelde toen prostaatkanker, maar slechts één op 38 overleed er aan. Dit beetje kennis kon voor mij een zegen zijn, maar ook een vloek. Ik bleef dus ook op mijn hoede voor al te enthousiaste chirurgenvingers. Ik panikeerde geenszins toen PSA-bloedtesten (prostaat-specifiek antigeen) op verhoogde waarden wezen. Tal van niet-fatale prostaataandoeningen verhogen het typische prostaateiwit en de PSA-waarden kunnen zelfs perfect normaal zijn wanneer een prostaatkanker zich ontwikkelt. Tijdens colleges pathologie aan de universiteit in Perth, had ik vernomen dat de Amerikaanse professor pathologie Richard Ablin, die in 1970 de PSA-test uitvond, verbaasd was toen de farmaceutische industrie dit prostaateiwit misbruikte om een biljoenen-dollar business uit te bouwen als screeningsprocedure voor prostaatkanker. Het had geleid tot overdiagnose en overbehandeling. De professor verdween later van het medisch toneel. Het is duidelijk dat de boodschap van bard *Guy Béard* (1930-2015) ook op de geneeskunde van toepassing is:

"Celui qui dit la vérité doit être exécuté."

Het rectaal onderzoek daarentegen vond ik wél van groot belang. Het gold hier niet de vingerende expertise van een escortdame die haar mannelijke klant een *moment suprême* laat beleven. Dankzij zijn fingerspitzengefühl constateerde de uroloog wat onregelmatigheden. Omdat meerdere tumoren zich onafhankelijk van elkaar kunnen ontwikkelen, onderging ik pijnlijke naaldbiopsies. Nadien had ik geen last van moeilijk te behandelen prostaatinfectie, zodat ik er mocht van uitgaan dat de uroloog zijn taak goed verricht had. De positieve Gleason-kankertest hield ik angstvallig geheim omdat ik niemand een voorbarige overwinningsroes gunde voor het geval ik toch van de aardbol zou verdwijnen. Verdere onderzoeken toonden geen uitzaaiingen, ook niet ter hoogte van de wervels. Pietje de Dood kon dus nog even wachten. Ik weigerde categoriek in te gaan op voorstellen tot intrarectale radiotherapie, chemotherapie, proton-beam-therapie, androgeen-deprivatietherapie of totaal wegnemen van de klier. Dat de chirurg een heelkundige prostatectomie een fluitje van een cent noemde, kon me niet overtuigen. Ik weigerde mordicus te aanvaarden dat mijn fluitje er na de operatie als een fluitje van een cent zou uitzien. Bronstige vrouwen die zichzelf respecteren, hebben aan zo'n cent geen boodschap. Essayist *Michel de Montaigne* (1533-1592) wist reeds dat seks het lichaam wakker houdt, levendig, vol vreugde en plezier. Ik was dus geen voorstander van een georkestreerde, lichamelijke handicap. Anderen konden misschien tegenwerpen dat ze hun prostaat niet langer meer nodig hadden. Maar ik verkoos te sterven als een kerel met een zieke prostaat en opgeheven fluit, liever dan als prostaatloze eunuch met een slapjanus. Evenmin had ik zin in het gedoe met het *blauw pilleke* na de operatie. Vrijen met een chronometer in de hand en op bestelling staat niet in mijn woordenboek. Veel oudere mannen die deze erectiestimulerende middelen slikten, konden als gevolg van een plots hartinfarct hun verhaal nadien zelfs niet meer vertellen. Ook was ik niet opgezet met de ludieke uitleg dat ik één kans op twee had om er na operatie een blijvend verstoorde waterleiding aan over te houden met permanent overstromingsgevaar. Of mijn rationele beslissing uitstel van executie zou betekenen, kon ik niet inschatten, maar ik had teveel professionele medische researchervaring om toe te laten dat ik slachtoffer zou worden van mijn eigen vakgebied. Ik herinner me maar al te goed mijn netelige situatie. Na die diagnose gaf ik uitdrukking aan mijn eenzaamheid via een parafrase van de lyrics in *Coming back to life* (1994) van *David Gilmour*:

> *"Where was everybody when I was broken? Where was everybody when I was helpless? I was lost in thought and lost in time. I took a dreadful ride through silence. I knew the moment had arrived, for killing the past and coming back to life. I knew the waiting had begun."*

Gelukkig onderhield ik sinds jaar en dag internationale contacten met collega's die hun intelligentie ook ten dienste stelden van wetenschappelijk onderzoek en hierdoor hun tegenvallende resultaten hoopten te verbeteren. Wie zoekt naar kennis of kennis bezit, bezit macht. Om mijn aanhoudende klachten te onderdrukken, aanvaardde ik een innovatieve, maar niettemin wetenschappelijk verantwoorde behandelingsmethode. In een gereputeerd Europees universitair ziekenhuis maakte ik deel uit van 260 testpersonen die een experimentele therapie zouden ondergaan waarvan de uitkomst compleet onvoorspelbaar was. Ik aanvaardde dat de wetenschap slechts tot oplossingen komt door velen tot proefkonijnen te maken en over lijken te wandelen. Mijn genoomonderzoek had duidelijk gemaakt dat ik de eigenaar was van een genetische sequentie die prostaattumor kon ontwikkelen, maar tegelijk bleek ook dat ik een sequentie voor maagkanker had. De eerste tekenen van dit laatste onding manifesteerden zich in 2017. Dringende endoscopische resectie van deze mucosale maagkanker en daarna tal van experimentele immunotherapiesessies leverden een voorlopig aanvaardbaar succes op. Ook voor die verdomde prostaatklachten kon ik alleen maar hopen dat dankzij de innovatieve therapie de interactie met de verantwoordelijke tumorgenen mijn prognose zou verbeteren. Schrik had ik niet. Het boeide me zelfs mezelf te observeren.

Na het uitpellen van enkele prostaattumoren werd de kwaadaardige genetische informatie uit de cellen geïsoleerd. De meest verontrustende HOXB13- en BECA2-genen bleken afwezig te zijn. Het experiment bestond erin deze informatie te vergelijken met normale DNA-sequenties om dan via manipulatie antistoffen te produceren tegen de nog overgebleven, rondreizende kankercellen. Na een aanvaardbare evolutie tijdens de eerste maanden werd in een latere fase omwille van longcomplicaties uit elke bronchus een gezwel verwijderd. Ik had geen keuze nieuwe, experimentele genetische manipulaties toe te laten. Daar ik verplicht werd toch langdurig een testosteron- en libidoverlagend medicijn in te nemen, ontwikkelde zich in mijn hypofyse een andere tumor die via de neus werd opgeruimd. Omdat ik weigerde mijn schedel te laten openen, werd een recidief later op dezelfde wijze behandeld.

Jaarlijkse follow-ups en af en toe een *endoscopische abdominale surveillance* wijzen voorlopig niet op nieuwe verontrustende veranderingen. Mijn situatie deed me denken aan het verhaal van bekende snookerspeler *Alex Higgins* (1949-2010) die het medische advies voor nabehandelingen in de wind sloeg en nog twaalf jaar leefde na een kankeroperatie in 1998. Niemand dacht dat hij, gezien zijn levenswandel, nog zo lang zou leven, maar Alex was zich bijzonder goed bewust van de *grenzen van de geneeskunde*. Nog steeds ben ik ervan overtuigd dat mijn

tijdige inschatting van de eerste symptomen van mijn prostaat-
en maagkanker cruciaal was. Hoe absurd en onrechtvaardig het
leven ook is, het destijdse devies van de Mesopotamiërs luidde
onveranderd:

'Verlaat tijdig de wereld en je wordt gelouterd'.

HUWELIJKSPERIKELEN

Met de meer ervaren oudere liefjes uit de sixties proefde ik gulzig van de liefde. Met de twee Griekse nonnen beleefde ik enkele van mijn mooiste momenten. Maar het was louter erotisch
genot, alleen de lusten, maar geen lasten. Of om *Emmanuel Le-
vinas* (1906-1995) te citeren:

> *"Tegelijkertijd een versmelting en een verschil. Eros had
> niets met het bezit van de ander te maken. Het genot was
> niet gericht op de ander, maar op het genot van de ander.
> Het ging dus om het genot van het genot."*

Maar liefde in het huwelijk is iets anders. Eigenlijk wist ik sinds
mijn eerste echtscheiding maar al te goed dat ik het nooit zou
volhouden te leven volgens de vereiste gezinsnormen. Het was
onmogelijk mijn lot uit mijn handen te nemen. Soms had ik het
gevoel een vreemde te zijn in mijn gezin en bekroop me de schrik
te verstenen in het brave huwelijksleventje-met-huisje-tuintje-kind-
jes-en-vriendjes. Ik had een te uitdagend leven geleid om het
risico te lopen gekooid te worden. In zijn *Marriage and morals*
schreef *Bertrand Russell* (1872-1970) dat:

> *"... de instincten van vrije en beschaafde mensen over het
> algemeen polygaam zijn en dat seks dan mogelijk moet zijn
> buiten het huwelijk."*

De moeder van mijn twee kinderen mocht, maar hoefde niet te werken. Zelf koos ze ervoor te moederen, en ze kweet zich uitstekend van dit eeuwenoude rollenpatroon. Opvoeden was haar tweede natuur. Mijn dochter en zoon hielden veel meer van hun moeder dan van mij en droegen haar op handen. Zij gaf hen iets wat ik niet kon geven. Zij zorgde er vooral voor dat ze geworden zijn wat ze wilden worden. Mijn opvoeding en drukke professionele bezigheden lieten me niet toe de van mij verwachtte vaderrol te vervullen. Vader was de baas, maar had eigenlijk niets te vertellen. Ik was slechts de intellectuele held, maar voor het overige van weinig of geen tel. Ik was er alleen voor de centen en de rest was flauwekul.

Toen mijn kinderen klein waren, kwamen ze doezelen in het grote bed. We zaten samen aan tafel voor de maaltijden, en gingen sporten met enkel aandacht voor elkaar. Hun moeder was sportief en las voor uit een hele reeks boeken. Zo ontwikkelden ze hun taalgevoel, alsook hun motorische en cognitieve vaardigheden. Ze leerden luisteren, reflecteren, studeren, lezen, openstaan voor nieuwe kennis, schrijven en stellen. Ze leerden argumenten afwegen om te overtuigen en zaken deskundig op papier zetten om moeilijkheden op te lossen.

Aan de hand van de tragikomedie *Le Cid* van *Pierre Corneille* (1606-1684) maakte ik hen meer dan eens duidelijk dat *eigenwaarde en zelfrespect in het leven een aanzienlijkere rol spelen dan liefde*. Beiden presteerden opperbest in hun hogere studies wat voor mij betekende dat mijn plichten als gezinshoofd waren volbracht. Maar nooit zal ik weten of ik in mijn opzet geslaagd ben. Toch ben ik er zeker van dat beiden over de nodige verantwoordelijkheid beschikken. Ze erfden een deel van mijn genen.

Ik wilde ook niet langer op het platteland wonen. In toenemende mate kregen we 's nachts al maar meer last van lawaaihinder en het huis daverde. Elke nacht werd ik plots uit mijn slaap gerukt door het onregelmatige lawaai van vrachtwagens van de nabijgelegen fabriek. Mijn omvangrijke huis, dat eens zo veelbelovend leek qua mogelijkheden, begon iets dreigends uit te stralen. Ik was voortdurend gespannen en kreeg de mogelijkheid niet om tot rust te komen. Het verlangen naar verandering werd steeds intenser. Ofwel leefde ik verder volgens mijn overtuigingen en ambities, ofwel ging ik levenslang gebukt onder *the burden of marriage*. Maar ik had niet vergeten wat de Griekse dichter *Euripides* (480-406 v.Chr.) in zijn tragedie *Medeia* geschreven had:

"De woede is ontzettend en ongeneeslijk wanneer geliefden met elkaar in botsing komen. Een vrouw mag dan een angstig wezen zijn … maar als haar huwelijk geschonden wordt, dan is geen enkel hart moordlustiger. Dan bedenkt ze iets ontzettends en wordt ze gevaarlijk."

Wellicht moet ik mijn unfair gedrag ten opzichte van de moeders van mijn kinderen vergelijken met dit van de mythische koning van Kreta *Idomeneo* die zijn schrik uitte voor de toorn van zeegod Poseidon:

"Ik ben de schuldige! Ik alleen heb gezondigd! Straf mij alleen en laat uw toorn op mij vallen. Moge mijn dood u eindelijk bevredigen. Maar als u een ander slachtoffer in mijn plaats claimt, kan ik u geen onschuldige geven. Maar als u hem eist, bent u onrechtvaardig en kunt u hem niet opeisen. [Lo solo errai, me sol punisci, e cada Sopra di me il tuo sdegno. La mia morte Ti sazi al fin; ma s'altra aver pretendi Vittima al fallo mio, una innocente Darti io non posso, e se pur tu la vuoi, Ingiusto sei, pretenderla non puoi]."

Anderzijds kan ik hun houding begrijpen. In de 6[de] eeuw v.Chr. schreef *Theognis van Megara*:

"Wanneer hij zijn kinderen heeft opgevoed en alles heeft gegeven wat nodig was en te midden van al deze inspanningen ook rijkdom heeft verzameld, dan kan het dat ze hun vader haten, hem misprijzen en de dood toewensen."

ECHTSCHEIDING

Ik wist het niet, of wellicht had ik niet goed geluisterd, of was het niet tot me doorgedrongen, maar soms moet men *scheiden om niet verbitterd te worden*. Ik keek uit naar een lange sabbatical en wilde alleen zijn, ver weg van de medische wereld, ver weg van de moeder van mijn kinderen, ja zelfs ver weg van mijn kinderen. Ik had me nooit voorgesteld dat familiale omstandigheden een man zover kunnen krijgen dat hij zichzelf wil vernietigen. Een vriend weerhield me ervan vóór mijn tijd heen te gaan. Onmiddellijk liet hij zijn eigen beroepsverplichtingen vallen en wees me streng op mijn capaciteiten:

> "Godverdomme! Word opnieuw de man die ik destijds kende! Waar is je persoonlijkheid? Waar zijn je zelfvertrouwen, je ambitie, je wilskracht, je doorzettingsvermogen? Ben je brainless geworden? Waar is je ratio? Ben je een emotioneel jochie geworden? Denk niet meer aan je vorig leven! Mentaal en fysiek ben je een prachtige man en je straalt een bijzondere warmte uit. Je bent nuchter, financieel onafhankelijk en een harde werker! Je kinderen kunnen je niets verwijten. Geen dankbetuiging? So be it!"

Ik keek ernaar uit mijn huis en alles wat het bevatte achter me te laten. Ik bleef alleen achter met mijn researchresultaten, boeken en langspeelplaten uit de sixties. Het overige had weinig waarde. Alles wat mij voorheen onontbeerlijk leek, werd waardeloos. Mijn groene fiets liet ik zonder slot tegen een gevel staan. Mijn foto's belandden in de vuilnisbak. Zo was alles in één keer afgehandeld en mijn erfenis geregeld. Tevens dacht ik aan enkele strofen in de tekst van *Ma liberté de penser* van zanger *Florent Pagny*:

> "Quitte à tout prendre ! Prenez mes gosses et la télé, ma brosse à dents, mon revolver et la voiture. Prenez mes cartes bancaires avec codes, le canapé, le micro-ondes et le

frigidaire. Prenez mon lit et les petites cuillères, tout ce qui a de la valeur et dont je n'ai plus rien à faire. Quitte à tout prendre, même ma vie privée … de toute façon à découvrir. N'oubliez pas le shit planqué sous l'étagère et tout ce qui est beau et compte pour moi. J'emporterai absolument rien en enfer et je préfère y aller tout seul si le paradis vous est offert. Mais vous n'aurez pas, non vous n'aurez pas, ma liberté de penser."

De laatste dag keek ik nog even in de ogen van de moeder van mijn kinderen. Het was de eerste keer in twintig jaar dat ik haar zag huilen. Toen maakte ik me definitief van haar los. Voor de rest van mijn leven wilde ik haar niet meer ontmoeten. Daarna vertrok ik. Zoals in de allerlaatste zin van het boek *Miguel Street* van *Sir V.S. Naipaul* (1932-2018):

"Ik liet ze allemaal achter en stapte monter naar het vliegtuig zonder hen nog een blik te gunnen. Ik keek alleen vooruit en zag mijn schaduw, een dansende dwerg op de tarmac."

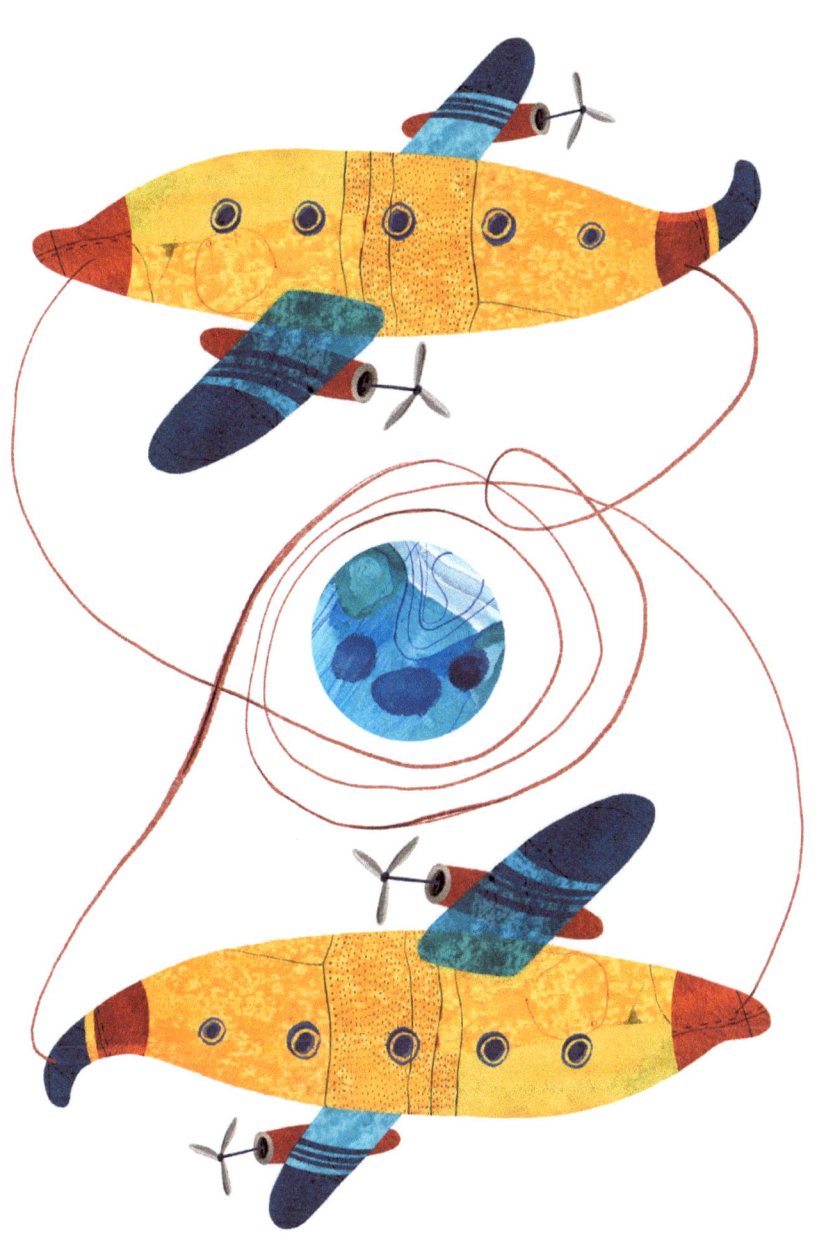

2003-08

SOLITAIRE SABBATJAREN IN ALLE RUST

Ik voelde enige treurigheid, maar vind nog steeds niet dat ik anders had kunnen of moeten handelen, tenzij ik een machtswellusteling of idioot was geweest. Gelukkig was de emotionele schade slechts van korte duur. Hoewel ik na mijn eilandervaringen nog zelden last had gehad van stresssymptomen, raadde een Duitse collega-rugchirurg mij aan in Berlijn enkele intense hypnosesessies te ondergaan waardoor mijn innerlijke rust hersteld werd.

Zeer eigenaardig, maar ik voelde me veel minder eenzaam dan toen ik alleen was tijdens mijn huwelijk. De echtscheiding hoefde niet onvermijdelijk uit te draaien op een levenscatastrofe. Ik wankelde wel even omdat ik iets nieuws moest beginnen, maar het schrikte me niet af. Ik was *Vincent van Gogh* (1853-1890) indachtig toen hij de toekomst als volgt beoordeelde:

> *"Het kan gevaarlijk zijn, ja zelfs verschrikkelijk, maar ook vissers vinden zee en stormen niet gevaarlijk genoeg om aan wal te blijven."*

Het volstond enkele jaren wat gas terug te nemen en te reflecteren hoe het nu verder moest. In de jaren 1980 had ik beslist mijn professioneel leven uitsluitend te concentreren op de wervelkolom met haar vele discussen. Inmiddels had ik exclusieve autopsiebevingen verzameld die lagerugpijn verklaarden en die mochten geenszins teloorgaan. Het vormde ook het uitgangspunt om innovatieve methodes te bedenken om chronische lagerugpijn efficiënter te kunnen behandelen. Maar zo'n oplossing vinden, vergeleek ik met het gooien van een anker in de uitgestrekte oceaan en geloven dat het de bodem zou raken.

Initieel afgezonderd op een appartementje dat mijn mama vroeger aan mijn familie ter beschikking stelde tijdens de vakantie, bereidde ik me voor op mijn toekomstige researchfuncties. Er was geen luxe, maar alles was er aanwezig om te koken, wassen, rusten, en slapen. Er was vooral veel stilte en rust. Hoewel ik beslist had tijdelijk een solitair leven te leiden, vereenzaamde ik niet. Ik had ook geen zin meer om me nutteloos door anderen te laten vermoeien. Daarna verbleef ik meerdere jaren op kamer 48 in het hotel Melinda in Oostende. Als ik mijn uiteindelijke levensambitie wou realiseren, had ik die langdurige periode broodnodig om mijn autopsiedata te ordenen, opnieuw de desbetreffende evoluerende wetenschappelijke literatuur uit te pluizen, en na te denken over de planning van ideeën en onderzoek. Om de researchdata aan te vullen, reisde ik opnieuw af en toe naar Perth.

Mijn reiskoffer stond altijd klaar. Mijn wereld, verborgen in de toenemende hoeveelheid objectieve gegevens, kwam steeds overtuigender over. Ik slaagde erin enkele buitenlandse collega's uit de academische wereld, uiteraard mits financiële vergoeding, wakker te schudden om me te assisteren bij het minutieus doornemen van relevante wetenschappelijke genetische, biochemische en biomechanische literatuurgegevens teneinde mijn autopsiebevindingen te helpen onderbouwen. Het leek me vrij evident dat de te veroveren kennis niet verborgen mocht blijven in medische bibliotheken of in tijdschriften achter een betaalmuur. Allen waren we de mening toegedaan dat *titels van arts en chirurg onbeduidend zijn als ze niet hardgemaakt worden door eigen onderzoek en kennis*. Snel maakte detailanalyse van de literatuurdata duidelijk dat slechts een klein percentage van de luid verkondigde proefondervindelijke vaststellingen bij testdieren ook bij de mens *waah*-resultaten opleverden. Anderzijds was het wonderbaarlijk dat de zogenaamde fenomenale klinische onderzoeksresultaten bij de mens zelden konden bevestigd worden door andere onderzoeksteams. Er bestonden dus veel verschillende hypotheses en vooral elkaar tegensprekende bevindingen over het belangrijkste lagerugprobleem bij de mens. In geen enkel van de

53 landen waar ik de volgende jaren met geïnteresseerde artsen kon overleggen, bestond er een universele evidence based medicine inzake lagerugpijn. Deze *geneeskunde* varieerde enorm in functie van regionale en culturele verschillen. De *slang rond de staf* (of esculaap), symbool voor de alwetendheid der artsen, heb ik er ook nooit ontmoet. Evenmin trof ik alwetendheid aan bij de zogenaamde alternatieve geneeskunde.

Tijdens die sabbatjaren had ik ook alle tijd om mijn fysieke conditie op te krikken. Af en toe ging ik lopen in het bos van mijn jeugd of op het strand, maar het liefst ging ik in een fitnesszaal sleuren met gewichten. De jeugd borrelde op in mijn lichaam. Mijn BMI hield ik op niveau met bruin brood, fruit, eieren, kip, tomaat, kaas, voedingssupplementen en wat noten. Stilaan verheugde ik me opnieuw in de schoonheid van mijn gelaatstrekken, mijn toenemende spierkracht en mijn rijzige gestalte waarop mijn mama altijd zo fier was geweest.

Ergens had ik geluk dat ik op ruime supplementaire financiële steun kon rekenen van mijn mama, die éne goede vriend, en een bevriende Colombiaanse collega-chirurg die lid was van een cocaïne-dealende miljardairsfamilie. Samen hadden we zijn moeder succesvol aan de rug geopereerd en kon ze opnieuw pijnloos stappen. Het resultaat zorgde voor een nieuwe wending in mijn leven. Opnieuw werd ik overtuigd van mijn eigenwaarde en van wat ik kon, hoe ik het zou doen en waarom.

Veel later, in september 2015, nam een van mijn voormalige medische secretaresses opnieuw contact met me op. Zelden voelde ik me zo begrepen:

"Doc, je bent een wijs en intelligent man. Gelukkig heb je eindelijk ontdekt wat belangrijk is in je leven: gezond blijven, je goed voelen in je lichaam, vervelende mensen in je omgeving onbelangrijk vinden en vooral je passies waarmaken. Je moet verzaken aan wat je niet kunt, maar blijven koesteren wat je wel aankan, kunt en kent. Veel te veel mensen laten zich in een keurslijf dwingen omdat ze zich laten leiden door wat hun omgeving vindt dat ze moeten doen."

2009-14

NIEUW ONDERZOEK LEIDT TOT NIEUWE PROBLEMEN

Contacten werden gelegd met biomedische bedrijven die ook belangstelling vertoonden in het onderzoek naar nieuwe methodes ter behandeling van chronische lagerugpijn. Tezamen met enkele andere geïnteresseerde buitenlandse deskundigen werd de internationale vakliteratuur gescreend naar betrouwbare en relevante informatie. Onze aandacht concentreerde zich op de mogelijkheid om via stamcellen de degenererende discus om te vormen tot littekenweefsel teneinde lagerugpijn te neutraliseren. Experimentele chirurgie in de autopsiezaal leidde tot de ontwikkeling van speciale, intern gepolijste injectienaalden om deze cellen onder druk in de discus in te brengen zonder deze verder te beschadigen. Toenemende oppuntstelling van de methode leidde tot zeer belovende littekenvorming van de discussen bij schapen en varkens. Het streelt mijn ijdelheid dat enkele buitenlandse collega's deze innovatieve behandeling sinds 2020 evalueren in het kader van klinische studies op een beperkte groep vrijwilligers die lijden aan chronische lagerugpijn.

Jarenlang ben ik intens bezig geweest met wetenschappelijk onderzoek om mijn medische comfortzone in stand te houden. Al verschilden mijn ideeën van de algemene consensus, massa's literatuurdata en klinisch bewijsmateriaal konden mijn uitgangspunten in toenemende mate staven. Ik realiseerde mijn ambities en genoot ervan mijn eigen researchdata inzake lagerugpijn finaal samen te vatten op websites en blogs en uiteindelijk in mijn boek *Mysterie Lage Rugpijn*. Ik achtte het absoluut noodzakelijk tot uitdrukking te brengen wat het publiek niet weet, maar toch wel aanvoelt.

Ik had er nooit bij stilgestaan dat het gevaarlijk kon zijn mijn beroepsambities waar te maken of dat al deze informatie na-ijver, spanningen en conflicten kon veroorzaken. Hoewel ik sinds jaren hoofdzakelijk in Colombië vertoefde, *meenden* sommige collega's me te moeten aanklagen omdat ik via internet in eigen land nog patiënten ter consultatie zou ronselen. Blijkbaar had ik *gedurfde gedachten* gekoesterd en het bovendien aangedurfd die gedachten in daden om te zetten. Mijn fundamentele kennis moet hen afgeschrikt hebben. Maar zoals *Plato* het ooit uitdrukte:

> *"… wilde ik mijn leven niet leiden als een gefrustreerde in een wereld van ongerealiseerde idealen."*

Ik dacht dat mijn collega's zich aangetrokken konden voelen door iets wat misschien raadselachtig was, maar daarom niet minder veelbelovend, en dat ze zelfs een kritische kijk konden ontwikkelen op de evolutie van de wetenschap. Maar telkens wanneer ik opnieuw voor een korte periode in eigen land verbleef, lag er een uitnodiging klaar om me voor de politierechtbank te komen verantwoorden. De eerste keer was ik verbaasd, maar bij de volgende uitnodigingen schepte ik er zelfs plezier in telkens een kopie van de eerder voorgelegde ondervraging en getuigenis voor te leggen. Herhaling bleek uiteindelijk de moeder der wijsheid te zijn.

Het biomedisch bedrijf bleef mijn correcte inzet loven en liet duidelijk verstaan dat het vrij was de nieuwe heelkundige techniek, indien nodig, wereldkundig te maken via didactische, hands-on cursussen onder mijn leiding. Een CEO verduidelijkte het als volgt:

> *"Als CEO van … wens ik te reageren op jullie beslissing het professioneel leven van onze arts te bemoeilijken. Het interesseert het bedrijf geenszins of een arts die voor ons werkt over een wettelijke licentie beschikt of lid is van een of andere orde. Wij zoeken uitsluitend mensen met een zeer*

specifieke deskundige opleiding en researchervaring, een brede chirurgische kennis, en meertaligheid. ... Nochtans meen ik dat het de moeite zou lonen even rond de tafel te zitten teneinde de voordelen af te wegen van het door ons ontwikkeld product. De gevraagde non-disclosure-documenten kunnen we dan uitgebreid bespreken. MVG."

Voor het eerst in mijn medische carrière werd ik geconfronteerd met het feit dat veel collega's veel meer houden van onzekerheden dan van nieuwe waarheden. Het deed me denken aan de verklaring van Nobelprijswinnaar 2005 en professor pathologie *Robin Warren* (1937) van de Universiteit van West-Australië in Perth. De professor had bewezen dat maagzweren ontstaan door de bacterie Helicobacter Pylori, maar dat werd hem niet in dank afgenomen; hij stelde dat:

"... artsen niet houden van nieuwe inzichten, zelfs niet indien er overtuigende bewijzen bestaan."

Door hun onwetendheid over de evoluerende researchactiviteiten in verband met chronische lagerugpijn creëerden sommige leden van mijn beroepsgroep een mysterieuze sfeer rond mij. In hun verbeelding dachten ze dat ik kwakzalver was. Ook omdat ik veel in het buitenland vertoefde, bleef ik enigszins mysterieus. Maar mijn ambitie reikte veel verder dan de hunne en mijn werkelijkheid was rijker dan zij dachten. Rationeel denken doet wonderen en was voor mij belangijker. Maar traag en zeker werd ik het ook beu om nog langer in hun medische etalage te staan.

"Het is niet toegelaten je te onderscheiden daar waar geen onderscheid in kennis geduld wordt," had mijn grootvader ooit verduidelijkt.

Ik vond het dus geenszins een tragische gebeurtenis om uiteindelijk in mijn land door de orde der geneesheren geschorst te worden uit de lijst van behandelende artsen. Het was geenszins te vergelijken met de ervaringen destijds op mijn eiland. Niemand echter van mijn medewerkende collega's in het buitenland trok zich daar iets van aan. Om het met *Ovidius'* woorden (43 v.Chr.-17 n.Chr.) uit te drukken:

"Ik was niet de slechtste vrucht waaraan wespen konden knagen."

Daarenboven had een van mijn leermeesters, *Sir George Bedbrook*, verklaard dat:

"… er geen enkele methode mag teloorgaan die kan leiden tot vernieuwde inzichten in een behandelingsmethode."

Ik wist niet dat een beroepsgroep zichzelf zo scherp kan reguleren dat iedere beoefenaar verplicht akkoord moet gaan met de voorwaarden en mechanismen ter controle van de leden. Ik kon me zelfs niet inbeelden dat de leden hierdoor met elkaar op gespannen voet konden leven en niet in staat waren problemen op een objectieve manier te evalueren en op te lossen. Ik was de mening toegedaan dat de meesten die hoog opliepen met hun jarenlange geneeskundige studies, over de capaciteiten beschikten om de vooruitgang in de wetenschappelijke geneeskunde te evalueren via de bestaande literatuur en zo de researchactiviteiten van andere leden te beoordelen. Toch was ik ook nooit zo naïef te geloven dat mijn kwaliteiten hun bewondering zouden wekken. Ik had het nochtans moeten weten. Mijn wijze grootvader had me ooit uitgelegd dat:

"… zij die het spel winnen diegenen zijn die de machtsmechanismen controleren. Ze kunnen die naar eigen goeddunken manipuleren om zelf het tempo aan te geven en andere leden op het verkeerde been te zetten. Beroepsgroepen zijn daarenboven ook in staat vrees, angst en verwarring te zaaien om zo de persoonlijkheid van hun leden te vernietigen en hen als kinderen tot afhankelijkheid te dwingen."

Spijtig genoeg voor de leden van die medische beroepsgroep beschik ik over een persoonlijkheid en verstandelijke capaciteiten die me toelaten altijd vast te houden aan mijn realiseerbare toekomstplannen. Mijn levenslange studie-, denk- en schrijfwerk gaf mij de vrijheid mijn idealen te verwezenlijken. Mijn mond zou ik dus niet houden omwille van de 'good look'. Homerus (ca. 800-750 v.Chr.) schreef dat je *"altijd dapper moet zijn"*, Sophocles (496-406 v.Chr.) dat je *"jezelf dient te kennen om gerespecteerd te worden"*, Seneca (4 v.Chr.-65 n.Chr.) dat *"wat telt datgene is wat je over jezelf denkt en helemaal niet wat anderen over je denken"*, en Ovidius (43 v.Chr.-17 n.Chr.) dat je *"thuis voor jezelf mag applaudisseren terwijl men op straat in je gezicht spuwt."* Ik weet ook niet waarom ik zo'n wijsheden zo geweldig vind, maar mijn grootvader had het me destijds duidelijk gemaakt:

> *"Niet altijd doen wat men van je vraagt. Men let goed op wie je bent, wat je kan betekenen, hoe je het zou kunnen realiseren, en waarom je je plannen verandert. Loop je zoals een paard in het gareel, dan blijf je een van hen. Indien je in die kringen de rol die ze je opleggen niet tot het einde speelt, word je uitgespuwd. Maar wanneer je je ambities wil waarmaken, heb je geen reden om hen te vrezen. Kan je zelf nadenken, wil je iets bewijzen en kan je je daarvoor maximaal inzetten, dan moet je dat gevoel volgen, je leven zelf in handen nemen en je opdrachten onvoorwaardelijk uitvoeren. Word dus nooit een medische machine die zich uitsluitend aan de collega's aanpast. Je eigen persoonlijkheid, talenten en reputatie behoren jou toe en zijn veel belangrijker dan wat anderen over je denken. Slechts dan sta je sterk en kunnen ze je niet meer raken. Het wordt voor hen ondraaglijk wanneer ze zich realiseren dat jij op een efficiënte wijze je hoge ambities inlost en zij in hun routinebestaan blijven steken. Je zal snel merken dat men een waslijst schunnige handelingen zal bovenhalen om je diep te treffen. Maar indien je iets wil bereiken, weet dan dat*

het beter is aangevallen dan doodgezwegen te worden. Pietro Aretino (1492-1556) wist reeds dat men heel bekend kan worden door beschimpt te worden."

Nog steeds parafraseer ik regelmatig een aangepaste versie van de lyrics *Losing My Religion* van *R.E.M.* uit 1991.

"Oh life is bigger. It's bigger than you. And you are not me. Oh no I haven't said too much. That's me in the corner. That's me in the spot-light. Losing my medical religion. I thought that I heard you laughing. I thought that I heard you sing. I think I thought I saw you try. Consider this the failed hint of the century that didn't bring me to my knees. Oh no, I haven't said too much. And this was not just a dream."

2009-14

KAMERADEN EN SOCIALE VERPLICHTINGEN

Ik voelde me nooit erg aangetrokken tot sociale verplichtingen. In mijn adolescentiejaren genoot ik de vrijheid die kameraden te selecteren met wie ik me kon amuseren. Ik verkoos in alle rust, en tussen pot en pint, in een vertrouwde sfeer te kunnen praten over de realisatie van onze verdere levensambities. Maar eenmaal in een ernstige relatie, gehuwd en professioneel actief, werden mij tal van potentiële kameraden opgedrongen. Toch ging ik ervan uit dat er altijd wel iemand of iets relevant was of kon zijn. Kameraden hadden steeds hun waarheid, maar ik had ook de mijne. Anderzijds had ik op mijn eiland geleerd dat door te veel vertrouwen uit te stralen mijn leven kon bemoeilijkt worden. Toenemend wantrouwen en zorg voor mijn eigen *ikje* hadden mezelf veiligheid verschaft. Mijn oren en ogen stemden zich eerder af op diegenen die zich verheugden in mijn voorspoed, maar allerminst op hen die mij slechts in nood als vriend kenden. Ik genoot eerder met die enkele mensen, bij wie ik me goed voel, vertrouwen ervaar, een interessante conversatie kan voeren en die vooral kunnen zwijgen. Ik refereer naar *De Amicitia 6,22* waar Laelius aan Cicero (106-43 v.Chr.) vroeg:

> *"Wat is er aangenamer dan iemand te hebben met wie je alles durft bespreken zoals met jezelf? De overige waarden die iedereen nastreeft, zijn elk gericht op specifieke doeleinden. [Quid dulcius, quam habere quicum omnia audeas sic loqui, ut tecum. Ceterae res, quae expetuntur, opportunae sunt singulae rebus fere singulis]."*

Inmiddels was ik ook vertrouwd met de gebruiken op professionele-, zaken- of privéfeesten waar een minimum aan etiquette heerst. Overal ter wereld werd ik regelmatig uitgenodigd voor gelegenheden waar ik weinigen kende. Meestal dacht men dat ik het als een eer zou beschouwen me bij hun groep aan te sluiten. Ik daarentegen dacht dat zij het als een eer zouden beschouwen indien ik me bij hen zou aansluiten. Iedereen kent nu eenmaal wel het gevoel zich te verliezen te midden van het gezelschap op een receptie, een onderonsje, feest of cultureel gebeuren. Het volstaat het spektakel slechts éénmaal gezien te hebben. Niets is er nieuw, en niets is verschillend. Sommigen meenden me plots te moeten herkennen. Hun luidruchtigheid kon me niet overtuigen. Daarenboven was het ook bijzonder vermoeiend elke keer opnieuw te proberen een gesprek aan te knopen in een onbekende meute. Ik toonde dus weinig nieuwsgierigheid. Slechts in uitzonderlijke omstandigheden kwam het tot een conversatie. Hoe minder ik sprak, hoe meer inzicht ik kreeg. Als men er toch op aandrong te vernemen wat ik dacht, voelde men zich op zijn ongemak wanneer ik weinig vertelde. Ik wilde ook geen stoorzender zijn, maar ook geen andere persoon worden. Mijn oergenen laten me niet toe een nieuwe levensstijl te creëren om mij aan anderen aan te passen. De enige afloop die erger was geweest dan afstand te nemen van die aanwezigen, zou erin bestaan hebben hen voor mij te winnen. Ik werd nog meer stoïcijn en vond mijn evenwicht. Zoals *Oscar Wilde* (1854-1900) ooit schreef:

"Ik zorg voor andermans geluk wanneer ik er niet (meer) ben."

Ik geloofde niet in de religie van de groepsidentiteit en ervaarde nooit dat ik per se tot een bepaalde groep diende te behoren om voor vol aanzien te worden. Steeds was ik de mening toegedaan dat het uitzoeken en bewandelen van mijn eigen pad belangrijker was dan mijn toevlucht te nemen tot kringen, clubs, lobby's en elitaire genootschappen. Ik ervaarde het groepsdenken als een groter gevaar dan de redelijkheid. Hier viel het op dat velen graag met mensen omgaan die min of meer hetzelfde wereldbeeld deelden. Omdat ze elkaar voortdurend dezelfde opvattingen toedichtten, werden ze doof voor andere stemmen. Maar het was erger geweest een mening te moeten uiten die ik niet deelde, dan mijn eigen mening niet te mogen uiten. Indien het me niet toegelaten werd achter zinvolle zaken te staan, hoefde het ook helemaal niet meer gezellig te blijven. Ik beheers nu eenmaal niet de kunst een idee naar voor te brengen waarin ik niet geloof of vooroordelen te verwarren met argumenten. In een korte dialoog van *Plato* (427-347 v.Chr.) antwoordde *Socrates* (469-399 v.Chr.) in de drukbezochte cel waar hij zijn executie afwachtte, aan zijn vriend Crito:

> *"Indien geen betere principes kunnen voorgehouden worden dan die welke ik in het verleden voorhield, kan ik de mijne niet overboord gooien, maar blijf ik ze eren zoals ik dat altijd al deed."*

Soms was het lachwekkend te aanhoren hoe velen hun meningen klakkeloos van anderen kopieerden zonder echt te begrijpen waarover het ging. Toch bleef ik geïnteresseerd datgene te zien en te horen waarin ikzelf niet geloofde, en had ik geen problemen met hun humor. Het nam de spanningen weg.

Mijn teleurstelling groeide naarmate ik bij velen de onechtheid in hun uiterlijk en status doorzag, vooral wanneer hun taalgebruik kreupeler was dan een geamputeerde zonder krukken. Het valt me dan zwaar me naar hen te voegen. Ik hou niet van poses. Waardigheid is het beste masker en een uitermate machtige pose. Ik kon hén doorzien, maar velen wilden slechts mijn buitenkant bekijken. Een wijze kameraad maakte me ooit de opmerking:

> *"Het is onmogelijk opgenomen te worden in reeds lang bestaande vriendenkringen. Kan je als vreemdeling hun roes niet delen, dan walgen ze van de indringer. Ook ik heb mensen waar ik liever niet meer tegen spreek. Maar wanneer er een feestje is waar zij ook present zullen zijn, weerhoudt me*

dat niet om erheen te gaan. Ik weiger te aanvaarden dat zij mijn agenda bepalen. Het geeft me daarenboven nog een lichte vorm van plezier omdat ik hen mijn rug toon en wellicht hun avond verpest."

Inmiddels heb ik de leeftijd, levenservaring en huiddikte om dergelijke sociale bijeenkomsten te overleven. Vroeger was ik naïef en ondernemender. Nu selecteert mijn *ikje* wie ik wens te horen of te zien, maar wellicht ben ik verkeerd. Ik citeer een stukje uit brief I, 9.3 van *Plinius de Jongere*:

"Hoeveel dagen heb ik verspild met onbenulligheden. Niets hoor ik nog wat ik betreur gehoord te hebben, niets aanschouw ik wat ik betreur aanschouwd te hebben [Quot dies quam frigidis rebus absumpsi ! Nihil audio, quod audisse, nihil video, quod vidisse paeniteat]."

2009

VEEL LIEVE, OUDERE DAMES

Mijn vrijgezellenbestaan beviel me. Ik kon Romeo niet nadoen want ik kon niet klimmen en hield niet van muurplanten. Ik had ook al ervaren dat erotiek in het begin vaak zoet smaakte, maar op het einde ontgoochelend kon zijn. Toch viel het me op dat nog veel oudere dames uitkeken naar een mooie man met een aantrekkelijk lichaam. Ik vond het boeiend dat ze veeleisend waren. Die man diende intelligent te zijn en een eerlijke indruk te maken zodat anderen naar hem konden opkijken. Ook de gestalte bleek belangrijk: 1.83 m leek een must. Maar hij mocht niet té vriendelijk of té gezellig zijn. Concurrentes konden immers door zijn aanwezigheid bekoord worden. Ik realiseerde me niet dat er onder hen zoveel onzekerheid heerste. Velen moesten oorlogen meegemaakt hebben die niet met kalasjnikovs, maar met woorden waren uitgevochten. Velen hadden ook lang ter plaatse getrappeld om brokstukken tot een nieuwe vaas te lijmen. Toch bleken ze rijk aan ervaringen en na een paar zinnen leken hun theorieën wel eeuwige waarheden.

Ik begon eraan te twijfelen of ik, zoals vroeger, een vrouwenlichaam nog frivool met mijn hand zou kunnen beroeren. Sommige oudere vrouwen toonden wat niet voor iedereen bestemd was en ik herinner me nog hun uitnodigende stem. Alles leek immens en overvloedig, maar dat gold ook voor hun dromen. Ik ondervond echter weinig problemen om de kunst van het loslaten onder de knie te krijgen. Ik hoedde me er gewis voor een doos van Pandora, in de gedaante van weergaloze vrouwelijke schoonheid, te openen om daarna door allerlei ondeugden geteisterd te worden. Evenals zoöloog *Desmond Morris* (1928-) in zijn *The Naked Woman* had ook ik inmiddels geconcludeerd dat het beter was geweest op mijn achttiende reeds de complexiteit van de vrouwelijke soort te kennen. Tijdens de zomermaanden van 1969 waren oudere dames bijzonder lief geweest tegenover de jeugdige adolescent die ik was. Ze hadden geen doos van Pandora geopend, maar wel de trukendoos van de liefde. Nog steeds had ik een boontje voor oudere dames die hun leven verstandig geleefd en evolutionair benut hadden. Ze realiseerden zich wel dat hun kansen op de liefdesmarkt aan het slinken waren, maar velen bezaten nog een onweerstaanbare behoefte om dynamisch te blijven. Het waren meisjes van zestig of ouder, maar in hun hoofd waren ze zeventien gebleven. Velen hadden geleefd als autonome figuren. Ze dachten nog alles in hun leven te kunnen dirigeren, maar sinds geruime tijd klopte hun hart niet langer voor hun echtgenoten. Jaren hadden ze de liefde bedreven met weinig genot, geconverseerd met weinig inhoud en grapjes gemaakt zonder echt te lachen. Het leed was geleden en ze voelden zelfs geen drang meer hun echtgenoten te bedriegen. Ook hun drijfveren naar die unieke ander waren reeds lang vervlogen. Toch hadden ze persoonlijkheid en kennis ontwikkeld die ze altijd al wilden bezitten. Ze behoorden tot de groep die op hun leeftijd nog allerlei dingen wilden realiseren waarvoor ze in vorige levens geen tijd of kennis hadden. Uiterlijk bleven ze fatsoen en stijl uitstralen. Maar velen zochten alleen nog *speciale aandacht* om af en toe eens te kunnen heropleven en stralen. Ze wilden nog eens gekoesterd, beschermd en geprezen worden om hun vrouw-zijn. Ze zochten geflatteerd te worden door een tijdelijke aanbidder, en te aanhoren wat mooi was aan hen, hoe lekker ze roken en waarin ze goed waren.

Al waren de meeste van mijn pogingen met hen een nieuwe relatie te smeden niet echt leuk, pijn deden ze niet meer. Maar ik geloofde geenszins in de mythe van de uitdoving van de vrouwelijke aantrekkingskracht. Al hun verzuchtingen waren ook mijn drijfveren. Maar mijn moreel besef zou niet wijken voor emoties of grof geld. Ik wist van *Oscar Wilde* (1854-1900) dat veel vrouwen hun mannen het goud van hun leven wilden geven, maar het steeds in wisselgeld terugeisten. En of ze nu mooi gekleed waren, halfnaakt rondliepen of alles aan de open lucht prijsgaven; het was wondermooi, maar stond zelden in verhouding tot hun inborst en hun uiteindelijke bedoelingen. Werd dan toch iemand kortstondig op mij verliefd, dan kende ze mij illusoire eigenschappen toe. Haar volharding bleef uiteindelijk zonder succes omdat ik ook niet van plan was verloren te lopen op het slagveld van baatzuchtige liefde.

In het wespennest van hun genetische erfenis, opvoeding, cultuur, hormonen, herinneringen aan gebeurtenissen en relaties, en oneindig veel andere factoren was het mij onmogelijk hun normen en waarden te ontdekken. Omdat ze zich anders voordeden dan het daglicht liet uitschijnen, besefte ik snel dat ik bij weinig karakters paste. Ik had dus ook geen zin hen ertoe te verleiden mijn waarden te delen. Als een spiegel reflecteerde ik dan soms hun werkelijkheid. Hun gedragingen bootste ik zo goed mogelijk na, maar toch een tikje anders. Nooit hadden ze door wat ik in mijn schild voerde. Mijn gekozen houding kon inspelen op hun primitiefste gevoelens, maar ik had er geen probleem mee wanneer hun haren zoals bij de Griekse Medusa in kronkelende slangen veranderden.

2010

BELLE DE JOUR (LUIS BUÑUEL)

Maar wat betekende liefde nog voor mij? Het was veel te lang geleden. Het hing af van plaats, persoon en moment. Van naastenliefde was geen sprake meer. Wel waren sommigen meer ervaren en gul in het rondstrooien van hun seksuele gunsten al boden ze die slechts voor één nacht aan. Anderen werden vanaf het ogenblik dat ze ergens bier roken of zagen, losser en opdringerig toen ik toevallig ook een bierglas in mijn hand hield, zelfs al was het leeg. Toch gebeurde het dat ik opgewonden raakte door exciterende lingerie die de vallei der vreugde tijdelijk verdook. *Jean-Jacques Rousseau* (1712-1778) laat in zijn *Emile, of over de opvoeding* in die zin verstaan dat:

> *"... het de verbeelding is die de zinnen doet ontvlammen. Iedereen wacht vredig op de lokroep van de natuur, geeft zich eraan over zonder dat er te kiezen valt, ondergaat deze meer met genoegen dan passie, en als de behoefte gestild is, is elke begeerte gedoofd."*

Na 50 jaar zag ik die ene plots terug. Ze was bijna 60, maar nog steeds een wondermooie dame met levendige, donkere ogen die het ene moment tot intimiteit konden uitnodigen en het volgende moment dreiging uitstralen. Na haar echtscheiding zocht ze iemand aan wie ze in vertrouwen haar hart kon uitstorten. Onze kinderliefde was platonisch geweest, maar ze was nog steeds smoorverliefd als een tiener. Via sociale platformen kende ze een hoop details uit mijn leven en dacht steeds aan mij op mijn verjaardag. Haar lichaam was nog aantrekkelijker dan dat van de liefdesgodinnen *Ursula Andress* of *Raquel Welch*, maar ik kon haar zucht naar lichamelijke liefde probleemloos naast me neerleggen. De intellectuele afstand tussen ons was lichtjaren groot geworden en ik kon niet tegelijkertijd wijs en verliefd zijn. We hoefden elkaar geen dank te betuigen, waren geenszins van elkaar afhankelijk, en hadden dus geen recht op elkaar. Ik kon onmogelijk haar blinde vriend worden en ik wilde niet dat ze mijn tijd en energie opeiste. Tranen rolden over haar wangen. Ze nam afscheid en wandelde weg. Voor altijd.

Bij velen zat nog steeds de drang, ja zelfs de nood ingebakken zich als een volledig andere persoon te gedragen. Met haar decolleté, zwierig achterwerk en soms exorbitante haartooien, al dan niet bijgewerkt met allerlei geuren en kleuren, riep een gepensioneerde lerares overvloed, wulpsheid en wellust op. Ze beschikte over het vermogen een groot geheim te bewaren. Ik weet nog altijd niet hoe het zover kon komen, maar ze bleef hardnekkige pogingen ondernemen om me iets duidelijk te maken. Groot was mijn verwondering toen ik op een dag een uitnodiging ontving om in haar buitenverblijf in de Ardennen een discreet avondevenement bij te wonen. Ik was verrast toen de deur geopend werd door haarzelf en haar vriendin. Ik bleef een poosje verdwaasd bij de aanblik van hun wilde haren en niet alledaagse kledij. In het licht van ettelijke kaarsen ontwaarde ik hun doorzichtige, donkere sexy hemdjes met sterretjes over de gevoelige plaatsen. De zwarte jarretellengordel met drie bevestigingsclips aan elke zijde voorkwam dat hun eveneens donkere maar doorschijnende panty's afzakten. Een paar lederen rode laarzen tot boven de knie vervolledigde hun verschijning. Door hun magnetische aantrekkingskracht waande ik me uitgenodigd door *Luis Buñuel* voor een bijrol in de Franse dramafilm *Belle de Jour* (1967). Maar in de living stonden vóór mij een andere goed uitgedoste dame en twee half uitgeklede heren met vastgebonden polsen. Om klaar van geest te blijven aanvaarde ik slechts één flesje pils dat ik zelf opende. Geboeid aanschouwde ik hun sadomasochistische spelletjes. Allen bleven ze regelmatig in mijn richting gluren. Zij hoopten dat ik aan hun gemeenschappelijke geneugtes zou deelnemen, maar ik voelde niet het minste verlangen me als slaaf aan hen aan te bieden. Mijn onverschillige blik werd intenser en begon hen te irriteren. Stilaan kregen ze genoeg van mij als passieve genotszoeker. De spanning nam toe en de sfeer werd nijdig en agressief. Gelukkig haalde geen enkele zatterik het in zijn hoofd me aan te raken. Plots bekroop me de drang te zorgen voor een kort intermezzo. Op de wilde tonen van de achtergrondmuziek van filmmusical *Hair* (1967), sprong ik op de dinertafel, zong enkele zinnen uit *Age of Aquarius*, en liet er een puinhoop achter. Hun gouden dromen mochten ze opbergen. Toch drong het slechts traag tot me door hoe vrouwen ook buiten een gevangenissfeer als dominante maîtresses geen enkele moeilijkheid ondervinden om hun catechismus van losbandigheid perfect te verbergen achter een façade van deugdzaam burgerlijk fatsoen. Hun geheime persoonlijke bevrediging moet overweldigend zijn.

Toch hield ik van oudere dames die hun imperfecties accepteerden, in staat waren te luisteren en de moed hadden in te zien dat ze niet meer aan de bak kwamen. Wanneer ze hun zwaktes toonden, werden ze meestal mooier, knapper, en wijzer. Alhoewel ze hun flamoes verstopten alsof het nog een heiligdom was, hielden sommigen de behoefte in stand aan een heer voor het gezelschap. Meestal konden ze nog dromen van een intens passioneel leven tijdens het lezen van erotisch getinte romans waarbij ze hun fantasieën konden uitleven tussen de pagina's. Maar af en toe wilden ze nog even de verleidster of initiatiefneemster worden. Ze wilden nog steeds wat ze altijd gewild hadden, en hadden eindelijk toegelaten wat ze vroeger niet wilden.

Er waren ook die dames met een kleine 'd'. Ik gaf het snel op me nog vragen te stellen over hun mysteries en duizenden prullaria. Ze hadden weinig te bieden. In hun leven waren ze iets te bedreven geweest in hun machtspelletjes en hadden zich verstrikt in hun zucht naar eeuwige zekerheid. Ze bleven foto's analyseren van geliefden die ze nooit hadden kunnen veroveren, en in hun dromen gaven die mannen hen nog steeds rust en moed. Maar ik vermoed dat die mannen het snel begrepen hadden. Ze waren slimmer en gingen snel lopen. Het was onmogelijk deze vrouwen het gevoel te geven er voor hen te zijn. Hun schroom en hun gebrek aan assertiviteit waren met de jaren slechts toegenomen. Mijn agenda maakte ik voor hen niet meer vrij.

2011

DE GOLFSPEELSTER-ALLUMEUSE

Ik was helemaal niet wanhopig geworden zoals *Orpheus* uit de Griekse mythologie, die zijn mooie schuchtere *Eurydice* had verloren. Ik dacht er dus helemaal niet aan hem na te volgen door op een rots te gaan liggen en slechts door de wind gestreeld te worden. Maar mijn beste vriend bleef herhalen dat:

> *"... ik wel zijn trouwe vriend was met een onvoorwaardelijke kritische en sublieme geest, maar dat ik geen solitair leven mocht blijven leiden."*

Zo liet ik me op een medisch congres in Madagaskar verleiden om op de Open Club Méditerrané als aspirant-caddie achttien holes mee te lopen. Maar hoe kleiner de bal, hoe groter de kwal! Meer dan een gezonde wandeling was het niet. De eerste hole heb ik nooit gezien. Mijn golfpassie was snel over. Na driehonderd meter aan een snelheid van die ene golfbal: 85 km per uur. Mijn handicap? Een jonge, gescheiden golfspeelster! Maar ook onder de blauwe hemel in de stralende zon en ondanks de exquisiete golfuitrusting belandden weinig aerodynamische golfballen van dekhengsten in haar holes. Nochtans was er niets mis met haar mooie decolleté, maar ze mocht niet verwachten dat mannen slechts naar haar schoenen bleven kijken.

Deze vrouw behoorde geenszins tot de grasparkieten die slechts op zoek zijn naar een handige Harry. Ze bleef hopen op een gouden bekleding en droomde ervan 's mans numero uno te worden om hem te doen geloven dat de zon volop schijnt in het holst van de pikdonkere nacht. Met haar louter materialistische drang bleef ze met haar blote kont op straat zitten.

Nu was ze een vrije vrouw die tijdens het weekend echter nooit vrij was. Ze werkte doelbewust op zaterdag en zondag om tijdens de week enkele dagen vrij te hebben. In strikte anonimiteit hoopte ze die gehuwde of bijna-gescheiden *man-met-pit* te ontmoeten die tijdens het weekend evenmin van zijn vrijheid kon genieten. Maar in haar drang de vis met een snelle haak te vangen, bleek ze zelfs in haar preselecties niet te slagen. Ze symboliseerde de dominantie van parasitisme en profitariaat. *Seneca* (4 v.Chr.-65 n.Chr.) vermaande reeds:

> *"Niemand ziet in dat hij gierig is, niemand dat hij begerig is [Nemo se avarum esse intellegit, nemo cupidum]."*

Toch genoot ik van die allumeuse. In de zestiende eeuw had *Desiderius Erasmus* (1466-1536) reeds laten verstaan dat *een mens vooral de gebreken van vrolijke vrienden moet bewonderen.* Ze was het type dat mannen uitdaagt en plaagt, maar op het cruciale moment afstand neemt. Het kostte haar niet de minste moeite de ene eruit te gooien en in haar tristesse een andere uit te proberen. Ze was overtuigd dat niemand het ooit te weten zou komen. Wanneer het toch begon te spannen, werd de liefdesknop snel omgedraaid.

2012

HIGH SOCIETY DAMES

In 2012 werd ik door de *high society* uitgenodigd naar een verafgelegen en goed afgeschermd tentenkamp, een zogenaamde glamping, aan de rand van Brussel. Ergens was er nog wel een uitweg, maar de poort stond niet op een kier. De Engelstalige uitnodiging vanwege de kring *Wild Lyons* was hoffelijk, uiterst welvoeglijk en toch uitdagend. Er zou voor elk wat wils zijn:

> *"If I could see something, We can see anything. If I could be someone, We can be anyone. If I could do something, We can do something."*

Ik was nieuwsgierig, maar pas wanneer de datum en plaats vastlagen, drong het tot me door wie achter het masker zat. Ik zou dus maar even blijven hangen.

De high society dame wilde me, maar nu als vrijgezel, nogmaals danken voor een succesvolle rugoperatie. Dat ik haar opnieuw kon aanspreken sprak tot mijn verbeelding. Haar job boeide me niet. Haar functies en afkomst evenmin, zelfs niet de dingen die ze bezat. Maar ze straalde een peilloze natuurlijke vrouwelijkheid uit en de manier waarop ze bewoog, trok me onweerstaanbaar aan. Nooit praatte ze dwaas, zelf niet na drie glazen. Toch kon ze me niet overtuigen van haar stelling dat ze haar leven vergooid had met dromen die één voor één op een teleurstelling waren uitgelopen.

> *"Ik leid nu een halfheilig leventje"*, zei ze, maar zoals *Gustave Flaubert* het in zijn *Madame Bovary* had verduidelijkt, zag ik:

"... Sa bouche s'était ouverte pour le mensonge, qui avait gémi d'orgueil et crié dans la luxure ... [... haar mond, die uit trots gezucht had en in ontucht gekreund, openden zich meer en meer voor leugen ...]."

Haar gezellin deed zich voor als een high-societydame, maar dan wel één met een leeg hoofd. Ze kwam tussen alsof ik een *Bloody Mary* moest drinken, maar dan met een snuifje cyanide. Ze was de wanhoop nabij toen ze zich had vergaloppeerd bij het epileren van haar wenkbrauwen en vervloekte de haartransplantatiechirurg. Omdat ze minder onschuldig leek dan ze liet blijken, werkte ze op mijn lachspieren. Ik herinnerde mijn grootvader die me er destijds op gewezen had:

"Wanneer vrouwen wat ouder worden, maakt de natuur hen nog mooier. Maar weinigen dragen zorg voor hun natuurlijke verschijningsvorm. Ze proberen allerlei middeltjes uit om er opnieuw jong te blijven uitzien, appetijtelijker, stijlvoller, pittiger en sexyer. Maar door plastische ingrepen worden ze karikaturen van zichzelf. Uiteindelijk verschuilen ze zich achter een dikke laag schmink. Alleen voor de spiegel hopen ze nog eens te kunnen fantaseren."

De originaliteit van de georkestreerde high-societybraspartij trok ieders aandacht. De vele tenten stond vol bloemensoorten. Brandende kaarsen golden als uitnodiging om er de heerlijke gelukzaligheid te kunnen proeven. Iedereen was uitgedost in elegante, blinkende feestkledij en kon wie dan ook groeten met een dubbelzinnig praatje om elkaars sympathie op te wekken. Ik klasseerde hen onder de noemer *nouveaux riches*. Anderen overdreven en stelden zich voor als universitair geschoold, maar gedroegen zich als ongeletterde, intellectuele dwergen. Hier trof ik geen persoonlijkheden aan die zich onderscheidden door een welbepaalde zelfbeheersing en terughoudendheid. Allen waren ze uiterst lief voor elkaar, een soort lieftalligheid die hen optilde.

Uiteindelijk werden we door de ceremoniemeester aan elkaar voorgesteld. Hij alludeerde op het *Diner van Trimalchio*, beschreven in fleurige taal door consul en schrijver Petronius (27-66 n.Chr.). Niemand werd bij naam vernoemd, maar de discrete verwijzing naar de tekens van de dierenriem liet niets aan onduidelijkheid te wensen over. Hij had het over moedige en impulsieve Rammen, koppige en hedonistische Stieren, slinkse maar fantasierijke Tweelingen, overgevoelige en aanhankelijke Kreeften, gulle en zelfverzekerde Leeuwen, kieskeurige en storende Maagden, idealistische en diplomatische Weegschalen, vindingrijke en geobsedeerde Schorpioenen, onafhankelijke en impulsieve Boogschutters, intelligente maar geremde Steenbokken, geestige en sarcastische Watermannen en uiteindelijk de barmhartige maar escapistische Vissen. Er vloeide meer wijn dan er bij een wijnboer in de kelder ligt en er was dus inderdaad *voor elk wat wils*. Ik riep luid dat het fantastisch was, strekte mijn handen naar de donkere sterrenhemel en sloeg een kruis. Het had geen enkele zin nog langer mijn vragende hersenen te pijnigen. Mijn levensfilosoof had het me reeds lang geleden verduidelijkt:

"In de roes van alcohol start het leven van de illusies."

Ik dronk slechts twee glazen, at met mate, en voelde me emotioneel geenszins in de ban van de euforische high-societymomenten. De volle ontspanning begon tijdens de afterdinnerparty. Een vijftal koppels en enkele alleenstaande dames die elkaar nauwelijks kenden, staken van wal met enigmatische, absurde conversaties. Hun decadente maar humoristisch bedoelde motto's waren een vorm van wederzijdse liefde. De kompanen benaderden elkaar in een geur van opportunisme en begeerte. Snel ontpopten ze zich tot flirterige vleiers en bereikten vrij snel hun doel. Bacchus vermoordde ieders onschuld waardoor alle wilde instincten en fantasieën konden beleefd worden. Niemand poogde nog een gunstig beeld van zichzelf neer te zetten en iedereen kon de smaakmaker van de ander zijn. Ook bij hen die voordien geen glimp van lustgevoel vertoonden, verscheen de libido ten tonele. Afwisselend gedroegen ze zich verdorven en dan weer een tijdje fatsoenlijk, maar telkens op overdreven wijze. Niets kon hen stoppen en dat was ook hun eigenlijke bedoeling.

Een andere privé-glampingtent vulde zich eveneens met naakte lijven. Door ietwat teveel aan spraakwater kreeg een high-societyman een opstoot van agressieve testosteron. Zijn hersenen zakten een halve meter dieper. Het versierde tafellaken met alles erop en eraan werd van de tafel gerukt, flessen vielen op de grond, en het ondergoed werd in het smeulend barbecuevuur gegooid. Niemand durfde hem aan te raken. Het werd muisstil. Iedereen wilde blijven, zelfs diegenen die huiswaarts wilden. Allen zaten ze vast in hun eigen doodlopende straatje. Ik vroeg me niet af waarom. De verklaring was eenvoudig. Er was geen verklaring en ik draaide me om.

In de allerlaatste glampingtent zag ik twee tweepersoonsbedden. De mij gekende organiserende high-societydame zou die innemen met twee andere genodigden. De ladderzatte vrouw zong luid *'als ze er nu nog niet zijn, dan komen ze niet meer'* en viel naast mij in slaap. Ik was gerustgesteld. Toen de twee aankwamen, keek ik hen aan in het kaarslicht terwijl ze zich uitkleedden. Ze draaiden zich niet om toen ze hun bh en vervolgens hun slipje uittrokken. De aanblik van beide even zatte vreemden wond me op. Ik bleef hen strak in de ogen kijken en zoende zowel een Kreeft als een Schorpioen, en genoot verder van hun onderlinge lijfelijke aanrakingen. Zoals *Guillaume Apollinaire* (1880-1918) het in zijn *Les Onze Mille Verges* omschreef,

> *"… hield ik van hun onverschillige en sarcastische blikken. Hun gelaatstrekken drukten geen overgave uit, slechts huidhonger naar het vel van een niet-dronken man. Het ging er niet om fantasieën aan de realiteit te toetsen. Er was slechts sarcastisch egoïsme."*

2014

'ALICE' UIT 'T WONDERLAND

Op een zaterdagavond bleven de Bacardi Cola's in het Brusselse Kroegje op regelmatige tijdstippen zalig binnenstromen. Ik ervaarde enige emotie en liet enkele tranen van geluk. Bij ons zat ook *Alice* uit dat speciale wonderland waar alle droombeelden blijvend verward worden met de realiteit. De heel voorname en aangename *Alice* koesterde homoseksuele gevoelens en zoals beschreven in *Eenzaam Avontuur* van *Anna Blaman* (1905-1960), maakte die

> "… lesbische kant haar tot een onafhankelijke en soevereine persoon, die aan de basis lag van haar existentiële eenzaamheid."

Toch vertoonde *Alice* uitgebreide interesse voor mannen met een mooi uiterlijk, en daagde ze die graag uit. Zonder enig probleem kon ze genieten van de gulp van iedere man zolang zijn ballen er dubbel en dwars inzaten. Om hen ook voor haar te doen knielen, schepte ze er plezier in te plassen in het herentoilet, maar in omgekeerde stand, niet met de billen maar met de muis bloot, genietend van de wilde blikken. In haar problematische wereld van tegengestelde emoties en verlangens werd alles wat ooit mooi en zuiver leek, aangetast door decadentie en verderf dat ze zelf uitlokte. Hierdoor kwam ze in oog in oog te staan met het grote niets.

> "Ik vertoon een gezonde, vrouwelijke seksuele psychologie, maar mijn seksualiteit is tamelijk veranderlijk," verklaarde ze me. Ik betwijfelde het niet.

Alice had de capaciteiten van sommige dochters van de Oud-Griekse godin *Mnemosyne*. Ze leek zowel op *Thalia*, de muze van de komedie, als op *Melpomene*, de muze van de tragedie, maar geenszins op *Polyhymnia*, de muze van de retoriek. Sessies met yoga, acupunctuur, meditatie en andere cognitieve gedragstherapieën hadden geen invloed op haar DNA. Bij deze perfecte actrice wenste ik te achterhalen wat allumeren echt nog meer kon betekenen. Maar haar mysterie lag in het ondoorgrondelijke en onbegrijpelijke van haar dubbele vrouw-zijn. De hoer en de heilige madonna konden in haar niet van elkaar onderscheiden worden. Hetgeen *Anton Chekhov* (1860-1904) in zijn *Uncle Vanya* verduidelijkte, kon niet. Met haar kon ik slechts kennis maken, maar van vriendschap en liefde kon geen sprake zijn. Ze verhulde haar geheime materiële aspiraties te goed.

Na een terugreis van Colombië, eind oktober 2014, verzocht ze me elkaar af en toe te ontmoeten. Zoals de god *Zeus* het zo dikwijls deed om vrouwen te verleiden, had ook zij haar houding veranderd. Plots was het nooit te vroeg, of op een verkeerd moment, of te laat. Alles verliep goed. Het waren zonder meer open gesprekken, en van bekrompenheid was geen sprake. Soms was haar welriekend lichaam in haar sexy outfit onweerstaanbaar al had ze die in allerhaasten binnenstebuiten aangetrokken. Uitdagend maar zonder schaamtegevoel vroeg ze om een full-bodymassage. Met toch een raar gevoel van binnen aarzelde ik niet. Het werd een beetje spannend toen duidelijk werd dat ze ook alle onweerstaanbare verleidingskunsten beheerste om een machtig wapen stevig in handen te houden.

Na een periode van verdere kennismaking met ook die enkele vrienden van me, toonde ze overtuigend een ontwerp tot erkenning van schuld die ze met een bevriende vrouwelijke notaris had opgesteld. Het vermeldde dat voor de uitoefening van mijn professionele activiteiten mijn vennootschap beter naar haar onroerend goed zou overgeschreven worden. Tevens dat die vennootschap diverse facturen van door mij niet-gekende, maar blijkbaar goed geplande verbouwingswerken zou betalen.

"Ik weet het niet echt en moet het even nakijken," was de reactie van haar plots onwetende notaris. Ik vroeg legaal advies aan mijn beste vriend en ging minder verlangend terug naar *Alice*. Ze wou dat ik nog éénmaal haar smeekbede om massage vervulde. Vechten met haar zou ik niet doen, maar ik had geen zin meer. Ze had gehoopt, maar verkeerd gegokt. Voor altijd en zonder schade verliet ik haar onroerend goed. In zijn *Graaf van Monte-Christo* liet *Alexandre Dumas* (1802-1870) verstaan dat:

> *"… het beter was een dergelijke vrouwelijke kameraad te laten wachten tot ze door haar eigen woede en frustratie onderuit wordt gehaald."*

De koude schotel mocht ze zelf verorberen. De notaris stuurde ik na het ontvangen van haar ereloonnota een Latijnse vers *da mihi asinum* wat zoveel wil zeggen dat ze vierkant kon ophoepelen. Nooit ging ze erop in mijn *asinus* te kussen. De factuur werd ook nooit betaald en ik heb er nooit nog iets over gehoord.

In 2016 ontmoette ik nog eens een notaris, maar dan van de mannelijke soort.

> *"Je bent een zieke man, mijnheer de chirurg om zomaar je rechten op te eisen,"* zei hij toen ik blijkbaar zijn dubbelzinnige financiële activiteiten dwarsboomde.

Ik had hem verzocht niet morgen of binnen enkele weken, maar onmiddellijk de overschrijving te mijner attentie uit te voeren voor de uitbetaling van een kleine erfenis. Ik stond recht en zei hem in aanwezigheid van alle anderen dat indien hij dit niet deed, ik in zijn bureau zou blijven rondlopen. Wat geïrriteerd en nog cynischer gedroeg hij zich daarenboven ook nog grof, onbeschoft en ongemanierd tegen de mij vergezellende dame. Zij had moeite me tegen te houden, maar ik bleef rondlopen en rondgapen. Het verwonderde haar dat ik rustig bleef. Alleen wist ze niet hoe lang ik dat kon volhouden. Toen hij uiteindelijk woedend en bevend de cheque afleverde, probeerde hij zich ten opzichte van de andere aanwezigen emotioneel te verantwoorden. Compleet gedesinteresseerd verliet ik zonder buigen zijn kantoor. Zoals een hond zijn baasje naloopt, liep hij mij nog steeds even geïrriteerd na en sloeg daarbij de glazen deur van zijn in-herbouw-zijnde bureau hard toe. Het ding viel uit een scharnier en het glas spatte uiteen in duizend stukken. Ik toonde hem mijn *asinus*. Alexandre Dumas had opnieuw gelijk.

2015

AFSCHEID VAN MIJN MAMA

Mijn mama is negentig jaar geworden. Zonder mij te verwittigen, had een jonge chirurg-met-weinig-ervaring een onverantwoorde en in de chirurgische literatuur nergens-terug-te-vinden operatieve techniek uitgeprobeerd om een breuk aan haar elleboog te herstellen. Door de aanhoudende pijnen verdween traag maar zeker haar laatste kleine beetje moed. De beenhouwer had haar als een lijk aanzien om een experimentele en fantasievolle ingreep uit te proberen. Het oude vrouwtje was op de economische markt niets meer waard en hij was er vermoedelijk van overtuigd dat er geen klacht meer kon neergelegd worden. Nog steeds geniet ik ervan dat ik uiteindelijk het waardeloos experiment de krantenkoppen liet halen. Drie dagen na de initiële ingreep werd ze tezamen met een meer ervaren orthopedische collega opnieuw geopereerd in een ander ziekenhuis. Haar pijnen verzachtten maar haar lange magere vingers waren niet langer in staat piano te spelen. Haar laatste levensdoel verdween stelselmatig, met kleine stapjes, net zoals ze zich ook achter haar karretje voortbewoog.

Ze eindigde haar leven in een hedendaagse sociale vergeetput. In het bejaardentehuis zag ik mijn mama snel wegkwijnen in een kamertje van twee op vier en aan een veel te hoge prijs. Haar hele kleine nog resterende wereld omringde haar. Aan de muur hing een kruisbeeld, maar of ze nog in die filosofie geloofde, heb ik niet meer kunnen achterhalen. Op een klein tafeltje stonden enkele ingelijste fotootjes van haar vader, moeder, zussen, zoon en petekind. Beelden van Chopin, Beethoven, en Schumann verborgen deze van haar twee kleinkinderen die nooit enige inspanning hadden geleverd haar te bezoeken. Nog een tijdje kon ze genieten van appelen- en perenbomen, vogeltjes, konijntjes, puzzels en handjes draaien samen met de medebewoners. Maar ze hield niet van de kakofonie, niet van de speelzaal en niet van het repetitieve ratata-geratel van andere bejaarden die reeds in een vergevorderde faze van kindsheid waren aanbeland.

Een laatste maal voelde ik haar verzwakkende linkerhand. Haar rechterduim plaatste nog een laatste kruisje op mijn voorhoofd en een laatste tikje op mijn linkerwang. Nog een allerlaatste maal liet ze haar mysterieuze ogen bewonderend op me rusten. Een indrukwekkend leven gleed voorbij. Mama had haar plicht gedaan en was in haar opzet geslaagd. Tevreden nam ze afscheid.

In een gesloten enveloppe vond ik een brief die alludeerde op ons intens gevoerd gesprek toen ik mijn achttiende verjaardag vierde in mijn laatste jaar van de Grieks-Latijnse humaniora. Met ongelooflijk veel liefde had ze me een Omega-horloge geschonken. Het uurwerk sierde bijna 32 jaar non-stop mijn rechterpols. Het werd gestolen in een operatiezaal en smukt vermoedelijk tot op heden de rechtervoorarm van een dief met (para-)medische opleiding. De brief, gedateerd 1970, vatte haar liefde voor haar zoon samen:

"Guy, ik ben bijzonder streng en hard voor je geweest. Maar ik kon niet anders, en het was ook meer dan nodig. Ik weet dat je nu begrijpt dat je in je leven nooit mag opgeven, en nooit mag omzien. Ik weet dat je iemand kan worden naar wie men, zelfs tegen heug en meug, zal opkijken. Ik heb mijn best voor je gedaan. Het is nu aan jou. Ga nu je gang. Lees en studeer tot je erbij neervalt, levenslang. Met jouw karakter kan je worden wat je wenst te worden en te bereiken. Maar niemand zal je ooit begrijpen. Ook ik weet niet waar je drijfveren vandaan komen. Maar let op! Want je hart ligt op je tong. Weet dat wie de waarheid zegt, afgestraft wordt. Maar zwijgen zal je nooit doen. Daarom zullen velen je vroeg of laat proberen af te maken. Ik weet dat het hen

nooit zal lukken. Af en toe zullen ze je doen lijden, maar uit-
eindelijk zal niemand tegen je op kunnen. Want je kan en
zal tot het uiterste gaan. Ik weet hoe je gaat reageren. In het
uiterste geval vecht je zelfs voor je leven. Het zal altijd 'ik of
jij' zijn. Ik ben fier op mijn Guy. Het ga je goed. Je mama."

Voor het bredere publiek stond op het overlijdenskaartje de onderstaande tekst.

Mama,
Geërfde genen waren bepalend voor je levensweg,
Je vingers hebben moeilijke noten gekraakt.
Je droomde weg in de wereld van Chopin,
Maar je slaagde na een levenslange inspanning: een CD!
Je leerde mij om nooit op te geven, nooit om te kijken.
Mama, ik ben er bijna, maar nog niet helemaal.
Je rechtvaardige strengheid was doorslaggevend,
Een stukje van je DNA draag ik voor altijd mee.
Thanks Mama.

2016

CARAÏBISCHE CRUISESCHIP 'ESPERANZA'

Op 64-jarige leeftijd had ik het maximum van mezelf gegeven en begon ik steeds meer te reflecteren over de levenslessen uit mijn wereldwijde contacten en activiteiten. In ieder geval was ik ervan overtuigd dat ik de juiste wegen had bewandeld en dat een professioneel leven onder de kerktoren en zonder uitdagingen onvoorstelbaar was geweest. *Alles wat ik waar en met wie ooit gepland en uitgevoerd had, had me grote voldoening geschonken.* Wel had ik alle interesse verloren in emotionele verhaaltjes die de realiteit overtroffen en had ik ook *geen zin meer om onder een mangoboom te zitten en naar de maan te turen.* Zoals *Oscar Wilde* (1854-1900) het in *The picture of Dorian Gray* uitdrukte, had ik:

> "… *mezelf teveel bedrogen vooraleer ik de anderen bedroog."*

In zijn grotallegorie vergelijkt *Plato* (427-347 v.Chr.) de ziel met een scherm waarop ervaringen, gedachten, en gevoelens geprojecteerd worden. *Op mijn leeftijd ervaarde ik mijn scherm zuiver en clean en had het genoeg aan zichzelf.* Het maakte me niet veel meer uit wat er nog op tevoorschijn kwam. Wel was ik ontgoocheld in de liefde en voelde ik de behoefte niet meer om voor een zoveelste maal mijn diepste geheimen aan iemand kwijt te kunnen. Ik had dikwijls aan den lijve ervaren dat plezier met anderen telkens opnieuw kon verzuren en dat *liefde, list, leugen en bedrog op een vanzelfsprekende wijze van elkaar doordrongen waren.* Inmiddels had ik leren genieten vanop een meter afstand. Ik legde mij erbij neer dat ik teveel in één en dezelfde persoon gezocht had: uiterlijk fatsoen en elegantie, geen vulgariteiten noch decadentie, hoffelijkheid, slimheid en intelligentie, culturele diversiteit, sterk karakter, nuchtere en rustgevende persoonlijkheid, bijzondere warmte, harde werkkracht, financiële onafhankelijkheid zonder zelfzuchtig geknuffel, en vooral empathisch sarcasme om zich te verdedigen. Toch neuriede ik regelmatig de melodie van *Claude Barzotti* uit 1983:

> *"Souvent je pense à vous, madame. J'aurais voulu vous emmener. Le courage m'a manqué."*

Het was half november 2016. Na een korte maar hevige tropische regenbui opende de blauwe hemel zich opnieuw. Er waren meer dan duizend toeristen op het Caraïbische cruiseschip *Esperanza* dat naar Mexico voer, maar dadelijk voor enkele uren zou aanmeren. Achtentwintig jaar geleden had ik ervoor gekozen om drie jaar lang werkzaam te zijn als ontwikkelingshelper op die eilandengroep. Ondanks het risico herkend, opgepakt en stante pede vermoord te worden, wilde ik toch een blik werpen op de gevangenis. Mijn gedachten gingen uit niet uit naar de drie nachtbewaaksters, maar naar die ene non-verpleegster die mij vermoedelijk had gered van een sadistische moord. Katharina was definitief uit mijn geheugen gewist.

Het was genieten van de zomerse, maar windfrisse namiddag op het bovendek. In verschillende wijken van het schip had ik reeds meerdere malen dezelfde spiedende vrouwelijke blik waargenomen. Haar présence was overduidelijk. Ze had een fijn maar streng uiterlijk dat afstandelijkheid uitstraalde. In haar sierlijke bewegingen had ik haar licht hinkende gang opgemerkt. Ze vertoonde geenszins de allures van een schijnschoonheid met heimelijke sensuele aspiraties. Ze was te gracieus om zich daar toe te verlagen. Dagelijks genoot ze op het bovendek van de ochtendzon, een dik boek en een Campari-tonic. 's Namiddags jogde ze enkele rondjes op het dek. 's Avonds kon ze onder leiding van tal van partners haar vrolijke uitbundigheid etaleren in de Argentijnse tango. Met een eenvoudig *thank you Sir* of *muchas graciás Señor* dankte ze iedere gentleman voor de dansleiding.

De mij nog onbekende dame kwam niet al te ver van mij aan de reling staan. Met haar strenge blik keek ze strak voor zich uit naar de naderende kaaimuren van het exotische eiland. Ze straalde kleur uit maar ook iets vreemds omdat ze in alle uiterlijke aspecten compleet verschilde van alle andere vrouwen die ik ooit ontmoet en gekend had. Ik slaagde er niet in me een gedetailleerde voorstelling van haar leven te maken, of in te schatten hoe ze tot dan geleefd had en wat haar ervaringen waren. In ieder geval had de modewereld haar vrouwelijkheid niet verknoeid en was haar gezichtshuid niet verstard door botulinetoxinespuitjes. Haar ranke, slanke lichaam verschool ze in een strakke, maar klassieke blauwe spijkerbroek en een breed ondoorzichtig lichtrood hemd zonder diepe décolleté en zonder juwelen van klatergoud. Samen met haar witte zijden sjaal golfden haar lange haren in de frisse Atlantische zeewind. Ze straalde noblesse uit, intelligentie, beheersing en vooral zelfzekerheid. Ze leek ontspannen, maar bleef observeren. Zelden verdween de strenge look. Het was onmogelijk haar bedoelingen in te schatten. Een fractie van een seconde gingen mijn gedachten naar mijn vorige levens. Echtgenotes, huis, kinderen, echtscheidingen, ziekenhuizen, patiënten, vriendinnen … alles was achter de rug. Maar ik werd niet langer verteerd door begeerte. Sinds lang had ik aan den lijve ervaren dat er in het land van de begeerte niet veel vreugde te rapen viel.

"Dag …, mag ik even storen?."

Er verscheen een uitnodigende glimlach rond haar lippen.

"Mijn naam is Sisa!"
"Waah! Nog nooit gehoord."
"Het betekent onsterfelijke bloem in het Andesgebergte. En u reist veel?"
"De meesten noemen me Guy. Altijd veel gereisd en doorgaans om louter professionele redenen. Nu geniet ik van wat ontspanning en wil ik mijn hoofd leegmaken."

Ze lachte instemmend.

"Ik begrijp u. Ik meen te weten dat u chirurg bent. Klopt dat?"
"Dat klopt. Hoe weet u dat? Hopelijk zie ik er niet zo uit!"
verraste ik haar.

Haar glimlach werd nog uitgesprokener.

"Kunnen we iets gaan drinken?" vroeg ze.

Ik was in een nieuwe wereld beland die voorlopig onduidelijk leek. Als vrouw was ze absoluut geen ABBA-type dat Aandacht, Bewondering, Bescherming en Attenties eiste. Zij leek een vrouw die haar eigen weg was gegaan, met vaste gewoonten, en zonder dubbelzinnigheid in wat ze zei. Ik respecteerde haar overtuigingen en ik zag er helemaal geen graten in op voorwaarde dat ze die op zichzelf toepaste.

Het verraste me dat ze nooit verlegen zat om een vraag of een antwoord. Ze was begiftigd met een speciaal talent om reacties uit te lokken waarop zij dan zelf ironisch kon repliceren. Telkens leek ze resoluut en zeker van haar besluit. Ik genoot van haar verbale kracht en directheid. Deze intelligente en goedgeïnformeerde vrouw keek met frisse ogen naar de wereld. Ze had een bijzonder grote vriendenkring, genoot ervan vele uren in hun gezelschap door te brengen en betoonde hen een onvoorwaardelijke loyaliteit. Blijkbaar kon ze gemakkelijk vertrouwen scheppen in begripvolle mensen die haar accepteerden zoals ze was. Ik liet duidelijk verstaan dat ik na een bijzonder intens professioneel leven nu vooral *afzondering, ruimte en rust* zocht en mijn resterende jaren zoveel mogelijk wilde spenderen aan het neerschrijven van mijn research- en levenservaringen. Ik had massa's informatie verzameld en verplichte mezelf ertoe deze niet te laten teloorgaan. Daarenboven hoefde ik geen enkele andere ambitie meer in te vullen. Alhoewel ik niet akkoord ging, reageerde ze zeer gevat:

*"De tijd maakt alles nutteloos tenzij je kunst- en antiekver-
zamelaar bent."*

Wat ik dan nog zocht in mijn leven? Ik gaf duidelijk te verstaan
dat mijn jeugdjaren reeds lang voorbij waren en de natuur mijn
lot gewikt en geschikt had, en tevens dat ik de pappenheimers
rondom mij kende en zij op mij geen beslag meer hoefden te
leggen. Ik zocht nog wat comfort, maar geen luxe en zeker geen
onheil meer, en wees naar het eiland recht voor mijn ogen waar
ik … reeds *het beest in de mens* had ontmoet.

De ontmoeting met deze zelfstandige en onafhankelijke vrouw
was ietwat tegennatuurlijk, maar het leidde uiteindelijk tot een
groot wederzijds respect en diepe vriendschap zonder elkaars
bezit te worden. Haar stabiele geest gaf me rust. In mijn oude
dag bood ze een zorgend dak boven mijn hoofd waar ik met al
mijn onhebbelijkheden en al mijn medische problemen verder
kon leven in de discipline van mijn geordend bestaan. Ze is al
mijn dankbaarheid waardig.

2016

NOTARIËLE AKTE VAN DE ECHTSCHEIDING

In 2016 ontving ik eveneens het verzoek de notariële akte van mijn tweede echtscheiding te ondertekenen. Ze was deskundig opgesteld. *Nicolas Boileau* (1636-1711), zoon van een griffier die rechten had gestudeerd, merkte terecht op:

> *"Ce que l'on conçoit bien, s'énonce clairement et les mots pour s'exprimer arrivent aisément."*

Het echtscheidingsgebeuren had lang genoeg geduurd en deed me na zo vele jaren denken aan de verdedigingsrede van de Griekse schrijver *Lysias* (445-380 v.Chr.) die we in de retorica hadden bestudeerd:

> *"Het is belangrijk afstand te kunnen nemen van gezwollen ernst, want daarachter gaapt doorgaans een complete leegte en een gebrek aan inhoud."*

Mijn geschiedenis vóór en tijdens mijn echtscheiding leek bijzonder goed op het verhaal van *Sisyphus*. De mythische goden hadden hem veroordeeld om levenslang een rotsblok naar de top van een berg te duwen vanwaar de steen dan telkens opnieuw naar beneden rolde. Maar ik had nooit de ambitie om eeuwig dezelfde weg in te slaan en uiteindelijk niets te bereiken. Telkens wanneer ik de berg afdaalde, werd ik verbitterder en liet ik uiteindelijk de rotsblok definitief liggen. Ik had destijds tijdig ingezien dat mijn zelfgecreëerde, dagelijkse rugchirurgische routine mijn lot niet kon blijven bepalen. De vermaarde Griekse dichter *Homerus* (ca. 800-750 v.Chr.) omschreef *Sisyphus* als de verstandigste en bedachtzaamste mens op aarde. Anderen beweerden dat hij een bandiet was. Het deed zelfs de ronde dat *Sisyphus* zo onvoorzichtig was om de liefde van zijn vrouw op de proef te stellen. Maar in deze verschillende hypotheses zag ik voor mezelf geen tegenspraak. Daarenboven ontmoette ik wereldwijd veel verstandige en bedachtzame mensen die bandieten waren en ook de liefde van hun vrouw op de proef stelden.

DE ILLUSIE VAN DE EEUWIGE JEUGD

Iedere cultuur heeft eigen opvattingen ontwikkeld over veroudering en hoe dit mysterieuze en enigmatische proces een halt toegeroepen kan worden. Het drama van de eindigheid van het menselijke leven op aarde werd reeds treffend geïllustreerd door de oude *koning Gilgamesj* van Uruk (2500 v.Chr.). Hij was op zoek naar een plant om zijn jeugd te herstellen. Na lange omzwervingen en nadat hij *alles gezien en onthouden had*, realiseerde hij zich dat er niets overgebleven was van zijn levenslang streven. Voor hij stierf, riep hij uit:

"Waarom vond God het nodig dat ik mezelf zo moest uitputten? Waartoe diende ik mijn hart zo te verwonden?"

Wellicht verlangt iedereen zo lang mogelijk en in goede gezondheid te mogen leven, en liefst nog in een perfect lichaam. Maar verouderen lijkt een beetje op de vele klimaatveranderingen die zich in de loop der tijden voordoen. Men voelt het niet iedere dag, maar het ontwikkelt zich toch gestaag voort. Het verouderingsproces wordt bepaald door een *ingewikkeld kluwen van factoren* en er is nog nooit iemand aan ontsnapt. Geen enkel levend wezen beschikt over genen die hem een perfect gezond leven kunnen verschaffen. De onderhouds- en reparatiesystemen takelen zienderogen af en vernieuwing wordt onmogelijk. De moderne wetenschap kan voorlopig slechts gissen hoe de *duizenden onomkeerbare en destructieve moleculaire en cellu-*

laire mechanismen de lichaamsorganen aantasten. Geleidelijk aan ontwikkelen zich steeds meer onverklaarbare klachten waar in 2022 huisartsen en specialisten nog geen raad mee weten. In ziekenhuizen verwondert men zich over het aantal anomalieen die via moderne technologieën vastgesteld wordt zodra de normaliteit van de jeugd het laat afweten. Gelukkig bestaan er reeds remedies om de talrijke ouderdomsklachten te *verdoezelen*. Maar men blijft *in het duister tasten inzake de mogelijkheden ze te genezen* omdat de oorzaken geenszins gekend zijn. Wanneer men er dan toch eens in slaagt een ouderdomsaandoening tijdelijk onder controle te krijgen (bijvoorbeeld een artrotisch gewricht vervangen door een prothese), zullen andere evoluerende ouderdomsbeperkingen in hersenen, hart, longen, nieren et cetera niet verhinderd of tegengehouden kunnen worden. Iedere mens kan trouwens van de ene dag op de andere tot niets herleid worden; dan staat de deur van de onontkoombare dood op een kier. De Darwinistische verouderingstheorie is keihard. *Charles Darwin* (1809-1882) begreep reeds dat:

> "… mensen, dieren en planten overbodig worden naarmate ze ouder worden. Nooit in het verleden stonden de genen in ons DNA onder evolutionaire druk strategieën te ontwikkelen om het lichaam in goede conditie te houden eenmaal ouder dan 30 jaar."

Richard Dawkins (1941) van de universiteit van Oxford verduidelijkte dat *de zeis van de natuurlijke selectie* onverbiddelijk is voor alle genen die de voortplanting benadelen:

> "Levende schepsels zijn slechts overlevingsmachines die via natuurlijke selectie gemonteerd werden om lang genoeg te leven teneinde via reproductie hun DNA door te geven. Maar het DNA is uiterst egoïstisch en heeft niet de minste interesse in de toestand van ons lichaam eenmaal de reproductiejaren achter de rug zijn."

Dankzij mijn uitgebreide, medische en paramedische ervaring als arts-rugchirurg in meerdere high-, middle- en low-income-landen, ben ik op de hoogte van de vele verschillende methodes die toegepast worden ter behandeling van ouderdomsklachten in een poging de biologische klok een paar jaar te kunnen terug-draaien. Maar *ik hield nooit van de doorgeslagen medisch-far-maceutische cultuur.* Zelf was ik nooit een aanhanger van deze traditionele strekking die met *therapeutische hardnekkigheid* alles in het werk stelt om het afsterven van een uitgeleefde pa-tiënt zo lang mogelijk uit te stellen. De moderne geneeskunde bezit, ironisch genoeg, de onzalige eigenschap niet alleen *de levensduur maar ook het stervensproces* te willen rekken. Als jonge arts was het een verschrikkelijke ervaring velen in volle-dige eenzaamheid aan hun lot te moeten overlaten en vervuld van angst aan de dood prijs te geven. Nooit werd me aange-leerd hoe ik in die omstandigheden moest denken of handelen, wel dat ik steeds mijn best moest doen ongeacht het prijskaart-je. Maar *goede zorg veranderde niets aan hun situatie.* Ook bij mijn grootouders en mijn mama merkte ik dat collega's graag de rol van *god de vader* wilden spelen, maar het moeilijk had-den verantwoordelijkheid te nemen om hen als terminale patiënt te verlossen van hun immense lijden. Mijn grootmoeder beslis-te voor zichzelf. Deze bijzonder intelligente dame was zich eind jaren 1980 ten zeerste bewust van de beperktheden van de ge-neeskunde. Mijn altijd zelfstandige en wijze grootvader bezweek in eenzaamheid in een woonzorgcentrum. Zorgafhankelijkheid maakte hem monddood. Zijn vrijheid van spreken en handelen werd afgenomen. Zijn persoonlijkheid werd gekortwiekt. Ik wist maar al te goed dat een goed woordje of schouderklopje hem geen deugd deed. Omdat hij steeds minder goed kon spreken, had hij schoon genoeg van zijn leven. Ondanks de tientallen me-dicijnen veranderde er niets. Op een briefje schreef hij de wijze woorden van *Mimnermos* (670-? v.Chr.):

"Het hatelijke geschenk van een onvermijdelijke ouderdom is erger dan een smartelijke dood."

In haar serviceflat in een rusthuis stopte mijn mama op mijn voorstel gedurende een tiental weken haar acht verschillende medicaties. Er veranderde niets aan haar situatie. De pillen werden in een glazen bokaal verzameld en later tezamen in een rozenstruik weggegooid. Er groeien nu geen rozen meer. Dikwijls heb ik me dan afgevraagd wat er in het geweten van stervenden omgaat. Misschien had de dokter-poëet *Zhivago* in de roman van *Boris Pasternak* (1890-1960) het bij het rechte eind:

> *"Wat zal ik nog weten over mezelf? Waarvan zal ik me nog bewust zijn? In ieder geval niet van mijn lever, milt, alvleesklier, darmen, of bloedvaten!"*

Het lijkt mij dus zeer aanvaardbaar dat sommigen zelf een *betere weg* zoeken om dit leven te verlaten (*humane zelfeuthanasie*) of het recht opeisen een letale dosis te ontvangen (*medische euthanasie*). De kritiek van *door een arts geassisteerde zelfdoding* wuifde ik steeds weg. Na bijna vijftig jaar geneeskunde vernam ik graag hoe een andere vorm van zorg aanhoudende, extreme fysische en psychische pijnen kan verlichten. Medicamenteus met allerlei pijnstillers (incluis cocaïne en heroïne), antidepressiva, antibraakmiddelen en in iedere lichaamsopening een afvoerbuisje? Chirurgisch? Transplantaties? Chemo- of immuno-therapeutisch? Psychologisch? Sociaal? Familiaal? Spiritueel? Mijn medische ervaring leerde me dat de intensiteit van deze chronische pijnen en miserie alleen maar toeneemt en dat *de gekende geneeskunde niet in staat is dit (onnodig) lijden te sederen zonder de lijder uit te schakelen.*

Inmiddels kan ik een goed onderscheid maken tussen een *goede dood (zelfeuthanasie en euthanasie)* en een *slechte dood*. Ik ontwikkelde een grenzeloze afkeer van de huidige *cultuur van medische over-diagnose en van overmaat aan futiele behandelingen*. Ik heb geen enkel probleem te aanvaarden dat alles een begin en een einde kent. Het is het onvermijdelijke gevolg van de tweede thermodynamische wet. Het *perpetuum mobile* bestaat niet. De grote kunst bestaat er dus in om *op tijd te stoppen met leven*: niet te vroeg, maar ook niet te laat.

Confrontatie met de dood was een deel van mijn levenshandel en -wandel, en niet alleen als arts-chirurg. Fysieke aanvallen en intimidaties zijn me niet vreemd. Een poging om me op sadistische manier te lynchen is mislukt. Blijkbaar minder agressieve vormen van kanker kregen me voorlopig nog niet klein. Maar het is slechts uitstel van executie. Voor mij is de dood niets meer dan een gebeurtenis, en het zal in mijn leven een van de minst belangrijke zijn. Al duurt het leven niet te lang, mijn leven zal lang genoeg geweest zijn. Van de filosoof *Martin Heidegger* (1889-1976) onthoud ik dat de dood voor de mens een dubbele betekenis heeft:

> *"Aan de ene kant is er de tragedie van het verdwijnen van een dierbare. Aan de andere kant is de dood iets banaals, het normale einde van een biologisch leven."*

2022

OUDERDOM IS MIJN LEVEN BINNENGETREDEN

Ik leerde dat de *Griekse god Dionysos* de levenskracht symboliseert. Mijn leven was niet alleen jeugd, opgang, dolle uitgelatenheid, opborrelende levensdrang, ambitie, macht en succes. Het werd ook ouderdom en afgang. Tijdens mijn adolescentiejaren filosofeerde ik met mijn grootvader over hoe ik moest leven. Op zijn sterfbed waarschuwde hij me nog eens:

> *"Zolang je lichaam nog redelijk fit is en je ratio levendig blijft, moet je blijven wie je bent en de wereld zien zoals je die steeds ervaarde. Iedereen weet dat het eenvoudig is van een jonge persoon een oude te maken, maar het omgekeerde is een utopie. Laat je dus nooit misleiden door beloftes dat alles opnieuw beter kan worden."*

Mijn professionele loopbaan aanzie ik als een overwinning op mezelf. Ik heb mijn talenten maximaal ontwikkeld en mezelf maximaal ingespannen, kwalitatief en kwantitatief. Ik volgde de raad van kinderboekenschrijver *dr. Seuss* (1904-1991):

> *"You have brains in your head, you have feet in your shoes; you can steer yourself any direction you choose."*

Nu breekt de gevorderde leeftijd aan en is de ouderdom in mijn leven binnengetreden. Zoals de Romeinse geschiedschrijver *Tacitus* (ca. 56-117 n.Chr.) het omschreef:

"... ben ik op een leeftijd gekomen waarop ik de hartstochten van de jeugd achter me gelaten heb en mijn leven van die aard is dat ik me voor niets meer uit mijn verleden moet verontschuldigen."

Mijn jeugdige aanblik is reeds lang verdwenen. Mijn achteruitgang is onmiskenbaar. De veroudering remt en stopt de cyclus van mijn lichaamscellen. Mijn stamcellen zijn versleten. De verlengde uiteinden van mijn chromosomen die mijn genetisch materiaal beschermden (telomeren) zijn te kort geworden waardoor de chromosomen zich niet meer kunnen delen. De energieproducerende lichaampjes in mijn lichaamscellen (mitochondriën) worden gedereguleerd. Alle cellen in mijn organen roesten. Mijn levensenergie slinkt. Mijn immuunsysteem is verstoord en er worden steeds meer ontstekingsfactoren gegenereerd die mijn organen aantasten. De kracht en flexibiliteit van mijn spieren, beenderstelsel, gewrichten, bloed- en lymfevaten verminderen zienderogen. Mijn hersenen krimpen en disfunctioneren. Mijn ogen, gehoor, hart en longen slijten progressief. Volgens de natuurwetten is er geen specifieke reden meer om nog lange tijd door te gaan.

Ik denk niet dat ouder worden een hoogtepunt is in iemands leven. Met ouder worden ebben ook mijn resterende herinneringen aan het verleden steeds meer weg. Natuurlijk was ik vroeger iemand anders. En natuurlijk hebben veranderende gezinssituaties, kameraden en relaties daar iets mee te maken. Maar mijn interesses en verlangens verdampen.

"Wanneer ik niet langer een doel kan hebben om mijn leven draagkracht te geven, verdwijnt ook traag maar zeker de reden om nog verder te bestaan."

Een nieuwe poging tot overleven hoeft niet meer. Ik leverde die inspanning en ik wil geen nieuw menselijk avontuur. Om de schemerjaren van mijn ouderdom te vullen, zou ik me volgens de Griekse filosoof *Epicurus* (341-270 v.Chr.):

> "... nu met nutteloze dingen moeten bezighouden, zoals nadenken over het geleden leven en altijd maar dezelfde herinneringen ophalen."

Hierdoor zou ik ten prooi vallen aan paniek, want niemand moet de littekens zien van mijn geleden leven. Ik wil er ook geen nieuwe meer bij. Op mijn eiland doorstond ik reeds een oefening in doodsangst en sterven. *Maar mijn goede dood – en of het nu zelfeuthanasie of euthanasie zal worden – zal een rationele keuze zijn, radicaal individualistisch en niet egoïstisch.* Ik heb hiervoor ook de betrokkenheid en ethische standpunten van familie, medisch of paramedisch geschoolden, en wetgevende organen niet nodig en ik zal aan de maatschappij geen schade toebrengen.

Mijn lichaam is zeer geduldig geweest en stond tot mijn dienst. Vandaag staat het niet langer tot mijn dienst. Mijn lichaam wordt een drukkende last en mijn aanpassingsreserves nemen af. Ik ervaar dat ik fysiek, mentaal, intellectueel en functioneel achteruit ga en het steeds moeilijker krijg obstakels te overwinnen. Ik weet ook dat ik niet meer gezond kan worden. Mijn levensmoeheid neemt toe. Ik ervaarde een eerste verouderingsgolf op mijn 34[ste] en een tweede op mijn 67[ste]. Ik weet dat het vanaf 70 jaar plots sneller achteruit kan gaan. Steeds sneller nadert het moment dat ik afscheid moet nemen van de gebeurtenissen in mijn leven. *Mijn toekomst ligt definitief achter me.* Tiro (ca. 104-4 v.Chr.), de secretaris van Cicero bevond dat:

> "... zodra iemand zijn toppunt lijkt te hebben bereikt, men er zeker kan van zijn dat de vernietiging al heeft ingezet."

De tijd is aangebroken om trots te zijn op wat ik deed en ik ben blij dat ik dit alles vóór mijn overlijden heb mogen meemaken. Maar een groot deel van mijn leven moest ik op anderen afstemmen. Mijn eindjaren wil ik op niemand afstemmen. Het is hoogtijd het hoofd te buigen.

Nu pas begin ik te beseffen dat ik heen moet gaan. Voordien leek sterven het lot van anderen. Inmiddels ben ik in mijn vierde en laatste levenskwartaal binnengestapt. Mijn houdbaarheidsdatum is beperkt. Mijn levensverwachting kan slechts via medicijnen verlengd worden, maar ik sta niet open voor hun vele neveneffecten. Selectief kiezen zal niet eens nodig zijn want mijn leven moet niet gered worden. Ik ervaar geen enkel voordeel aan mijn verouderingsproces. Ik word niet slimmer, niet wijzer, niet milder, en niet vriendelijker. Mijn hoogtepunten zijn voorbij. Ik heb geluk gehad en heb me gelukkig gevoeld. Het was onmetelijk, maar het kan nooit meer opnieuw ervaren worden.

'HOTEL CALIFORNIA ...
'HEAVEN OR HELL' ('THE EAGLES')

Ik weet hoe ik geleefd heb en vraag me af hoe ik zal of moet sterven. *Zinvol intellectueel bezigzijn was steeds van het grootste belang voor mijn gezondheid.* Mijn leven werd gedomineerd door zorg voor anderen, nu zal ik voor mezelf zorgen. Ik droom ervan niet te moeten sterven in het surrealistisch rusthuisgebeuren waar dankzij medische overconsumptie de zorg langdurig gerekt kan worden. Verouderen verloopt er zelden sereen. De meesten hebben dagelijkse hulp nodig om van houding te veranderen, zich aan- en uit te kleden, te eten en te drinken of naar het toilet te gaan. Ik heb er weinigen op een menswaardige manier zien sterven.

Maar ik heb nog weinig te zeggen. Alles is gezegd en geschreven. Anderen zijn nu ook slechts bezig met hun eigen leven. Toch beschik ik nog steeds over de macht om naar nul terug te keren, fysiek en intellectueel. Ik wil geen ondraaglijke, fysische of psychologische pijn lijden, en in de toekomst ook niet gebukt gaan onder kortademigheid, incontinentie, ouderdomsdiabetes, doorligwonden, mentale angst, verdriet en eenzaamheid. Ook wil ik zo veel mogelijk uit handen van collega's blijven. Hoe meer artsen ik raadpleegde, hoe meer afwijkingen ze vonden, en hoe meer ze me wilden medicaliseren. Ik wilde nooit leven als een zombie (levende dode) en het is hen ook niet gelukt. De geneeskunde kan iets maar dat is niet veel en ik wil niet lijden omdat ze onmachtig blijft. Is het toch te laat om zelf nog te beslissen over mijn eigen leven, dan zal het vruchteloos zijn mij tegen hun wil te verzetten. Maar ook de medisch-palliatieve lijdensweg is complex en geenszins rustgevend. Daarenboven duurt het veel te lang en is het veel te duur. Ik denk aan de wijze *Sophocles* (496-406 v.Chr.) die van oordeel was dat:

"… al wie te midden van het lijden nog aan het leven vasthangt, verdwaasd is."

Probleemloos aanvaard ik mijn eindigheid. Is mijn leven niet langer menswaardig, dan wil ik toch *waardig* sterven. Maar ik zal zeer vermoedelijk vroegtijdig en autonoom moeten beslissen over mijn levenseinde. Uit de *Odyssee*, een epos van de Griekse dichter *Homerus* (ca. 800-750 v.Chr.) heb ik uit de verzen 204 tot 224 van boek XI onthouden dat:

"… zodra de geest het bleke lichaam verlaat, de spieren en pezen het gebeente niet langer in zijn gewone gedaante houden, maar een verterende kracht alles vernietigt, hij rondwaart als een schim."

Wat zal de truc zijn wanneer ik *Pietje de Dood* zie naderen? Als ik niet wil weten hoe te sterven, dan moet ik wachten tot het moment aangebroken is. De natuur zal me duidelijk laten voelen wat lijden inhoudt. Maar wil ik het zover laten komen? Op een gepast moment zal mijn leven definitief eindigen wanneer mijn hart en longen zullen ophouden te functioneren. Mijn laatste hartkloppingen en ademstoten zullen geen sporen nalaten. Mijn hersenactiviteit zal overeenkomstig reageren: *game over*!

Niemand hoeft me nog een goede reis toe te wensen. Ik was gewoon de wereld rond te reizen. Mijn kinderen moeten geen afscheid meer van me nemen. Dat hebben ze reeds lang geleden gedaan. Wellicht zeggen ze toch: *Tout s'est bien passé'*. Ook ik zal voor eeuwig aan de vergetelheid prijsgegeven worden door het falend geheugen van het nageslacht. Na mij zal hetzelfde komen als vóór mij, maar ik zal uiteindelijk rust gevonden hebben.

Op het eindmoment zal ik proberen nog even gebruik te maken van mijn langetermijngeheugen. Ik zal mijn mama gedenken die haar taak perfect vervulde opdat ik mijn ambitie kon vervullen. Ik zal denken aan mijn grootvader-filosoof die mij voorhield geen ongeleid projectiel te zijn. Ik zal me herinneren dat ik mijn identiteit zocht in mijn eigen activiteiten en niet in die van anderen. Ik zal denken aan het neuromusculair laboratorium van professor *Byron Kakulas* in Perth waar ik researchinspanningen leverde die niemand mij ooit heeft voorgedaan. Voor de laatste maal zal ik me realiseren dat dit alles een haast onwaarschijnlijke wending aan mijn leven gaf. Toch ben ik erop afgerekend. Maar had ik het anders gedaan, dan was mijn leven nooit zo boeiend geweest.

Ik droom ervan om naar *Hotel California* (The Eagles 1976) te vertrekken, maar weet niet of het *Hell of Heaven* zal zijn. Euripides had me geleerd dat:

> *"… het andere leven ons onbekend is en we niet weten wat er ginder ver gebeurt omdat we immers op ijdele wijze door fabels meegesleept worden."*

Evenzeer ben ik *Sappho* (ca. 630-575 v.Chr.) indachtig en realiseer me zeer goed dat ik:

"... na mijn sterven ergens zal liggen, niemand nog ooit aan mij zal denken, en niemand mij immer zal missen."

Misschien vindt een bekende in mijn archieven de tekst die ikzelf opstelde:

"Ik moest sterven. Ook ik neem niets mee, en ook ik zal in asse vergaan. Nooit heb ik de berg beklommen langs de normale zijde, wel steeds via de andere, de onbekende, en de veel uitdagender zijde. Mijn eindresultaten zijn mooier dan oorspronkelijk gepland, en hebben mijn jeugdidealen zelfs overstegen. Ik gaf mijn DNA door, waardig en respectvol. Mogelijks hebben mijn leven, inzet, geld en rozen kleur aan het bestaan van mijn nazaten gegeven. Ik hield geenszins van de massa en verkoos de warmte van een kleine, intieme privékring. Toch was bekrompenheid mij onbekend en is geen enkele fantasie me vreemd gebleven. Maar nooit heb ik mijn waardigheid opgegeven, voor niets en voor niemand. Mijn jeugdidealen en mijn levensrealisaties zijn voor niemand nog relevant. Binnenkort kent niemand nog mijn naam."

Toch finaal respect en
waardering vanuit …

Medellín

2022

⊡GUY,

GRACIAS SIEMPRE POR LOS BUENOS DESEOS QUE HAS TENIDO PARA NOSOTROS Y POR SER UN PAPÁ PARA JUAN Y PARA MÍ EN LOS AÑOS MÁS IMPORTANTES DE NUESTRA VIDA.

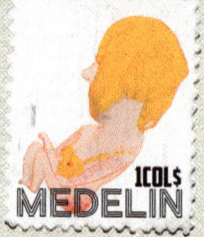

1 COL$
MEDELIN

ERES UN SER HUMANO DIFÍCIL DE ENCONTRAR, NOS HAS SERVIDO DE INSPIRACIÓN, EJEMPLO Y SIEMPRE TE RECORDAMOS CON UN CARIÑO INCREÍBLE.

EL TIEMPO Y LA VIDA NOS HAN DISTANCIADO UN POCO PERO SIEMPRE TEN PRESENTE QUE ESTE PAR DE COLOMBIANOS LOCOS Y GLORIA TE QUEREMOS MUCHO Y SIEMPRE TE RECORDAMOS EN CADA MOMENTO DE NUESTROS DÍAS.

INCLUSO CUANDO ESTAMOS EN ESTADOS UNIDOS TE RECORDAMOS PORQUE GRACIAS A TI FUE QUE APRENDIMOS A PERFECCIONAR EL INGLÉS Y ESTO NOS ABRE DEMASIADAS OPORTUNIDADES EN NUESTRO FUTURO.

SÉ QUE TU SALUD EN ESTE MOMENTO NO ES LA MEJOR DE TODAS PERO ESTOY SEGURO QUE ENCONTRARÁS LA MANERA DE TOMAR LAS MEJORES DECISIONES Y SOBRE TODO TERMINAR ESE LIBRO QUE ESTOY SEGURO QUE ALGÚN DÍA LEERÉ, TE LO PROMETO.

GUARDARÉ LA ESPERANZA DE POR QUÉ NO ALGÚN DÍA VOLVER VERTE, TOMARNOS UNA BUENA CERVEZA BELGA Y TENER CONVERSACIONES SOBRE EL CUERPO HUMANO DEL QUE APRENDERÍA MUCHO Y TAMBIÉN CONTARTE NUESTRAS AVENTURAS DURANTE ESTOS AÑOS.

FINALMENTE QUIERO DECIRTE ALGO QUE NO SE SI ALGUNA VEZ TE LO DIJE PERO ME PARECE QUE ES BUENO QUE LO SEPAS Y LO TENGAS MUY PRESENTE: SIEMPRE TE HE CONSIDERADO UN PAPÁ PORQUE ME GUIASTE, ENSEÑASTE, CORREGISTE Y APOYASTE DURANTE MUCHOS AÑOS. SIEMPRE TE RECUERDO CON MUCHO CARIÑO Y GRACIAS POR SIEMPRE ESTAR AHÍ PARA MÍ.

ANDRÉS, JUAN, GLORIA Y SUSY.

De auteur

Guy M.C. Declerck (1952) genoot, na zijn Grieks-Latijnse humaniora, chirurgische opleidingen in Leuven,
Exeter, Plymouth, Liverpool en Perth. Hij werkte als
spinaal orthopedisch chirurg in Vlaanderen en als
Worldwide Encyclopaedia Invited Surgeon. Hij was
eveneens arts van de succesvolle Belgische judoploeg. Na een studiesabbatical concentreerde hij zich
op de finale analyse en synthese van zijn unieke
researchbevindingen over de tussenwervelschijven
tijdens zijn Spinal Research Fellowship in Perth. Het
resulteerde in verder onderzoek en ontwikkeling van
innovatieve spinale technologieën, blogs in verband
met chronische lagerugpijn en het boek 'Mysterie
Lage Rugpijn' (ISBN 978-3-99131-107-2). Meer informatie daarover staat op: www.guy-declerck.com

Guy is uit de echt gescheiden, vader van drie kinderen. Hij bleef een vivide lezer van Oud-Griekse en
Oud-Latijnse klassiekers en werken in verband met
de evolutietheorie en euthanasie.

Guy M.C. Declerck MD

Mysterie Lage Rugpijn

ISBN 978-3-99131-107-2
382 Seiten

80 à 85% van alle mensen krijgt ooit te kampen met lage rugpijn, dus meer inzicht krijgen in dit mysterie kan lonend zijn. Dit boek is het resultaat van 40 jaar lees-, denk- en schrijfwerk, o.a. gebaseerd op een analyse van 141.234 discussen in de onderrug.